国外军民两用计划实施方式研究

GUOWAI JUNMIN LIANGYONG JIHUA SHISHI FANGSHI YANJIU

中国船舶第七一四研究所 

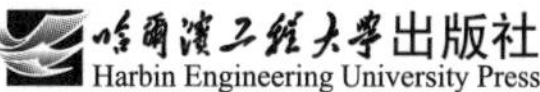

内容简介

国外军民两用计划所关注和支持的技术一般分布在核能、航天、航空等前沿技术以及基础性研究领域，且具有军用、民用双重属性。本书重点研究美国国家纳米技术计划、美国国防部制造技术项目战略计划、美国航天计划、欧盟第七框架计划、欧洲伽利略计划、英国技术预见计划、法国重大技术计划和德国高技术战略计划。在详细归纳梳理、分析比较这些计划的提出背景、主要内容、运行方式、投资构成、管理模式、支持政策、实施效果等方面的基础上，归纳出国外主要军民两用计划运行与管理特点，总结国外军民两用计划运行与管理的相关经验及教训，并提出相关启示与建议。当前正值我国经济发展转型升级的攻坚期、经济建设和国防建设融合的战略机遇期、经济建设和国防建设融合由初步融合向深度融合的关键期，本书成果为我国制订重大军民通用计划、实施军民通用项目提供理论支撑及情报保障。

图书在版编目(CIP)数据

国外军民两用计划实施方式研究 / 中国船舶第七一四研究所编著. —哈尔滨 : 哈尔滨工程大学出版社, 2020.4

(国家战略 : 经济建设和国防建设融合发展理论与实践丛书)

ISBN 978-7-5661-2511-8

Ⅰ. ①国… Ⅱ. ①中… Ⅲ. ①国防科技工业-军转民-工业发展-研究-世界 Ⅳ. ①F416.48

中国版本图书馆 CIP 数据核字(2019)第 271843 号

选题策划 张 玲
责任编辑 邹德萍 张 曦
封面设计 李海波

出　　版 哈尔滨工程大学出版社
社　　址 哈尔滨市南岗区南通大街 145 号
邮政编码 150001
发行电话 0451-82519328
传　　真 0451-82519699
经　　销 新华书店
印　　刷 哈尔滨市石桥印务有限公司
开　　本 787 mm×1 092 mm 1/16
印　　张 18
字　　数 350 千字
版　　次 2020 年 4 月第 1 版
印　　次 2020 年 4 月第 1 次印刷
定　　价 118.00 元

http://www.hrbeupress.com

E-mail:heupress@hrbeu.edu.cn

编　委　会

总 序

当今世界，随着新一轮科技革命、产业革命的兴起和世界新军事革命的加速发展，社会经济形态、技术形态和战争形态深刻演变，推动经济建设和国防建设融合发展已经成为时代潮流，成为各国综合国力竞争和军事竞争的一种新趋势。随着我国经济建设和国防建设融合发展实践的不断深入，其理论研究也在不断深化，如何借鉴国外经验教训，破除阻碍经济建设和国防建设融合发展的坚冰、壁垒、藩篱，是亟待解决的现实问题：一是资源配置不合理，如军工企业融资渠道单一，军工企业专业人才队伍不稳定。二是军民双方内在机制不协调，如技术标准不统一，保密解密机制不协调，利益分配不协调，文化不协调。三是运行机制滞后，虽然我国关于经济建设和国防建设融合发展的相关政策制度文件总量庞大，但相关政策并未形成较为清晰的逻辑体系，经济建设和国防建设融合发展的实施缺少宏观统筹规划；相关政策缺少实践检验与经验总结，部分文件因为缺乏实际操作细则而作用甚微。究其深层次原因，既有思想观念保守固化的问题，也有法律制度供给不足的因素，还有体制机制的羁绊。

《国家战略：经济建设和国防建设融合发展理论与实践丛书》正是基于上述经济建设和国防建设融合发展中存在的问题及原因所策划的。本丛书包括《国外国防科研生产能力发展与监管研究》《国外涉军资产管理模式研究》《国外军民两用计划实施方式研究》《我国经济建设和国防建设融合发展现状与国际经验启示》《我国经济建设和国防建设融合发展政策法规体系甄别与分类研究》《我国经济建设和国防建设融合发展政策法规体系国际比较与建设路径》6 个分册。本丛书一方面通过梳理典型国家在国防科研生产能力建设、涉军资产管理、军民两用计划及项目管理经验等经济建设和国防建设融合发展领域的做法、政策制度体系和成效等，归纳可供参考借鉴的做法，弥补国内在相关领域的研究空白；另一方面，聚焦促进武器装备科研生产领域，甄别和挖掘国外国防科技工业、武器装备采购等方面的政策法规体系，梳理了我国经济建设和国防建设融合发展组织管理、工作运行、政策制度"三大体系"发展现状及存在的问题和障碍，对比国外成功经验做法，提出推进我国经济建设和国防建设深度融合发展的具体措施和政策

建议，对加强应用基础研究、推进我国经济建设和国防建设融合发展创新体系建设具有重要意义。

本丛书力求使社会大众、企事业单位、政府和军队相关部门准确把握经济建设和国防建设融合发展内涵与外延，系统了解国内外经济建设和国防建设融合发展主要涉及领域的现状、问题、经验、教训，进而启发引导社会各类主体从认识角度统一思想，从实践角度落实经济建设和国防建设融合发展战略，因此具有较大的社会效益。

第一，本丛书的出版为实现国防和军队现代化提供了丰厚的资源，为可持续发展奠定了良好的基础，促进了我国经济建设和国防建设良性互动，更好地推进了我国国家战略的实施；填补了经济建设和国防建设融合发展领域在国内政策制度建设方面研究的多项空白，有助于我国国防和军队现代化建设以及对相关人才的培养；同时本丛书结合具体经典案例总结其经验教训，针对我国经济建设和国防建设融合发展管理实践、政策体系现状，提出相关措施建议，为我国经济建设和国防建设融合发展管理实践工作提供决策支撑。

第二，本丛书通过跟踪研究世界上具有代表性的几个国家经济建设和国防建设融合发展的实施背景、认识、主张、思路、重点领域与特点，为我国经济建设和国防建设融合发展相关领域的广大科研工作者提供了第一手的研究素材。此外，本丛书重点分析了美国、英国、法国、德国、俄罗斯、日本等国在军工开放、资源共享、军民科技成果转化、军工带动国民经济发展、改善军工投入和能力管理等经济建设和国防建设融合发展重点领域的典型做法、管理措施和实施效果，以此提出了推进我国经济建设和国防建设融合发展管理实践的政策措施建议，为实现我国武器装备研制水平和国民经济发展水平的同步提高提供了一定的参考和借鉴。

第三，本丛书介绍的我国经济建设和国防建设融合发展的阶段、历程及政策制度建设，为各地方的经济建设和国防建设融合发展提供了参考和借鉴，使各地方的经济建设和国防建设融合发展更具有针对性及方向性，进而为推动经济建设和国防建设融合健康发展，增强国家的战略威慑力，实现强军梦、中国梦提供强有力的支撑。

由于我们理论水平有限，在选题与具体研究内容上难免存在不足之处，欢迎广大同人及读者批评指正。

中国船舶第七一四研究所

2019 年 10 月

目 录

第一章
总　述

本书旨在梳理国外政府部门主导的一些具有军民两用目的的发展计划和重大项目实践活动。这些计划所关注和支持的技术一般分布在核能、航天、航空相关前沿技术领域，以及纳米、新材料等基础性研究领域，且具有军用、民用双重属性。

本书通过梳理美国、英国、法国、德国等重点军民两用计划的提出背景、主要内容、运行方式、投资构成、管理模式、支持政策、实施效果等，归纳这些计划的运行管理特点，总结国外军民两用计划运行与管理的相关经验及教训，提出相关启示与建议，为我国开展军民深度融合发展、制订重大军民两用计划、实施军民通用项目提供理论支撑及经验借鉴。

第一节　国外军民两用计划背景

世界政治格局的变化对国防工业的发展产生了深远的影响，经济全球化为国防工业的转型提供了必要条件，经济建设和国防建设融合发展成为世界国防工业发展的共性需求。“冷战”时期，世界大多数国家奉行“先军后民”的政策，积极发展国防工业，国防经费数额巨大。“冷战”结束后，世界绝大多数国家把发展经济和拓展市场作为制定国家战略的首选目标，世界格局的转变等因素使得美欧军工企业面临着巨大的经营压力；同时，新兴技术的综合利用是经济建设和国防建设融合的合理选择。为此，各国对其国防体系进行了一系列调整，纷纷制订军民两用计划，研究军民两用技术，开发军民通用产品。这些国家逐渐将国防领域的一些先进技术及产品用于民用领域，参与民用领域的生产竞争，增加国防工业的生产效益；鼓励吸收先进的民用技术及产品进入国防生产、科研领域，支持军民联合生产，提高国家整体工业能力。

一、美国军民通用科技计划背景

美国有相对独立和完整的工业发展计划,联邦政府每年的研发经费中,国防部的预算占一半以上。一般来说,国防部研发预算统筹的非军用计划具有军民通用性。美国在"冷战"后将国防工业发展战略调整为军民一体化,积极引导军工企业发展军民两用技术,开展军用与民用领域技术的双向转移。为了推进军民一体化,成立了跨部门的"国防技术转轨委员会",专门负责指导和协调各部门推进军民一体化。军民一体化的实施很大程度上改变了美国军工企业资源重复浪费和工作效率低下的状况,有效地推动了美国国防工业的发展。

二、欧洲地区军民通用科技计划背景

欧洲的情况和美国有很大的不同,虽然其在科学技术上有着与美国一样的优先发展安排,但政府和学术界或工业界的关系不像美国那样有着千丝万缕的联系,也没有像美国那样代表军方和大企业家共同利益的"军事 - 工业联合体"(military - industry complex)。欧洲注重与特殊需要相关的技术研究,特别是解决社会难题。欧洲制定了保护欧洲国防科技工业和推动欧洲工业一体化的政策;调整国防工业结构,加强跨国、跨行业合作,实现技术和市场上的优势互补;积极支持经济建设和国防建设融合战略,发展军民两用技术。在计划制订上,注重欧洲联盟(简称欧盟)整体利益,发展具有军民两用性的战略计划,如框架计划。欧盟各成员国在制订本国计划的同时也注重与欧盟计划的衔接,减少重复投资建设。

综上所述,我们将梳理欧美主要国家一些典型性的军民两用计划和项目管理实践经验,包括美国国家纳米技术计划(NNI 计划)、美国国防部制造技术项目战略计划(ManTech 计划)、美国航天计划、法国重大技术计划、德国高技术战略计划、英国技术预见计划(TFP)、欧盟提出的区域性的伽利略计划及欧盟第七框架计划(FP7)等,研究其提出背景、主要内容、运行方式、投资构成、管理模式、支持政策、实施效果等,归纳这些计划的运行管理特点,总结经验教训,以期对我国开展相关工作提供启示。

第二节 国外主要军民两用计划运行管理体制概述

一、国外军民两用计划运行管理模式特点

世界各国对重大科技计划的运行、组织管理,会因每个国家的传统、体制和

国情不同而不同,没有普遍适用的模式。为了更好地分析国外军民两用计划运行管理模式,需先对重大科技计划运行管理模式进行分类。

(1)根据主导方式的不同,重大科技计划大体可以分为政府主导型、市场主导型和混合型三种。

①政府主导型。即以政府战略发展需求为牵引,由政府部门主要组织开展的科技研究计划。此类科技研究计划大多聚焦在基础研究领域和前沿科学领域,国家目标导向明显,主要通过政府配置相关资源。

②市场主导型。即由市场需求牵引的、面向市场应用的科技研究计划,主要通过市场配置相关资源,在应用科学领域相对较多。

③混合型。有一部分科技研发项目或计划可能由市场牵引,但其资源配置方面难以由市场完全满足,需要政府部门加以引导,这是前两种方式相结合的一种衍生方式。

(2)根据资源配置的方式,可以将重大科技计划的运行管理模式分为集中型和分散型两种。

①集中型。所谓集中型(centralized),表现为政府行政职能上强化集中化管理,具有较明显的纵向管理体系,通常由单一中央机构控制着所有部门的预算、研究活动的计划和组织等资源分配以及科学活动。

②分散型。学术界也称其为“多元型”(pluralistic),是指将资源分配给不同的、独立自主的部门,例如国防、农业、健康等,每个部门可以独立决策资源的分配。这是由多个组织以相对较弱的关系维系的计划管理模式,跨部门、跨组织的横向联系相对较多,纵向管理体系并不明显。

二、国外主要军民两用计划运行管理模式分析

从国外军民两用计划的组织实施过程来看,其运行管理模式具有较大的相似性,可以从主导方式和资源配置方式两个方面分析(表1.1)。

表1.1 国外主要军民两用计划运行管理特点比较

军民两用计划名称	主要特点	主导方式	资源配置方式
美国国家纳米技术计划	①资金上以国家财政资金支持为主;②通过立法确立运行方式和管理模式;③在组织方面,一个部门牵头,多部门协作;④注重对项目实施情况进行评估、评价	政府主导	多元分散型

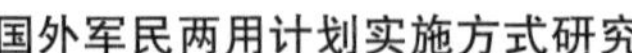

续表

军民两用计划名称	主要特点	主导方式	资源配置方式
美国国防部制造技术项目战略计划	①资金方面基本全部来自财政资金;②组织上以国防部办公室为主实施项目经费分配、项目管理;③制定科学的评估体系(如制造成熟度评估),加强计划评估,保证计划完成质量	政府主导	集中型
美国航天计划	①资金方面主要由政府拨款,经费拨款实行预算制;②组织上由国防部负责军用航天计划,美国航空航天局负责民用航天计划;③重视经济建设和国防建设融合,由国家航天委员会对军民航天计划进行统筹领导;④通过合同管理和项目管理方式对科研机构、合同承包商实施管理、指导与监督	政府主导	集中型
欧盟第七框架计划	①形成了以项目构建法、逻辑框架法、行动预测法、标杆比较法和循环管理法为主要内容的运行管理体系;②建立监督和评估体系	政府主导	多元分散型
欧洲伽利略计划	①欧盟委员会和欧洲航天局共同负责,拟采用公私合营体制;②在计划研发和部署阶段,由伽利略联合执行体进行项目管理,运营阶段由运营公司管理;③在资金方面,由欧盟第五至第七框架提供支持	政府主导	集中型
英国技术预见计划	①资金支持方面,政府和社会共同支持;②在组织上,总体上由科技办公室负责管理;③由技术预见指导小组负责指导;④政府主导、需求定位、专家运作、社会参与、重在应用	政府主导	多元分散型
法国重大技术计划	①在资金支持方面,注重政府主导和社会资本参与相结合;②组织上,以研技部(不同时期名称略有变化)为主;③国有研究机构和企业是实施主体;④重视对重大项目的评价	政府主导	集中型
德国高技术战略计划	①主要是政府投资;②在德国教育与科研部的统一指导下运行,采用全新的企业式管理模式;③依托德国研究与创新系统运行	政府主导	集中型

(1)从主导方式来看,所研究的国外军民两用计划,均以国家战略发展需求为牵引,属于政府主导型。例如,美国航天计划在运行管理中形成了一个以国防部、国家航空航天局为先导的,以国家、工业界和大学为基础的,公私结合、经济建设和国防建设融合的综合研发体系。

(2)从资源配置方式来看,除美国国家纳米技术计划、欧盟第七框架计划之外,其余属于集中型。在美国国家纳米技术计划中,虽然组织上由国家科学技术理事会纳米科学和工程分委员会统一牵头,但美国国防部、国家航空航天局、农业部、交通部、商业部、国家科学基金委员会等多个部门对纳米技术计划都有支持,这些部门可以独立决策资源的配置方向。欧盟第七框架计划的情况类似,由于第七框架涉及的领域非常广,且分布在若干国家,资源配置方面很难由一个部门集中控制。美国国防部制造技术项目战略计划、美国航天计划、欧洲伽利略计划、英国技术预见计划、法国重大技术计划、德国高技术战略计划等则主要由一个部门集中控制预算和研发活动,在资源配置方面属于集中型。同样由欧盟主导的计划——欧洲伽利略计划,由于在前期研发中成立了独立的伽利略执行体,将资源配置和研发活动集中控制起来,与欧洲第七框架计划的管理模式完全不同。

三、政府在军民两用计划运行管理中的作用

(一)避免政府对科学研究和技术发展的直接干预

政府部门在军民两用计划运行管理中发挥着重要作用,但是西方国家十分注重避免政府对科学研究和技术发展的直接干预。以美国的重大科技项目为例,其多元分散型的管理模式使得项目的研究与开发具有很大的自主性,政府研究机构、大学和工业研究机构三大科研系统形成了自己独特的科技管理方式。然而,在军民两用计划的运行管理中,均采用了政府主导的方式,充分发挥政府部门的作用,主要体现在资金的支持、研究活动的组织等方面。这是因为国外军民两用计划大多是关乎国家战略发展方向、涉及高技术领域的重大项目,虽然市场牵引是一个重要方面,但仅仅依靠市场力量难以快速实现。在国际科技竞争日益激烈的情况下,发挥政府的组织优势,成为国外军民两用计划实施的必然选择。

(二)注重对计划实施过程和效果进行评估、评价

从主要的国外军民两用计划实施过程来看,注重对过程和效果进行评估、评价是其突出特点之一,且将评估、评价与决策、管理、咨询相互分离。例如,美国

总统科学顾问委员会定期对美国国家纳米技术计划的实施进行评估,并发表评估报告;美国国防部制造技术项目战略计划制定有效的政策和方法来评估并提高制造成熟度等级;在英国第一轮技术预见计划中,并没有建立评估体系,第二轮时,政府考虑到了评估的重要性,并要求专家制定了预见评估体系;法国形成了由国会科技选择评价局、国家研究评价委员会、科研机构及高等教育机构内部评估体系,以及提供评价服务的中介机构组成的科技评估体系,对重大项目实行不同层面的评价。

第三节　国外军民两用计划的实施效果

一、美国通过实施军民两用计划促进了基础科研和国防技术的发展

美国通过实施国家纳米技术计划、国防部制造技术项目战略计划和航天计划等军民两用计划,显著推动了美国纳米科学研究、武器装备制造及航天技术方面的发展。

美国国家纳米技术计划实施以来,美国在纳米技术的基础研究方面取得了一些突破,目前重点领域包括纳米生物系统、纳米结构与量子控制、纳米元器件与系统结构、纳米过程与环境及多现象模型与模拟。在应用研究和产品开发方面,目前正在半导体芯片、癌症诊断、光学新材料和生物分子追踪等四大热点领域快速发展。

航天计划实施以来,美国政府的高度重视和高额投入使得美国逐步成为当今世界领先的航天大国,强有力地巩固和维护了航天科技的领先优势,使美国在世界军事、科技和经济等领域处于世界领先地位。

美国国防部制造技术项目战略计划是连接技术创新和工业应用的纽带,该计划的成功实施已经对提高制造技术的成熟度、采办的经济性和及时性、维护武器系统及组件的能力,推动在新设施、新装备方面的投资和创新等方面起到积极的作用,对美国国防领域关键作战能力的部署等方面产生了重要的影响。

二、欧洲通过军民两用计划促进了地区科技的发展

欧洲的一些国家和地区通过开展重大技术计划、技术预见计划、高技术计划、伽利略计划和第七框架计划等军民两用计划,使其在核能、航空、卫星导航等方面得到了长足的发展,技术研究实力大大提升。

英国技术预见计划取得了显著的社会效益,产生了大量关于未来的指导性

意见,促成了许多跨领域的交流及计划,成为英国科技领域的重大战略举措,是政府制定科技政策和确定优先支持领域的重要依据,并得到社会各界的积极响应。

德国在2006—2009年间投入近150亿欧元用于发展尖端技术,重点支持方向包括:高技术战略跨领域运行、加强科技与工业间的联系、改善创新基地条件、支持高技术的推广、增加科研机构与创新技术的投入。通过高技术战略的实施,工业高技术科研投资得到了大幅提升,同时创造了更多的就业岗位,特别是研发人员数量不断增加,有效推动了企业技术创新。

法国通过实施多项重大技术计划,在核能、航空、高速列车等领域取得了重大的突破,近50年,共培育了10位诺贝尔奖获得者,核能、阿丽亚娜系列火箭、空中客车飞机、高速列车等成为世界级科技水平的杰出体现;法国重大技术计划的实施,不仅促进了法国科技进步、经济发展,也为法国国防工业发展提供了坚实的基础。

第二章 美国国家纳米技术计划运行管理研究

纳米技术是21世纪的高新科技前沿技术之一,在科学技术及国民经济各方面都具有广阔的应用前景。怎样更好地发展纳米科学技术,将是21世纪人们关心的热门话题,也是科学技术发展研究的前沿课题之一。美国作为纳米科技发展较好的国家,在发展纳米技术过程中的经验教训是值得我们研究与探讨的。本章就美国近年纳米技术计划的发展及对我国纳米材料科技发展的影响做一些探索性研究。

本章归纳总结了纳米科技发展历史、美国国家纳米技术计划提出的背景和计划的主要内容;分析论述了美国国家纳米技术计划的投资构成、管理模式、相关支持政策和实施效果;并总结了纳米科技对人类社会的影响及美国国家纳米技术计划对我国纳米技术产业的启示。

第一节 提出背景

一、纳米技术发展概况

(一)纳米科技的内涵

纳米科技(Nanotechnology)的基本概念是1974年在东京由日本精密工程学会(JSPE)和国际生产工程研究学会(CIRP)联合主持的会议上,日本东京科学大学机械工程教授谷口纪男提出的。纳米科技是指在纳米尺度上研究物质的特性和相互作用,同时利用这些特性在这一尺度范围内对原子、分子进行操纵和加工的多学科交叉的科学和技术。纳米科技的研究内容主要包括以下四个方面:

(1)创造和制备优异性能的纳米材料;

(2)设计和制备各种纳米器件和装置;

(3)探测与分析纳米区域的性质和现象;

(4)以原子、分子为起点,去设计制造具有特殊功能的产品。

(二)纳米科技的重要意义

纳米科技的发展,将促进人类对客观世界认知的革命。纳米科技推动产品的微型化、高性能化和环境友好化,将极大地节约资源和能源,减少人类对资源和能源的过分依赖,并促进生态环境的改善。这将在新的层次上为人类可持续发展提供物质和技术保障。随着人类对客观世界认知的革命,纳米科技将引发一场新的工业变革。由于量子效应,认为微电子器件的极限线宽一般为0.07 μm(70 nm)。根据当时美国半导体工业协会预计,到2010年半导体器件的尺寸将达到0.1 μm,即100 nm,纳米结构器件的最大长度应小于这一尺寸,因此所有的芯片需要按照新的原理来设计。为了突破信息产业发展的瓶颈,必须研究纳米尺度中的理论问题和技术问题,建立适应纳米尺度的新的集成方法和技术标准。在这一尺度上制造出的计算机的运算和存储能力,将比之前微米技术下的计算机性能呈指数倍的提高,这是对信息产业和其他相关产业的一场深刻的革命。同样,生命科技也面临着在纳米科技影响下的变革。所以,人们认为纳米科技是未来信息科技与生命科技进一步发展的共同基础。正如美国《新技术周刊》指出的:纳米技术是21世纪经济增长的一个主要的发动机,其作用可使微电子学在20世纪后半叶对世界的影响相形见绌。

纳米科技也将促使传统产业发生转变。如在化纤制品中加入纳米微粒,可以除味、杀菌;通过纳米技术的运用,建筑物外墙涂料的耐洗刷性由原来的约1 000次提高到10 000多次,使用寿命也延长了2倍多。这种对传统材料进行纳米改性的技术,企业投入不大,而且市场前景广阔。纳米科技的巨大影响还在于使纳米尺度上的多学科交叉展现了巨大的生命力,迅速形成一个具有广泛学科内容和潜在应用前景的研究领域。该领域可大致包括纳米材料学、纳米化学、纳米计量学、纳米电子学、纳米生物学、纳米机械学、纳米力学等7个新生学科。

(三)纳米技术发展趋势

纳米材料和纳米结构的研究是纳米科技领域起步最早、成果丰富的领域之一。从某种意义上来说,纳米材料和纳米结构是纳米科学技术核心领域之一,在制造业、信息技术、能源、环境、健康医疗、生物技术和国家安全等领域中纳米科技的应用起着举足轻重的支撑作用。许多先进国家在部署和调整纳米科技发展计划时都把纳米材料和纳米结构的研究放到很重要的地位。美国在部署发展纳

米科技前沿领域，如纳米电子技术和器件、纳微米加工技术、纳米生物技术、纳米医药和诊断技术、纳米环境监测和治理技术的同时，把继续深入研究纳米材料和纳米结构放在极其重要的位置。在纳米科技研究的投资中，纳米材料和纳米结构占49%，这足以说明纳米材料和纳米结构研究的先导作用和重要性。

当前纳米产业发展的趋势，使得纳米技术应用的重心出现了4个转折：一是由纳米技术改造传统产业，逐渐转移到高技术产业；二是由单一纳米技术向集成纳米技术转移；三是由单一产品的生产技术向系列产品的生产技术转移；四是由简单的纳米复合技术向复杂异质纳米结构组合技术转移。

二、美国国家纳米技术计划提出背景

（一）美国发展纳米科技的历史回顾

1991年，美国正式将纳米技术列入"国家22项关键技术"和"2005年的战略技术"。1997年，美国国防部将纳米技术提高到战略研究领域的高度。1996—1998年间，美国国家科学基金委员会与十余家政府机构联合出资并委托Loyola学院"世界技术评估中心"（WTEC），针对纳米粒子、纳米结构材料和纳米器件的研究开发现状和趋势，在全球范围内进行了为期3年的调研。调查范围主要包括美国国内以及法国、德国、比利时、荷兰、瑞典、瑞士、英国、俄罗斯、日本和中国台湾等国家及地区，旨在评估和掌握全球纳米科技研究开发的现状和未来发展趋势。此次调研结果显示美国政府在纳米科技方面的投入不及西欧国家和日本（1997年各国政府对纳米科技的投入为：西欧国家1.28亿美元，日本1.20亿美元，而美国只有1.16亿美元）；其次美国的纳米科技水平并不占有绝对的领先优势。

这些调研结果引起了联邦政府的高度重视。美国总统科技顾问委员会认为：纳米技术是第二次世界大战以来美国即将面临的又一场不具备绝对领先优势的科技革命，如果美国要在21世纪继续保持其经济上的领导地位和保证其国家安全，则需要在未来的10至20年中持续增加对纳米科技研究开发的投入。为此，在经过了为期3年的精心准备之后，美国政府于2000年2月正式发布了"国家纳米技术计划"。

美国国家纳米技术计划作为联邦政府科技研究与开发的第一优先计划，本身属于推动基础性技术发展的计划，支持对纳米技术（纳米技术系指加工尺度达到纳米级（0.1～100 nm）的制造技术）进行长期研究开发，并很有可能带来诸如材料与制造、纳米电子学、医疗与卫生、环境与能源、化学与制造工业、生物技术与农业、计算与信息技术，特别是有关国家安全等技术领域的新的突破。该计划从2001财年正式开始，实行逐年拨款制。

(二)美国联邦政府在推动纳米科技发展中的重要作用

正如美国前总统克林顿所说:“我们的某些目标可能需要花费20年或者更长时间才能达到,这也正是联邦政府在其中扮演重要角色的原因所在。”美国联邦政府努力在纳米科技长期和高风险投资中发挥作用,将政府对纳米科技的投资重点放在刺激合作和支持基础科学方面,建立了研究过程中所需的纳米技术基础设施,培养纳米产业发展所需的人才,鼓励跨学科的网络与合作,确保信息的传播,鼓励新兴公司开发纳米技术。

2000年9月,美国国家科学技术委员会专门成立了“纳米科学、工程与技术分会”(NSET),以加强对纳米科技研发活动的领导与协调,保证美国国家纳米技术计划的实施,具体包括:项目的计划安排;经费预算;项目实施与评估等。纳米科学、工程与技术分会又下设了“国家纳米技术协调办公室”,负责日常技术与行政工作,并作为政府机构、科研院所、产业界、职业社团、国外机构,以及其他组织开展纳米科技活动的联络站,还负责在纳米科学、工程与技术分会的指导下完成相关的文字材料,并维护美国国家纳米技术网站。

在纳米科技研发投入策略上,联邦政府和国会的高层官员们达成了一种共识:目前纳米技术研发的投入应以联邦政府为主,并且在相当长的一个时期内,联邦政府需要保持其投入的稳定性。

第二节　主要内容

一、美国国家纳米技术计划的主要目标

美国国家纳米技术计划主要有四大目标:

(1)推进世界级纳米科技研发计划;

(2)为了商业和公共利益,培育新技术向产品转移;

(3)发展和保持能够促进纳米科技的教育资源、技术劳动力和支撑设施;

(4)支持负责任的纳米技术开发。

二、美国国家纳米技术计划的主要内容

美国国家纳米技术计划的提出标志着美国进入全面推进纳米科技发展的新阶段。美国国家纳米技术计划是一项跨部门的系统工程,旨在确保美国在纳米技术方面的领先地位,同时也为提高国家经济竞争力提供支持。美国国家纳米

技术计划的核心是要加强联邦政府对国家纳米科技发展的引导与支持。其主要内容包括以下几方面：

(1)增加联邦政府对纳米科技的投入并保持投入的可持续性；

(2)通过筛选评价，确定国家纳米科技研发工作的优先领域，包括纳米基础研究的优先领域以及应用、开发研究的优先领域等；

(3)引导和扶持纳米科技研发中心和网络的建设；

(4)支持纳米科技研发的基础设施建设；

(5)加强对纳米科技的社会影响的研究，注重人力资源的纳米知识教育与纳米意识培养，使整个社会从容面对纳米时代的到来；

(6)加强对国家纳米科技研发活动的领导与协调，促进管理部门之间以及研发机构之间的相互合作，减少低水平的重复，优化研发资源的配置。

三、美国国家纳米技术计划的主要规划领域

美国国家科技委员会于2011年发布了最新的国家纳米技术计划战略规划。美国国家纳米技术计划的宗旨是发展国家利益下的研发，主要领域横跨各参与机构，并且包含美国国家纳米技术计划目标中可以通过机构间合作加快实现的领域。该规划根据总体目标确定了八大主要领域：基本现象及过程；纳米材料；纳米器件及系统；设备研究、测量技术和标准；纳米制造；主要研发设施；环境、健康与安全；教育和社会维度。与之前的各年份规划报告相比，前七大领域不变，增加了第八大领域。规划还详细指出各相关机构在每个领域中所涉及的重点。

美国国家纳米技术计划八大主要领域是指分别与纳米科技研究相关的主要学科领域和行动区域，它们为国家纳米技术计划的活动分类提供了一个组织框架。这些领域的投资和进展对于达到美国国家纳米技术计划的目标和实现其远景规划是至关重要的，每个计划领域相关的投资都在递交总统的美国国家纳米技术年度预算报告里，在一个或者多个计划领域中投资机构的项目与行动是实现每个目标的关键。

(一)领域1 基本现象及过程

该领域主要研究纳米尺度的物质、生物和工程科学新现象的发现和基础知识的增长，阐明与纳米尺度结构、工艺和机制相关的科学与工程原理。重点强调以下几个方面：

(1)新现象、量子控制和基本过程，即发现和了解纳米尺度下的新现象和设计工艺，涉及纳米材料、力学、化学、生物、电子和光学，其潜在应用方向包括应用于先进通信和信息技术的量子计算、新器件和工艺。

(2)纳米尺度下的生物系统——支持基于生物或有生物感知的新特性及其潜在的应用系统,包括改进药物传递,以用于植入生物兼容纳米结构材料;探索细胞功能,以用于研究基因组、蛋白质组和细胞生物学的器件以及传感系统,如探测早期癌症的微型传感器。

(3)在纳米尺度下汇聚科学与工程领域,汇聚纳米技术与信息技术、现代生物技术与社会科学领域,包括研究纳米生物技术的相互作用以及纳米技术与信息科学的交汇领域。

(4)多尺度、多现象理论、纳米尺度下的建模和模拟,支持理论、建模和模拟,大规模计算机模拟和新的设计工具与基础设施,旨在了解、控制并加速开发新的纳米技术系统。

(二)领域2　纳米材料

该领域研究发现新的纳米尺度材料和纳米结构材料,综合了解纳米材料的特性(包括长度以及界面的相互作用)、其潜在应用方向(包括通信、能源、制造、健康等行业的技术创新);开展纳米材料的一流设计与合成方面的研发,控制具有目标特性的纳米结构材料。

(三)领域3　纳米器件及系统

该领域应用纳米科学与工程的原理创造新型或改进现有器件和系统,包括用纳米尺度材料和纳米结构材料改进器件和系统的性能或增加新功能,提出新概念,旨在了解复杂系统下的纳米尺度器件的相互作用(包括在纳米结构和纳米器件组件之间的物理、化学和生物的相互作用)。硅纳米技术和超越互补金属氧化物半导体是该领域的研究重点,主要探索半导体特征尺度的极限及应用于传感、存储、通信、计算等器件的物理原理。该领域的研究将有助于开发包括在原子和分子层次上自下而上的器件组装新技术。

(四)领域4　设备研究、测量技术和标准

该领域研发适合于开展先进纳米技术研究和商业化的新工具,包括用于纳米材料、纳米结构、纳米器件和系统的表征、测试、合成与设计的下一代仪器,以及与开发材料、表征、测试和制造等方面的标准相关的其他活动。

(五)领域5　纳米制造

该领域研发针对纳米尺度的材料、结构、器件和系统,并实现具有可规模化、可靠性和有效性的制造,包括超小型化的自上而下的工艺研发和集成,日

益复杂的自下而上的或自组装工艺，提出纳米结构和纳米系统高速合成和加工的新概念，如支持纳米结构的高速合成与工艺、纳米结构催化剂、器件的制造方法，先将其组装成纳米系统，进而组装成与产业界和医学领域相关的更大的结构。

（六）领域 6　主要研发设施

该领域建设多用户设施，支持大型仪器设施及其他设备的开发，支持或加强纳米科学与工程、技术研究与开发等方面的科学基础设施活动，也支持国家纳米技术基础设施网络和计算纳米技术网络的运行及维护。

（七）领域 7　环境、健康与安全

该领域支持针对纳米技术社会影响的相关研究和其他活动，包括纳米技术开发对环境、健康、国家安全的直接影响；开展相关风险评价方面的基础研究；开展纳米技术对环境、健康影响的研究等。

（八）领域 8　教育和社会维度

该领域支持针对纳米技术的社会影响的相关教育活动，包括开发中学教育和研究生教育所需的材料、新的教学工具等；从社会、行为、法律和经济展望的角度，分析研究纳米技术对社会的影响，调查在纳米尺度下激励科学发现的影响因素，探索和开发确保纳米技术安全性和可靠性的有效方法，研究汇聚技术提升人类能力的潜力。

第三节　投 资 构 成

一、美国国家纳米技术计划参与机构投资预算

（一）美国国家纳米技术计划参与机构

美国国家纳米技术计划的主要领域横跨各参加机构的活动区域，并且代表了美国国家纳米技术计划目标中通过机构间合作可加快实现的领域。计划主要涉及 25 个投资机构和部门（表 2.1），其中参与美国国家纳米技术计划研发经费投资的机构和部门主要有 11 个：美国国防部、美国能源部、美国农业部、美国国土安全部、美国司法部、美国环境保护署、美国航空航天局（NASA）、美国国家职

业安全卫生研究所(NIOSH)、美国国家科学基金委员会(NSF)、美国国立卫生研究院(NIH)和美国国家标准与技术研究院(NIST)。

为了保证美国国家纳米技术计划更好地实施,联邦政府制订了一个美国国家纳米技术计划的具体执行方案,并成立了协调办公室和专家审查委员会,对美国国家纳米技术计划的目标每年进行一次检查。由于纳米技术发展迅速,计划将随时根据技术的发展做相应的调整。

表 2.1　美国国家纳米技术计划投资机构和部门全称及简称

机构和部门的全称	机构和部门的简称
美国国家科学基金委员会	NSF
美国国家标准与技术研究院	NIST
美国国立卫生研究院	NIH
美国航空航天局	NASA
美国环境保护署	EPA
美国交通部	DOT
美国能源部	DOE
美国国防部	DOD
美国情报体系	IC
美国财政部	DOT
美国国务院	DOS
美国司法部	DOJ
美国国家粮农研究所	NIFA
美国核管理委员会	NRC
美国食品药品监督管理局	FDA
美国国土安全部	DHS
美国专利及商标局	USPTO
美国国家职业安全卫生研究所	NIOSH
美国国际贸易委员会	ITC
美国农业部林务局	USDA/FS

续表

机构和部门的全称	机构和部门的简称
美国消费品安全委员会	CPSC
美国商务部工业和安全局	BIS
美国地质勘探局	USGS
美国劳工部	DOL
美国教育部	ED

(二)美国国家纳米技术计划参与机构投资情况

美国国家纳米技术计划虽然是一个国家计划,但本身并没有科研经费支持,而是通过各参与机构联合投资来实施科技研发活动的。计划实施后,美国在纳米技术研发上的科技投入逐年提升,2001—2002 财年,美国国家纳米技术计划资金投入为 6.4 亿美元,到 2002—2003 年度经费达到 7.1 亿美元,比上年增加 17%。2005 财年,上述 11 个部门对美国国家纳米技术计划研发的总投入达 11 亿美元,其中国防部、能源部、国立卫生研究院和国家标准与技术研究院的投入占总投入的 95%。2006 财年的政府预算投入达 10.5 亿美元。2007 年的政府预算投入为 12.77 亿美元。2008 年美国在纳米技术上投入的科研经费预算又有大幅提升,达到 14.45 亿美元,年涨幅 6.7%。美国国家纳米技术计划发布后的第一年,有 6 家联邦机构在纳米技术的研发领域投入了大量科研经费。2007 年 25 家联邦机构以独立承担或协同合作的形式参与纳米技术相关的研发活动,其中的 13 家承担与纳米技术相关的科技经费财政预算。

美国联邦政府 2000 年预算中用于纳米技术研究与开发的经费为 2.7 亿美元,而在 2001 年预算中用于纳米技术研究与开发的经费高达 4.95 亿美元,增幅为 83%。其中 34.3% 用于基础研究,28.3% 用于重点项目研究,15.6% 用于中心和网络建设,16.2% 用于基础设施建设,5.6% 用于伦理、法律和社会影响研究及教育和培训。整个经费的 70% 将投给以大学为基地所进行的研究,用于对纳米科学和工程人才的培养。从 2000 年美国启动国家纳米技术计划到 2010 财年,美国国会已经拨款 124 亿美元用于纳米技术研发;此外,2011 年的预算为 18 亿美元。2001—2012 财年计划投资情况及 2009—2011 年参与机构投资情况见表 2.2 和表 2.3。

表 2.2　2001—2012 财年美国国家纳米技术计划参与机构投资情况

（单位：百万美元）

机构	财年											
	2001	2002	2003	2004	2005	2006	2007	2008	2009	2010	2011	2012
能源部	88	89	134	202	208	231	236	244.7	625.8	373.8	380.8	610.6
国立卫生研究院	40	59	78	106	165	191.6	215.4	304.5	416.2	456.8	456.8	464.8
科学基金委员会	150	204	221	256	335	359.7	388.8	408.6	509.8	428.7	412.1	455.9
国防部	125	224	220	291	352	423.9	450.2	460.4	459	439.6	415.4	368.2
国家标准与技术研究院	33	77	64	77	79	77.9	87.6	85.6	136.8	114.7	95.9	115.7
航空航天局	22	35	36	47	45	50	19.8	17.4	13.7	19.7	20.1	32.3
环境保护署	5	6	5	5	7	4.5	7.6	12.1	11.6	17.7	17.6	19.8
国家职业安全卫生研究所	—	—	—	—	3	3.8	7.3	6.9	6.7	8.5	9.5	16.5
食品药品监督管理局	—	—	—	—	—	—	—	—	6.5	7.3	7.3	15
国家粮农研究所	—	—	—	2	3	3.9	3.9	5.5	9.9	13.2	13.2	11.6
国土安全部	—	2	1	1	1	1.5	2	3.2	9.1	21.9	12.3	10.2
农业部林务局	—	—	—	—	—	2.3	2.9	4.6	5.4	7.1	5	5
消费品安全委员会	—	—	—	—	—	—	—	—	0.2	0.5	2.2	2
交通部	—	—	—	—	—	0.9	0.9	0.9	0.9	3.2	2	2
司法部	1	1	1	2	2	0.3	1.7	0.1	1.2	0.2	0	0

表 2.3　2009—2011 年美国国家纳米技术计划参与机构科技经费

（单位:百万美元）

机构	2009 年	2010 年	2011 年
交通部(联邦公路管理局)	0.9	3.2	2.0
司法部	1.2	0.2	0.0
国土安全部	9.1	21.9	12.3
农业部林务局	5.4	7.1	5.0
国家职业安全卫生研究所	6.7	8.5	9.5
农业部教育和推广局	9.9	13.2	13.2
环境保护署	11.6	17.7	17.6
航空航天局	13.7	19.7	20.1
国家标准与技术研究院	136.8	114.7	95.9
国立卫生研究院	416.2	456.8	456.8
能源部	625.8	373.8	380.8
国防部	459.0	439.6	415.4
国家科学基金委员会	509.8	428.7	412.1

美国国家纳米技术计划研发科技经费主要流向美国国家科学基金委员会、美国国防部、美国能源部、美国国立卫生研究院、美国国家标准与技术研究院、美国航空航天局 6 家机构。从 2009—2011 年数据来看，这 6 家联邦机构占了纳米科技经费的 98% 以上。在这 6 家联邦机构中，美国国防部和美国航空航天局获得的科技经费逐年小幅递减，而另外 4 家则逐年递增。另外，值得注意的是，美国环境保护署 2009—2011 年的经费也有大幅提升。这些迹象一定程度上表明了美国的纳米技术研发出现了向民用化和环保方向发展的趋势。图2.1 ~ 图 2.4 显示了 2001—2012 财年各机构在美国国家纳米技术计划投资金额上的变化情况。

2003 年，美国总统签署了《21 世纪纳米技术研究与发展法》，为美国国家纳米技术计划的实施提供了进一步的法律保障。美国国家纳米技术计划在 2001—2006 财年的预算水平不断提高。2011 财年预算近 18 亿美元，与 2001 财年相比，增长了 3 倍(具体各部门预算数额见表 2.4)。目前，主要有 11 个联邦机构负责美国国家纳米技术计划的资助活动，其中八成的经费拨向国家科学基金委员会、

国防部、能源部和国立卫生研究院 4 个机构,另有 11 个机构参与该计划组织的相关研讨工作。

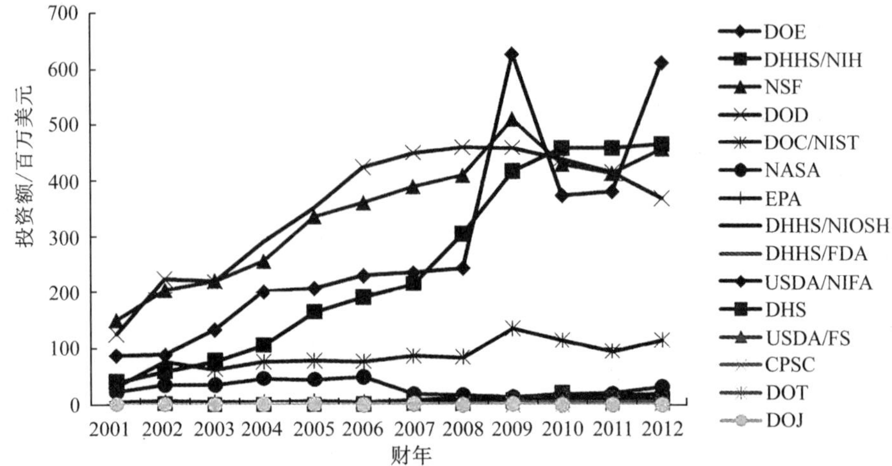

图 2.1 2001—2012 财年美国国家纳米技术计划参与机构投资额变化图

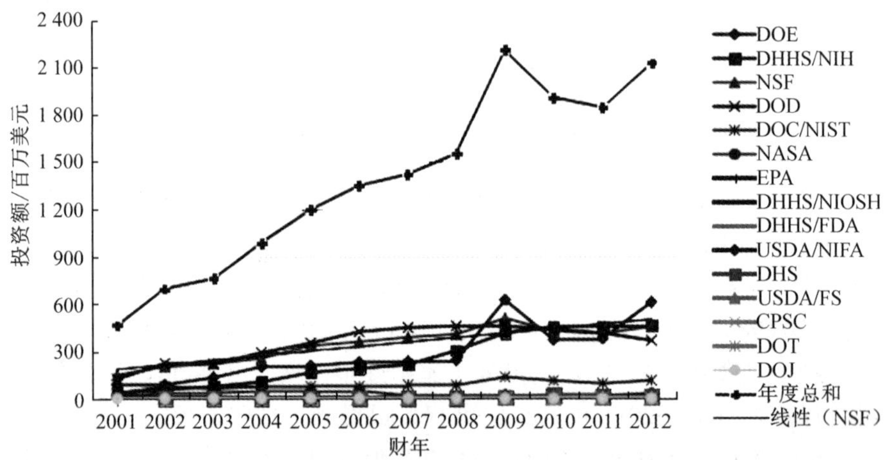

图 2.2 2001—2012 财年美国国家纳米技术计划投资总额与各机构投资额变化图

2010 年美国总统科学顾问委员会(PCAST)在对美国国家纳米技术计划的第三次评估报告中,认为环境、健康与安全(EHS)领域在解决环境安全问题上的态度是积极的,解决国家纳米技术计划对环境、健康与安全的潜在影响值得赞扬。图 2.5 显示了 2005—2010 年纳米技术对环境、健康与安全领域的跨部门投资情况。

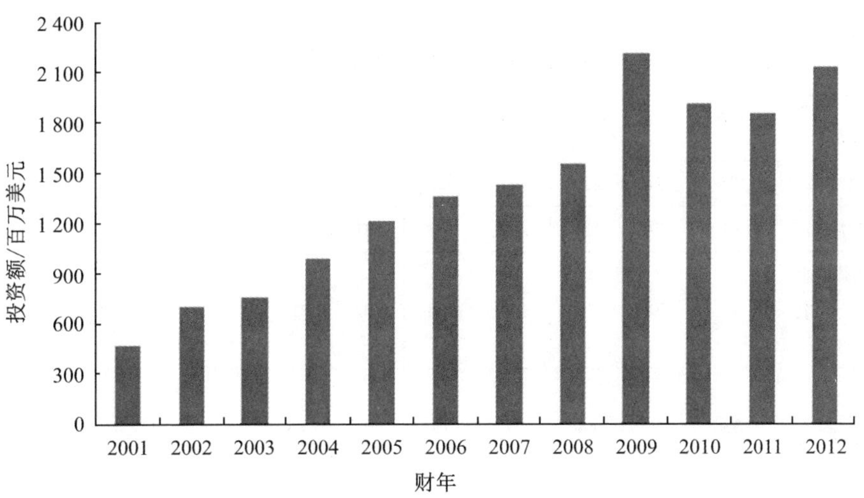

图 2.3　2001—2012 财年美国国家纳米技术计划总投资情况

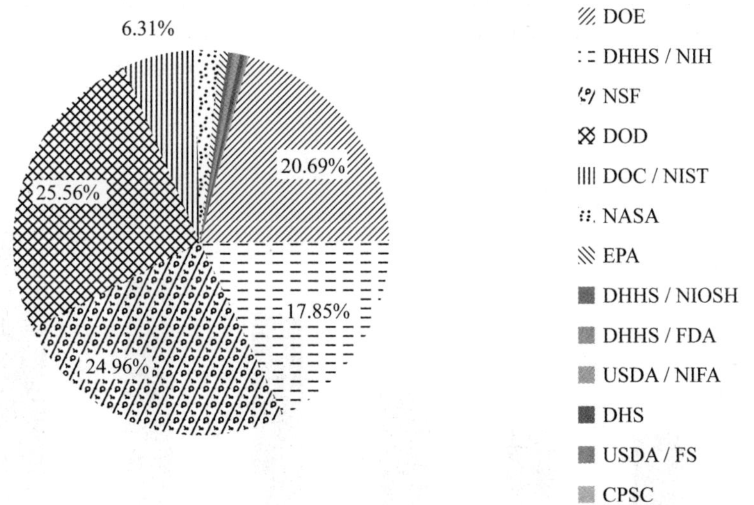

图 2.4　2001—2012 财年美国国家纳米技术计划各部门投资总额所占比例

表 2.4　2001—2011 财年美国各部门经费预算的分布

（单位：百万美元）

机构	财年										
	2001	2002	2003	2004	2005	2006	2007	2008	2009	2010	2011
国家科学基金委员会	150	204	221	256	335	360	389	409	409	418	401
国防部	125	224	220	291	352	424	450	460	459	436	359
能源部	88	89	134	202	208	231	236	245	333	373	424
国家职业安全卫生研究所	40	59	78	106	165	192	215	305	343	361	382
国家标准与技术研究院	33	77	64	77	79	78	88	86	93	114	108
航空航天局	22	35	36	47	45	50	20	17	14	14	16
环境保护署	5	6	5	5	7	5	8	12	12	18	20
其他	1	3	2	5	9	13	19	22	40	48	62

注：1. 国家职业安全卫生研究所隶属于美国人类健康服务部，国家标准与技术研究院隶属于美国商务部；

2. 2001—2009 年的数据为实际支出数额，2010 年的数据为估算数额，2011 年、2012 年的数据为预算请求数额。

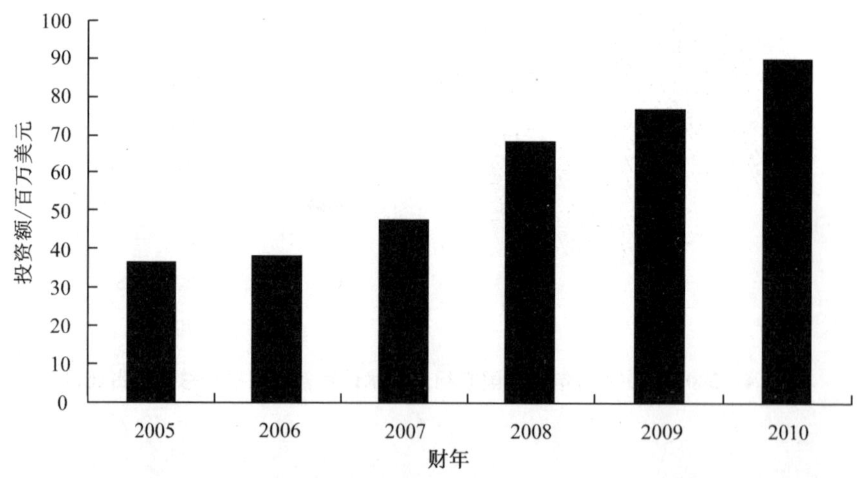

图 2.5　2005—2010 年美国国家纳米技术计划对环境、健康与安全领域跨部门投资情况

二、美国国防部纳米技术计划投资情况

美国国防部长期持续的研发计划（包括基础研究、应用研究和先期技术研发）成为纳米技术研究的主要策动源。美国国防部对纳米技术的研发主要集中在基础研究和应用研究探索上，大量的研究成果已经转移到美国国防部实验室或工业界的技术开发活动之中。为了加速纳米技术成果向未来平台应用的转化，美国国防部各机构一直在开发可作为潜在破坏性创新源头的纳米技术成果，并且越来越重视将纳米尺度材料新发现向技术开发转化。

每个军种都成立了研究团队，分别是海军纳米技术科学工作组、空军研究实验室纳米科技战略技术组、美国陆军研发和工程司令部纳米技术一体化产品小组，它们开发纳米技术，确定快速而有效的技术转化途径。此外，“中小企业创新研究计划/中小企业技术转化计划”（SBIR/STTR 计划）和“制造技术计划”随时准备将突破性成果转化到军用和民用产品中。SBIR/STTR 计划的大笔投资投向基于纳米技术的产品方面，并且还会增长。对纳米器件和系统及纳米制造相关领域建立有效的技术转化途径已经取得了显著的进展。美国国防部每年举办的“国防应用纳米材料”等会议，作为一个常规化的论坛，成为美国国防部资助的研发项目和军民用产品开发商之间的纽带。

承担纳米技术研发的既有美国国防部的实验室，也有美国国防部以外的其他研究机构。无论美国国防部内还是美国国防部外，研发工作均可能由研究者个人、交叉学科团队或者研究中心承担。研究者个人研究是美国国防部研究计划中的一个重要组成部分，对工程学（包括纳米技术）突破的高风险创新型科学概念的提出和成熟至关重要；交叉学科团队处于传统学科的交界处，能够为了解纳米现象和确定纳米技术应用前景提供最佳的方法；研究中心为纳米技术研究提供持续的支持，并在出现重大机遇之时提供各方面的专家。

表 2.5 显示了 2006 财年到 2008 财年美国国防部支持纳米技术各方向的研发资金。在 2007 财年的计划中，为了开发经济、高性能、小批量针对特定用途集成电路的新型光刻设备，大型研究设施和仪器领域获得的经费预计增加约2 100 万美元。此外，新设施和仪器将为小批量纳米机电系统（NEMS）和纳米光电器件提供极具经济性的制造技术。

国会的追加投资是美国国防部纳米研发预算的重要组成部分（表 2.6）。国会的拨款项目一般可以避开标准机构的技术审查，甚至国会的追加投资与重点技术领域和美国国防部各机构的投资方向不一致。

表 2.5　美国国防部对纳米技术各领域的投资

（单位:百万美元）

领域	2006 财年(实际值)	2007 财年(估算值)	2008 财年(请求值)
基本现象及过程	184.597	180.998	179.124
纳米材料	109.709	84.776	91.683
纳米器件及系统	110.447	107.535	70.638
设备研究、测量技术和标准	10.772	9.513	8.259
纳米制造	3.120	4.839	1.000
主要研发设施	4.313	28.606	22.978
环境、健康与安全;教育和社会维度	1.000	1.000	1.000

表 2.6　国会对美国国防部纳米技术计划的追加投资

（单位:百万美元）

领域	2006 年	2007 年
基本现象及过程	33.781	33.492
纳米材料	17.467	3.068
纳米器件及系统	21.586	23.145
设备研究、测量技术和标准	2.730	1.371
纳米制造	0.000	1.916
主要研发设施	0.000	0.000
环境、健康与安全;教育和社会维度	0.000	0.000

国防部按预算分类对纳米技术的投资见表 2.7。

表 2.7　美国国防部按预算分类对纳米技术的投资

（单位：百万美元）

领域	2006 年	2007 年	2008 年
基础研究	199.781	211.064	197.245
应用研究	191.574	152.817	125.384
先期技术开发	32.063	53.386	52.053

支持各军种和国防先期研究计划署纳米技术的研发投资随着项目的启动和完成有所波动，但总额度保持稳定。表 2.8 所显示的是由于国会追加投资，2008 财年的预算相对于 2006 财年和 2007 财年有大幅下降。此外，2006 财年到 2008 财年，生化武器防御项目和导弹防御局预算中的纳米技术投资也因为国会追加投资而出现相对较大的波动。

表 2.8　美国国防部纳米技术投资在各机构的分布

（单位：百万美元）

机构名称	2006 财年	2007 财年	2008 财年
陆军	64.012	66.984	34.136
海军	45.460	45.188	27.140
空军	89.907	70.855	63.817
国防先期研究计划署	195.377	219.320	212.458
国防研究与工程局	5.800	5.000	7.200
生化武器防御项目	19.882	9.650	29.801
导弹防御局	3.520	0.270	0.130

根据表 2.5 ~ 表 2.8 的数据来看，美国国防部纳米技术的投资水平能够满足国防机构各项目的需求。每个计划领域都取得重大进展，并且符合美国国防部长期规划目标。目前纳米技术研发投资项目主要组成部分依然是基础研究和应用研究，而不是先期技术开发，这种情况与大多数纳米技术研究的当前成熟度相一致；虽然科学和技术在不断进步，并呈现出很好的前景，但要获得稳定且成熟的产品尚待时日。

三、美国国家纳米技术计划 2011 财年投资预算情况

2010 年 2 月，美国国家科学技术委员会纳米科技工程分会发布了国家纳米技术计划 2011 财年投资预算，总额将近 18 亿美元。本次预算设立了新的重点，即加速转化基础研发成果和能力到支撑可持续能源、环境保护和健康等国家优先领域的创新中。联邦政府支持 15 个部门的纳米科学和工程研发活动，获得最大投资的部门分别是美国能源部、美国国家科学基金委员会、美国国立卫生研究院、美国国防部和美国国家标准与技术研究院。并且，美国食品药品监督管理局和美国消费品安全委员会于 2011 年首次加入正式预算编制之中。

基本纳米现象和过程研究仍获得最多的预算，反映了联邦持续资助对基础研究和创新渠道供给的重要性；能源部的投资在所有机构中占据最大份额，纳米制造研究投资有显著增长，环境、健康和安全的研究投资持续稳定增长，国立卫生研究院的投资持续增长。2011 财年纳米科技相关投资的重大增幅来自那些过去相对比较谨慎的机构，如食品药品监督管理局、农业部和环境保护署等。表 2.9 说明的是 2009—2011 财年美国联邦主要机构对国家纳米技术计划的预算情况，表2.10表明的是 2011 财年主要机构对纳米研发主要领域的预算情况。

表 2.9　2009—2011 财年美国联邦主要机构对国家纳米技术计划的预算情况

（单位：百万美元）

机构	2009 财年实际拨款	2009 财年经济复兴计划补充拨款	2010 财年估计值	2011 财年预算值
能源部	332.6	293.2	372.9	423.9
国家科学基金委员会	408.6	101.2	417.7	401.3
国立卫生研究院	342.8	73.4	360.6	382.4
国防部	459	0	436.4	348.5
国家标准与技术研究院	93.4	0	114.4	108
环境保护署	11.6	0	17.7	20
国家职业安全卫生研究所	6.7	0	9.5	16.5
航空航天局	13.7	0	13.7	15.8
国土安全部	9.1	0	11.7	11.7
食品药品监督管理局	9.9	0	10.4	8.9
农业部林务局	5.4	0	5.4	5.4
消费品安全委员会	0.2	0	0.2	2.2

续表

机构	2009 财年实际拨款	2009 财年经济复兴计划补充拨款	2010 财年估计值	2011 财年预算值
交通部	0.9	0	3.2	2
司法部	1.2	0	0	0

注:2009 财年是实际拨款;2010 财年是拨款估计值;2011 财年是预算申请值。

表 2.10 2011 财年美国联邦主要机构对纳米研发主要领域的预算情况

(单位:百万美元)

机构	基本现象及过程	纳米材料	纳米器件及系统	设备研究、测量技术和标准	纳米制造	主要研发设施	环境、健康、安全	教育和社会维度
能源部	117.2	121.7	30.4	19.3	20.9	111.3	2.6	0.5
国家科学基金委员会	140.1	74.3	40.7	16.6	32.2	35.3	33	29
国立卫生研究院	50.3	80	193.8	18.6	2.3	14.4	18.3	4.7
国防部	151.5	39.3	99	2.5	25.1	30.7	0.5	0
国家标准与技术研究院	22.4	8.2	20.2	18.5	20.2	11.1	7.3	0
环境保护署	0.2	0.1	0.2	0	0	0	19.5	0
国家职业安全卫生研究所	0	0	0	0	0	0	16.5	0
航空航天局	0	8.4	7.4	0	0	0	0	0
国土安全部	0	6.5	4.9	0	0.3	0	0	0
食品药品监督管理局	0.7	1.4	3.8	0.3	0.2	0	2	0.5
农业部林务局	2	1.4	0.7	1.1	0.2	0	0	0

续表

机构	基本现象及过程	纳米材料	纳米器件及系统	设备研究、测量技术和标准	纳米制造	主要研发设施	环境、健康、安全	教育和社会维度
消费品安全委员会	0	0	0	0	0	0	2.2	0
交通部	0	1	1	0	0	0	0	0
司法部	0	0	0	0	0	0	0	0

第四节　管 理 模 式

一、美国国家纳米技术计划主要管理部门

根据《21 世纪纳米技术研究与发展法》,美国白宫科技政策办公室必须每年公布一份国家纳米技术计划实施情况的年度报告,纳米科学、工程与技术分会(NSTE)负责制定美国国家纳米技术计划未来五年的战略规划。2004 年 12 月,NSTE 制订了第一份美国国家纳米技术计划战略规划,确定了未来 5 ~ 10 年的战略目标,提出了联邦各相关机构的主要任务,凝练了该领域的研发重点和应用前沿方向。

美国国家纳米技术计划是一项跨部门的系统工程,美国政府在国家科学技术委员会下专门成立了纳米科学、工程与技术分委会,具体负责这一计划的组织实施,旨在确保美国在纳米技术、工程技术方面的领先地位,同时为提高国家经济竞争力做出贡献。

2003 年出台的《21 世纪纳米技术研究与发展法》规定了美国国家纳米技术计划的运行方式和管理模式(图 2.6),提出自 2005 财年开始的 4 年内,联邦政府将投入约 37 亿美元用于支持纳米技术研发工作。

为了加强纳米科技研发活动并领导实施美国国家纳米技术计划,美国国家科学技术委员会(NSTC)于 2000 年 8 月在其下属的技术委员会下面,又专门成立了"纳米科学、工程与技术分委会",负责国家纳米科技研发活动的领导与协调,包括纳米项目的计划安排、经费预算、项目实施和项目评估等。纳米科学、工程与技术分委会下设"国家纳米技术协调办公室"。该协调办公室作为纳米科学、工程与技术分委会的秘书处,负责日常技术与行政工作,并作为政府机构、科研院所、产业界、职业社团、国外机构及其他组织开展纳米科技活动的联络站。此

外，该办公室还负责在纳米科学、工程与技术分委会的指导下完成相关的文字材料，并维护官方网站。在纳米科学、工程与技术分委会的领导框架下，参与美国国家纳米技术计划的各联邦部、局和独立机构包括：农业部、商务部、国防部、能源部、司法部、交通部、财政部、国务院、中央情报局、环境保护署、航空航天局、国家标准技术研究院、国立卫生研究院、核管理委员会、国家科学基金委员会。这些部门具有管理和调节本部门纳米科技研发活动的自主权。各单位可根据美国国家纳米技术计划的总体目标和项目计划，按照本部门的利益重点来选择研发项目、配置研发资源、评估研发成果等。

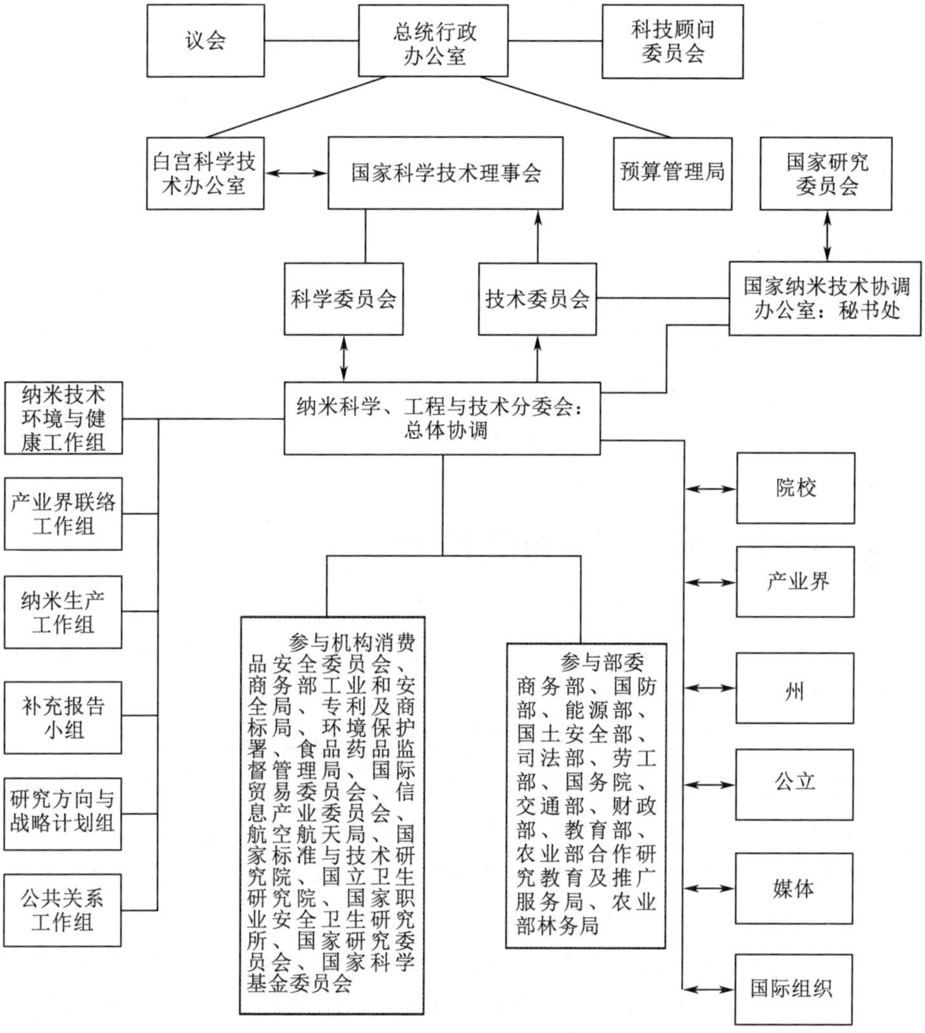

议会
总统行政办公室
科技顾问委员会
白宫科学技术办公室
国家科学技术理事会
预算管理局
国家研究委员会
科学委员会
技术委员会
国家纳米技术协调办公室：秘书处
纳米科学、工程与技术分委会：总体协调
纳米技术环境与健康工作组
产业界联络工作组
纳米生产工作组
补充报告小组
研究方向与战略计划组
公共关系工作组
参与机构消费
品安全委员会、
商务部工业和安
全局、专利及商
标局、环境保护
署、食品药品监
督管理局、国际
贸易委员会、信
息产业委员会、
航空航天局、国
家标准与技术研
究院、国立卫生
研究院、国家职
业安全卫生研究
所、国家研究委
员会、国家科学
基金委员会
参与部委
商务部、国防
部、能源部、
国土安全部、
司法部、劳工
部、国务院、
交通部、财政
部、教育部、
农业部合作研
究教育及推广
服务局、农业
部林务局
院校
产业界
州
公立
媒体
国际组织

图 2.6　美国国家纳米技术计划管理结构

为了支持国家纳米技术计划,美国国防部定期参加国家科学技术委员会下属的纳米科学、工程与技术分委会的会议。纳米科学、工程与技术分委会的成员由来自下列机构的代表组成:科学技术政策署(OSTP)、联邦管理与预算署(OMB)、国家科学基金委员会、国防部、国家标准与技术研究院、商务部、能源部、国土安全部、交通部、司法部、环境保护署、航空航天局、国立卫生研究院、农业部、国务院、食品药品监督管理局、国家职业安全卫生研究所、专利及商标局、核管理委员会、国际贸易委员会、财政部、消费品安全委员会,还有来自情报机构的代表。纳米科学、工程与技术分委会每两月召开一次会议,会议地点为参与机构其中之一的办公室,会议主要与国家纳米技术协调办公室一起协调所有国家纳米技术计划的联邦政府计划。另外,美国国防部对纳米技术的所有投资的调整由下列机构共同确定:国防部信用组、海军纳米技术科学工作组、空军研究实验室纳米科技战略技术组、陆军研发和工程司令部纳米技术一体化产品小组。

纳米科学、工程与技术分委会还成立了 5 个工作组,处理跨机构的特殊问题,主要包括纳米技术的环境和健康问题、纳米技术创新和工业合作、纳米制造、纳米技术公众参与、纳米技术的全球性问题等。

纳米科学、工程与技术分委会还与其他部门一起创建了名为先进纳米技术咨询委员会(CBAN)的工作组。美国国防部和纳米科学、工程与技术分委会的其他机构一起参与先进纳米技术咨询委员会的工作,解决信息技术和化学制品方面的问题。考虑到美国国防部的参与,未来先进纳米技术咨询委员会的工作将继续探讨纳米技术在汽车、航天和生物领域的应用。

二、美国国家纳米技术计划管理结构

参与美国国家纳米技术计划的各部门之间合作模式如下。

国防部、能源部、航空航天局、国家标准与技术研究院、国家科学基金委员会:协同研究量子计算的实现。

国防部、航空航天局、能源部:协同研究能量的直接转换。

国防部、航空航天局、国家科学基金委员会:协同开发用于纳米材料性能预报、纳米材料生产工艺研发及优化的建模仿真工具。

国防部、能源部、航空航天局:在材料和器件研发以及热电直接转换(热电、热光电以及热电子)建模方面进行合作。

国防部、国家科学基金委员会、国家标准与技术研究院:协同规划与审查纳米制造研发项目,包括国家科学基金委员会的 4 个纳米科学与工程中心的项目、国防部多学科大学的研发计划以及纳米技术研发合作伙伴的项目。

国防部、国家科学基金委员会、航空航天局、能源部:国防部、航空航天局及能源部资助的中心参与国家科学基金委员会的国家纳米技术基础网络以及计算纳米技术网络的规划活动。

国防部、国立卫生研究院:合成具有从可见光到红外波长可调谐光响应特性的纳米尺度材料,在双方联合支持下,实现非介入式瘤体摧毁。

国防部、能源部、航空航天局、国家科学基金委员会:协同实施燃料电池和电池组的纳米结构电极及催化剂项目。

国防部、国家科学基金委员会:联合资助材料研究科学与工程中心,合作资助两个纳米科学与工程中心。

国防部、能源部:按照与纳米技术中心达成的谅解备忘录,开展"化学和生物国防项目",该中心是能源部用户,由 Sandia 国家实验室和洛杉矶 Alamos 国家实验室管理。

国防部、航空航天局:协作研发纳米复合材料光电纤维和光纤电池。

三、美国国会在国家纳米技术计划实施过程中发挥的作用

美国国会在国家纳米技术计划中发挥了核心作用,其所关注的纳米技术相关问题有如下几方面:

(1)竞争力。美国一直在竞争力方面处于主导并将继续保持领先地位;美国纳米技术论文的平均被引频次高于中国、欧盟各国和世界其他地区,4 门学科(生物、化学、工程和物理学)的情况也都如此。美国在生物学领域的领导作用特别突出,中国在上述 4 个学科中各自的与整体的篇均被引频次都低于世界平均水平。

(2)环境、健康和安全影响。这类关键政策问题和潜在监管的不确定性会影响美国的竞争力,影响之一可能是不鼓励对纳米技术的投资,因为纳米技术的相关法规可能阻止产品进入市场,许多利益相关者相信,必须解决纳米级材料与产品对环境、健康与安全等潜在不利影响。

(3)纳米制造。实现纳米技术相关经济利益和社会承诺,需要将纳米科学知识转化为有市场前景的纳米技术产品。为了使纳米技术产品以安全、可靠、有效、负担得起的方式进入商业规模生产环境,需要发展新的独特的纳米制造技术、工具、仪器、测量方法和标准。

第五节　支 持 政 策

一、优先发展,列入国家科技重点发展计划

1999 年美国政府决定把纳米技术研究列为 21 世纪前 10 年 11 个关键领域之一,它与 21 世纪信息技术战略并列为最优先研究开发的重点。2003 年美国国会通过了《21 世纪纳米技术研究与发展法》,该法规还授权总统设立一个新的永久性“国家纳米技术研究计划”(NNRP)。这个多机构协调、合作的国家纳米技术研究计划将支持长期性的纳米技术研究与开发,以便取得各相关领域的突破。此外,新法案还授权总统成立“国家纳米技术协调办公室”,专门协调和管理纳米技术研发活动。这就标志着纳米技术计划已成为美国的重大研发计划,从基础研究、应用研究到研究中心、基础设施的建立以及人才的培养等将全面展开。也再一次显示了美国政府对纳米技术研发活动的大力支持和抢占全球纳米科技领先地位的决心。

二、加强各领域的合作,统筹协调

美国政府积极鼓励科研人员与国内各机构及其他国家合作。美国于 2001 年专门成立了国家纳米技术协调办公室,负责世界范围内对纳米技术的信息收集、重要投资及广泛合作的开展。

三、重视纳米科技研发成果的转化

美国联邦政府与加利福尼亚州政府一起斥巨资在洛杉矶地区建立了“纳米科技成果转化中心”。只有将基础研究和应用开发紧密结合起来,纳米科技才能拥有源源不断的发展动力。

四、重视纳米技术带来的风险及社会伦理问题

美国国家纳米技术计划将纳米技术可能给人类健康和自然环境带来的负面影响作为重要的研究课题,在制定纳米战略政策时也考虑到了纳米科技的风险以及纳米技术可能造成的伦理和社会问题,以确保该项技术可以维持经济社会的可持续发展。目前,美国政府正在加紧部署关于纳米安全性问题的研究工作,《21 世纪纳米技术研究与发展法》中也特别签署成立了美国纳米技术准备中心(American Nanotechnology Preparedness Center),推行包括将纳米技术研发活动以

及社会影响相结合的研究在内的一系列保障项目。2006年美国政府预算中特别拨款3 900万美元用于纳米技术对环境、健康的安全性方面的研究。

第六节　实施效果

美国国家纳米技术计划必须包括纳米技术对社会影响的研究。美国政府各部门支持国家纳米技术计划,其目的很明确,即创造新学科领域。纳米研究集中在基础研究,解决一些具有挑战性的重点问题,建立研究中心和机构方面的网络,进行基础设施建设及伦理、法律、社会影响方面的研究。

一、美国国家纳米技术研发增速明显

美国国家纳米技术计划实施以来,美国在纳米技术的基础研究方面取得了一些突破。美国在基础研究方面的重点领域,包括纳米生物系统、纳米结构与量子控制、纳米元器件与系统结构、纳米过程与环境以及多现象模型与模拟。在应用研究和产品开发方面,美国在半导体芯片、癌症诊断、光学新材料和生物分子追踪等四大热点领域快速发展,其中在光学新材料和生物分子追踪两个领域的应用是研究热门。

(一)微电子制造业:光刻技术

在半导体芯片领域,如何让芯片体积更小、运算速度更快是科学界一直研究的课题。美国纳米技术专家把纳米级的半导体材料做成晶体管,这样一块芯片上就可以容纳更多的晶体管,这种芯片的运算速度比传统的硅芯片提高了上千倍。这一研究方向在2001年取得基础性突破后,在应用研究中越来越受到关注。

IBM公司已开发出碳纳米管高效能晶体管,用微机械电子系统技术制成太位存储器,在集成电路芯片的制造方面,也开始应用超紫外光刻技术等,使得芯片制造实现了由微米向纳米的技术跃迁。不久的将来,分子电子学技术将彻底取代微电子技术,芯片制造将进入分子纳米技术时代。

(二)结构化学:纳米生物技术

美国的科学家研究重组了DNA分子,这对于解构和测定新的基因排序具有开拓性的意义。在生物分子追踪领域,科学家把某种纳米颗粒“粘”在生物分子上,然后利用纳米颗粒的发光特性研究生物分子的行踪,这对研究艾滋病病毒等

在人体内的活动过程十分有效,该项研究有望在几年内实现大的突破。

(三)纳米技术应用于其他领域的进展状况

在微机械系统方面,美国已成功研制出可控纳米马达、纳米电动机、纳米激光器、纳米弹簧等。其开发出的可控纳米马达由一种自旋蛋白质片段制成,宽度仅为11纳米,可在未来用于驱动诸如药物递送系统等纳米机械。此外纳米在能源领域的应用也成为新的关注点,纳米储氢技术已成为重点项目,美国学术界注重寻找可能用于储氢的纳米材料纤维。

与此同时,美国的纳米应用研究出现了不少热点。医学领域的热点为纳米医药机器人、纳米定向药物载体、纳米在基因工程蛋白质合成中的应用等具有潜力的应用方向;微电子及信息技术领域应用方面的开发热点包括导电聚合物在信息技术领域的应用、纳米电子元器件二极管、用于感应器的电子序列、纳米传感器等。在化学工业上,开发热点是利用纳米材料提高催化剂的效能问题,包括用于燃料电池的催化剂等。

美国纳米技术在诸多应用领域中越来越成熟。例如,传统的海水淡化方法是通过一层特殊薄膜去除水中的盐分子,但这一过程能量消耗大,薄膜容易堵塞。因此,海水淡化设备体积庞大,系统复杂,成本高昂,并且这些设备必须是固定在原地的。麻省理工学院的研究人员采用纳米技术开发出的新型装置,利用离子浓度差极化原理对海水进行脱盐。通过可行性试验发现,该装置体积虽小,但海水淡化效果与先进的海水淡化设备相当,脱盐率达到50%,且该新型装置实现了小型化,使用电池就可以工作。可以在沿海干旱地区广泛使用。

二、美国总统科学顾问委员会对国家纳米技术计划的评估

2010年3月,美国总统科学顾问委员会发布了国家纳米技术计划的第三次评估报告。在这份报告中,总统科学顾问委员会担任国家纳米技术咨询小组(NNAP)的角色,评估美国国家纳米技术计划在过去两年中和成立以来的实施效果。认为计划执行以来在项目管理、纳米技术成果和环境、健康与安全三方面产生了重大影响和催化作用。

项目管理的目的是使美国国家纳米技术计划领导层更好地发挥自身作用。纳米技术成果分析是关于联邦纳米技术投资所得研究成果以及经济结果的建议分析。环境、健康与安全是对国家纳米技术计划潜在风险的评估,特别审查了2008年国家纳米技术咨询小组的评估中对该计划提出的建议。

在方案管理审查中,国家纳米技术咨询小组认为国家纳米技术计划已经有

了良好的组织和管理,但科学技术政策署还可以采取措施使美国国家纳米技术计划在今后10年内充分利用纳米科学和技术发展所带来的机遇,特别是在商业化方面,包括加强与企业界沟通,促进技术转让,提供公共和私营部门的信息及对利益相关者有利的合作方案等。

国家纳米技术协调办公室应扩大其影响和有效性,提高其能力,来协调和发展国家纳米技术计划方案以及和方案相关的政策。对产出进行审查的结论为,在促进美国国内和国外纳米技术的兴起和进步方面,美国国家纳米技术计划发挥了关键作用,重要的科学出版物中论文的总数较多,专利申请并获得批准量大。审查美国国家纳米技术计划在解决环境安全问题方面的作用的结论是,采用积极的态度,解决了国家纳米技术计划对环境、健康与安全潜在的不利影响。但重大环境安全相关障碍仍然阻碍纳米技术的有效性、可持续性以及商业化发展。

在纳米技术成果方面强调商业化,创造就业机会;联邦政府专用于纳米制造的资金应当加倍,加强政府与工业部门和大学的合作;在环境、健康与安全方面关注风险识别、战略规划、信息资源和组织变革;呼吁增加对美国国家纳米技术计划的资助,确保国家竞争力;进一步制订和实施跨部门的战略计划;发展留住人才的计划。

国家纳米技术咨询小组认为:美国国家纳米技术计划应该在之前取得的优势上,在不断变化的社会需求以及意外发现的基础上,创造新的研究途径。基础研究将继续成为投资组合的重要组成部分,集成组件和商业化整合的流程将会越来越集中,美国国家纳米技术计划在联合计划中应发挥关键作用,其方案的平衡将继续演变,应更加关注环境安全相关的根本问题。

参 考 文 献

[1]刘吉平, 郝向阳. 纳米科学与技术[M]. 北京:科学出版社, 2002.

[2]汪凌勇.美国新时期科技发展战略与重点[M]. 北京:科学出版社, 2004.

[3]曹学军. 美国国家纳米技术计划[J]. 国外科技动态, 2000(6):18-19.

[4]兰泳. 美国纳米技术发展状况[J]. 全球科技经济瞭望, 2003(4):44-45.

[5]National Science and Technology Council. Nanoscale Science, Engineering and Technology Subcommittee, Committee on Technology[R]. [S.l.:s.n.], 2005.

[6]中华人民共和国科学技术部. 国际纳米技术最新发展态势[R]. 国际科

学技术发展报告. 北京:科学出版社, 2006.

[7]The National Nanotechnology Initiative: Research and Development Leading to a Revolution in Technology and Industry[R]. Supplement to the President's FY 2006 Budget Request. [S. l. :s. n.], 2006.

[8]张立德. 我国纳米产业面临的新转折和挑战[J]. 新材料产业,2005(10):48-51.

第三章
美国国防部制造技术项目战略计划运行管理研究

20 世纪 50 年代，美国的国防工业基础发展缓慢。美国国会通过法案鼓励促进国防工业的扩张以满足军事需求。最重要的一项法案是由杜鲁门总统于 1950 年签署的《国防生产法案》。这项法案的核心内容就是通过改进生产方式和装备，提升新的军用材料和专用装备批量生产能力。依据这一法案及其修正案，美国国防部在 20 世纪 50 年代后期建立并开始不间断地滚动式实施美国国防部制造技术项目战略计划。

进入 21 世纪后，美国国防部面临着新的威胁，工业基础逐步全球化，国防生产也需要更多地考虑国防装备采购在经济上的可承受性，于是国防制造技术产生了新的需求，需要对美国国防工业制造技术的定义进行调整。

60 多年来，美国国防部制造技术项目战略计划一直是确保国防部站在国防制造能力前沿的投资机制，保持国防所需制造能力的先进地位，对美国持续拥有世界最先进的武器系统提供了很大的帮助。同时，制造技术项目战略计划的实施为提升美军武器装备研制的经济可承受性，降低武器装备采办的风险做出了巨大贡献。美国国防部制造技术项目战略计划不仅在国防制造技术中，也在整个国防制造工业中，甚至是在提升美国全球制造竞争能力的过程中都处于主导地位。如今，制造技术项目战略计划存在于一个战略安全环境中，即加强美国国防部任务反应能力，并提高对维护项目可承受性及响应能力的重视程度。

第一节　发展概况

一、1998 年以前国防产品法案

1950 年左右，由于种种历史原因，美国国防工业基础停滞不前。一些局部战

争(如朝鲜战争)使美国政府意识到其国防工业的现状,于是当时国会对这一危机迅速做出了反应,通过立法鼓励和促进工业发展,以满足军事需求。这些由杜鲁门总统签发的法律文件中最重要的部分是1950年的《国防生产法案》,这个法案经过几次扩充一直沿用至今。该法案的主要内容是:

(1)定义国防工业基础;

(2)建立在应急时期获得必需军用软硬件的一种优先体系;

(3)提供"种子资金"来改进生产方法和生产设施,形成新的国防武器生产能力。

20世纪50年代中后期,根据1950年《国防生产法案》及其补充条款,美国国防部制订了制造技术项目战略计划,其目标是通过鼓励开发和使用创新性的制造方法和生产工艺,加强美国国防工业基础。

1991年苏联解体和冷战结束对美国军事设施及其支持工业产生了深刻影响,先前的高额国防预算得不到支持,美国国防部开始大幅度地削减国防预算。制造技术项目战略计划逐渐开始了对生产成本的要求。

二、1998—2008年年度性制造技术五年计划

1998年,美国以法律形式规定,国防部每年要为该规划制订一份年度性的五年计划,以确定国防制造技术发展的总目标、投资战略、技术优先权、评估机制等。每年制订一次的五年计划包括《1999—2003财年五年计划》《2000—2004财年五年计划》《2001—2005财年五年计划》《2002—2006财年五年计划》《2003—2007财年五年计划》《2004—2008财年五年计划》等。这些滚动发布的五年计划有很好的延续性,战略重点主要放在"加工与制造"和"先进制造企业"两个攻关领域。加工与制造领域的研究目标是为各种防御设施全生命周期起关键作用的金属材料、复合材料、电子元器件与装置及特殊材料,开发经济可承受的、十分可靠的制造工艺和制造能力。先进制造企业领域目标是促进国防工业企业具备世界一流水平的设计和信息系统,以支持武器系统的开发、生产和维护。

三、两年一次的制造技术战略规划

美国国防部于2009年3月制订了"国防部制造技术项目战略计划",它是制造技术计划的5年战略规划,每两年更新一次。该计划在2009财年生效,是基于《2008财年国防授权法案》第238条的附加《美国法典》第10卷第2521款的要求,即"为进一步实现国家安全目标通过对先进制造技术和工艺的开发与应用,降低国防武器系统采办和保障的成本,并减少这些系统生命周期内的维修时间"。为了保持并不断增强制造技术的地位,更好地利用21世纪的制造能力,国

防部制造技术项目战略计划提出了整体的策略,以满足武器系统不断提升的经济可承受性和及时交付的要求,重新诠释了国防制造技术所面临的环境、需求、愿景和任务,以及规划的基本运作原则;对战略重点与目标进行了重大调整,并公布了投资情况等。

美国国防部制造技术项目战略计划是美国致力于发展国防必需的制造技术、促进先进技术快速低风险应用于新系统,以及延长现有军用系统使用寿命的美国国防部计划。它促进了制造技术界的联合,为其指明了发展方向,并为广大的国防制造企业提供保障;重新恢复了制造技术在美国国防部技术过渡进程中的核心地位,重新强调了制造技术的愿景,并对制造技术任务做出正式的说明,本章将重点研究该计划。

第二节 主要内容

为了向国防领域提供高质量的物资、服务、生产能力、技术、商业实践和人力资源,美国国防部制订了制造技术项目战略计划。该计划是连接美国国防工业技术创新和工业应用的纽带,要求能够对武器系统及组件进行经济、及时的采办和维护;确保先进的制造工艺、技术和设备能够减少国防部物资采购、维护和维修成本;提高制造工艺流程的成熟度,减少从初期研发到大规模生产之间存在的技术缺陷;通过降低成本和降低应用新的制造技术所带来的风险,推动在新设施、新装备方面的资本投资和工业创新;确保生产国防部军用物资的制造技术,能够与安全和环境方面的考虑以及能源保护目标协调一致;为在整个国防基础范围内进行项目成果推广做准备;维持并提高制造业工人的制造技巧与能力,促进工人教育与培训水平的提高。

制造技术项目战略计划作为一个贯穿多领域的项目占据着显著的、中心的位置,是实现技术创新和能力突破的必然要求。制造技术项目战略计划的业务范围不仅贯穿于国防部内的多个组织机构,同时还跨越了整个国防工业基础部门,包括主合同承包商、二级合同承包商、供应商、软硬件供应商、工业团体、制造业开发中心、学院和大学、研究所等。同时,国防部制造技术机构还与联邦各机构保持紧密工作往来,包括商务部、能源部、国家科学基金委员会以及国土安全部。

制造技术主要应用以下四项原则来帮助建立项目的优先地位:

(1)抓住重要时机,优先处理最高优先级别的国防制造需求;

(2)把制造研发过程转移到生产应用中去;

(3)解决普遍存在的制造问题,并针对整个工业部门寻求解决方案;

(4)在工业面临普遍的风险之前确定制造技术需求。

美国国防部制造技术项目战略计划包括4个战略推动(strategic thrust)和9个使能目标(enabling goal),涵盖了管理、生产协作、制造能力、人力资源等方面。保障这4项战略推动协调运行的措施包括:

(1)美国国防部和各机构政策与立法之间的协调和发展;

(2)各部门机构、工业界和学术界开展内部和外部合作;

(3)学科专家参与各种技术创新活动;

(4)其他必要的战略交流与合作。

1998年之后每期制订的制造技术项目战略计划为未来5年的国防制造工业发展确定了战略方向,平衡了传统意义上强调加工和装配技术解决方案与现在主动为国防制造需求提供保障之间的关系。图3.1列举了4项战略推动,战略推动1致力于管理和提供制造技术计划框架控制下的解决方案,并强调制造技术项目战略计划作为美国国防部唯一致力于发展国防必需的制造技术、促进先进技术快速低风险应用于新系统,以及延长现有军用系统使用寿命的美国国防部计划的重要性。战略推动2,3,4相应动态地支持企业级的解决方案、生产和过程成熟度、制造基础设施和人力资源这三个方面。

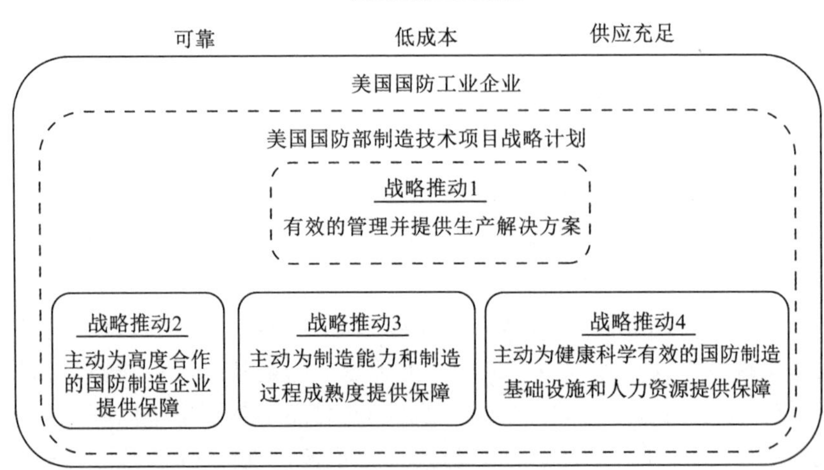

图3.1 制造技术项目战略计划推动

资料来源:www. dod – Mantech. com。

一、有效的管理并提供加工和装配技术解决方案

战略推动从各种方面反映了美国国防部的核心目标,在某种程度上该战略

推动被认为处于首要地位并且具有传导作用。该战略的生产技术解决方案的直接接收者或者客户，负责研发、生产和整个国防基础工业的修理、维护、系统检查、交付和后勤项目等工作。该战略推动了大多数制造技术计划的投资活动，这些活动包括需求决策、计划提议、项目安排和项目选择，这些过程和影响将贯穿整个计划。

战略推动 1 包括两个使能目标，它们分别为对应制造计划的持续改进管理和生产制造及投资活动的执行工作（图 3.2）。

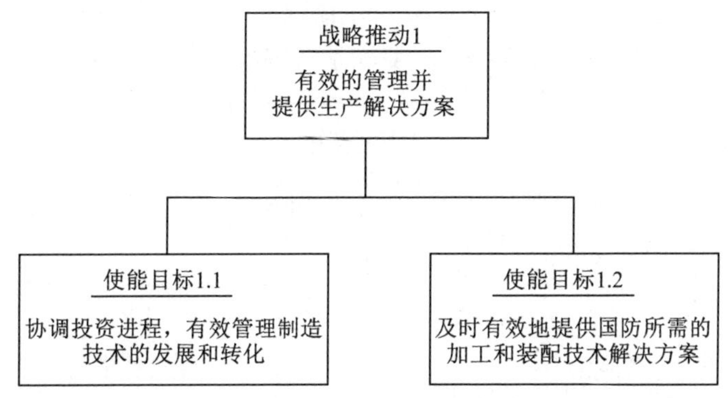

图 3.2　战略推动 1

资料来源：www. dod – Mantech. com。

（一）协调投资进程，有效管理制造技术的发展和转化

该目标支持制造技术项目战略计划的核心交付战略，识别组织间的复杂性以及相关系统接口，并管理不断成熟的制造技术。它适用于各种项目及项目各阶段的研究、发展、应用和维持活动。它的目的是持续改进协调管理过程，以确保制造技术项目战略计划的适应性和弹性；另外，还会提供一个能促进成熟技术转移的环境。

（二）及时有效提供国防所需的加工和装配技术解决方案

该制造技术项目战略计划的关键是执行层面和技术层面的目标，涉及项目的业务管理和制造计划核心项目技术的执行（核心项目由使能目标 1.1 指导，其细节可参见美国国防制造技术联合委员会（JDMTP）和军事部门的制造技术计划的政策方针和过程文件）。技术投资方案按照生产路线图来开发和管理，其各项产能指标要符合国防系统交付能力，并且美国国防部的客户有决定权。这些方案由美国国防制造技术联合委员会来协调。

二、主动为高度合作的国防制造企业提供保障

战略推动 2 是美国国防部制造技术项目战略计划广泛应用于国防生产基础工业的三个战略推动之一。21 世纪的国防生产将要依靠网络、协作和不断增加的全球供应,还需要能够根据动态变化的国防需求在各节点(机构)间快速反应的能力。国防系统的成本和进度安排主要由“企业层面之上”的活动来驱动,如企业级的生产活动、商业实践、供应商与政府需求方的交互等。在发展和发挥这种企业能力时,制造技术项目战略计划部门需要一个战略推动来实现它,因此需要动态的交互(协作)和信息转发(高度联系)的功能,如图 3.3 所示。

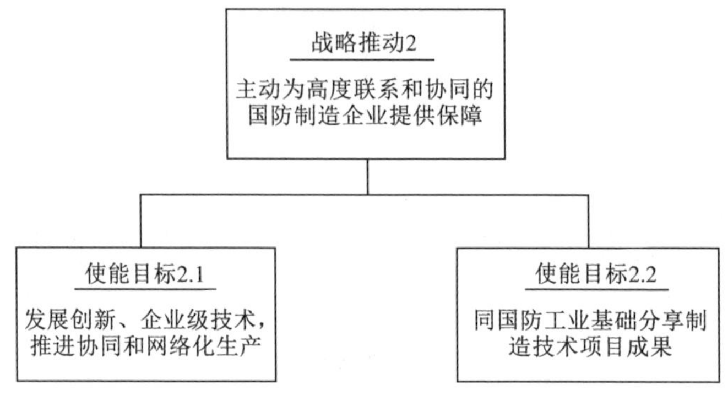

图 3.3 战略推动 2

资料来源:www. dod - Mantech. com。

(一)发展创新、企业级技术,推进协同和网络化生产

该目标包括研究、发展和实施能力,这些能力依存于多个实体(部门)间的高度协作系统的发展与生产环境。某些特殊的创新技术适用于模具企业、以网络为中心的制造业、模型仿真及商业应用等。这种协作作用于产品生产周期的每个阶段和传统的单独实体之间,如项目执行办公室(PEO)、总承包人、原始装备制造商(OEM)等,同时也影响生产成熟度和生产能力。由于这些领域进步的重担由企业来承担,因此制造技术项目战略计划可能会投资那些能给美国国防部带来明显利润的地方,并且要有充足的证据证明这一点。

基于网络协作的制造生产能力为国防制造企业安全同步生产提供了一个架构,以实现实时监视产品周期的制造数据、生产和支持能力。创新必须支持智能网络架构、持续的设计和过程数据管理,以及在可扩展的网络上进行的技术成果的可信分析。这些途径能够提高交付、供应速度和生产工艺水平。

总之，成为一个高度联系和协作的国防制造企业的关键的途径是在国防制造企业内采用并集成商业生产方案，它能使现有的生产能力的杠杆作用达到最优，并且瓦解国防制造供应链中的交付壁垒。该目标提出利用符合军用标准的商用产品制造商来生产军用产品，以增加国防供应商的数目，促进协同生产。

(二)同国防基础工业分享制造技术项目成果

该使能目标描绘了制造技术项目战略计划的研究和成果的转移路径，在战略推动1中已经提到过。信息的传播是为了扩大计划成果在军事部门、国防参与机构和企业的实施，以提升制造技术项目战略计划投资的杠杆作用。该过程需要制造技术项目战略计划的不同组成部分、执行承包人、创新转移项目之间紧密协作，以确保工作被准确描述、制造成熟度得以掌握、知识产权得到保护。最好的情况是，项目成果的传播有助于技术创新，可提高制造能力，并且使所有的参与方都产生效益。

网络是进行信息有效传播的主要途径之一，它可以连接制造技术项目战略计划的所有参与组织。这里使用的网络包括一个持续更新的美国国防部制造计划网站，它由技术部门负责维护，被作为一个柔性的协作和信息分享工具使用。被传播的制造技术信息包括项目成果、系统供应能力分析、提出计划路线图。其他重要的传播信息的途径还包括企业协会的会议、贸易组织、研究团队等。

总之，制造技术项目战略计划的领导团队和其他国防生产组织必须不断地去保证稳健的信息交换，以实现对制造技术战略的推动。

三、主动为制造能力和制造过程成熟度提供保障

战略推动3需要一个根深蒂固的文化，这个文化包括从始至终地关注、贯穿美国国防部和企业，并且持续考虑武器系统的成熟度和在计划周期内果断处理相关产品及支撑。只有国防系统在研究、发展和交付阶段完全考虑到生产能力，本目标才算完全达到，才可以在研究、发展和交付阶段最大限度地影响武器系统成本、周期和性能。因此，战略推动3努力去推动一个跨越各个阶段的系统层面的制造成熟度，以保障全系统产品得到最大的利益。该战略推动计划包括3个使能目标，以此来支持国防制造系统的集成与设计、与制造相关的成本和支付能力的结构化分析等(图3.4)。

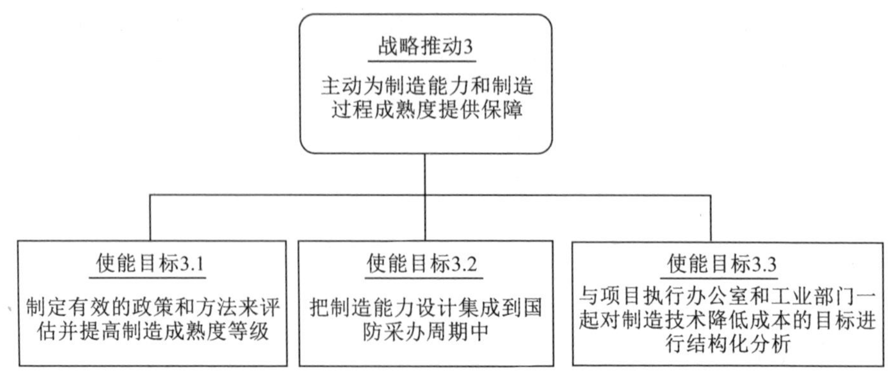

图 3.4　战略推动 3

资料来源：www. dod - Mantech. com。

(一)制定有效的政策和方法来评估并提高制造成熟度等级

本目标包含发展和维护大量的足够的知识来支撑制造成熟度的实施，并将此作为一个管理标准。制造风险对于交付计划非常关键，如果没有处理好，这些风险会导致成本增加、周期延长，并且还会降低系统的质量。有效的制造风险评估，可以产生一个充分的依据来帮助计划的管理者去采取减少风险的行动，避免消极影响。因此，需要积极制定有效合理的制造成熟度等级(manufacturing readiness levels，MRL)和评估过程方案，对制造成熟度进行评估。支持该目标的具体议题包括：

(1)与系统工程师和国防研究与工程局(Director of Defense Research and Engineering，DDR&E)合作，监督美国国防部工业工作组以维持和改善制造成熟度的内容；

(2)与国防科研机构和院校合作，为科技部门和交付部门专家及其他人员提供有效的制造成熟度等级/制造成熟度评估训练(对专家的培训是持续的)；

(3)制定 1 ~3 年的学习周期，并制定制造成熟度评估/制造成熟度等级评定标准和实施等级。

(二)把制造能力设计集成到国防采办周期中

这是指将“为制造能力而设计”(design for manufacture，DFM)的思想完全集成到整个国防工业交付周期中。这个目标涵盖了整个国防交付框架所关注的成熟度的总体目标。完全实施“为制造能力而设计”的思想理念，需要政府和企业技术团队结合实际的国防工业实际情况。制造技术项目战略计划团队必须参加

并支持美国国防部系统工程师团队进行的论证、宣传和训练，以便更好地实现"为制造能力而设计"这一目标，包括从系统层面考虑整个材料和武器系统生命周期内的制造能力和生产能力的重要性及其价值。对制造技术项目战略计划的首要帮助应该是寻找一个有效的适合早期发展阶段使用的"为制造能力而设计"的工具，以及一个能够处理详细设计活动的通用工具。全力地实施"为制造能力而设计"将会提高成本估算的资信水平。

（三）与项目执行办公室和工业部门一起对降低制造技术成本的目标进行结构化分析

该目标主要以降低国防系统和生产线中的生产成本为目的。项目执行办公室和工业部门将分析主要的武器系统成本和交付驱动能力。成本估计可对具体的生产工艺改进做进一步的分析，该工作具有重要意义。

本目标其中的一个要点是对多用武器系统进行系统性的生产成本驱动分析，它可以识别关键的制造计划投资机会。相关的一个案例是天线阵电子组件，该天线阵广泛地应用于军事部门和国防机构的许多系统中，它的每列包含多达5 000个相同的电子元件，而单独的一个系统可能不能支持该技术的改进，这正好满足制造技术项目战略计划投资的成本驱动标准。对这些机会的识别对于项目排序和多重系统的结果转移来说是非常关键的。

四、主动为健康、科学、有效的国防制造基础设施和人力资源提供保障

一个健康的、充足的和有效的国防生产基础设施，应配备一群灵活的、创新的和有能力的国防生产劳动者，这样才能够支撑制造技术项目战略计划的任务效力和多种方式的更广阔的工业成熟度。2008 年美国的经济和政策分析报告（包括美国国防部向国会提交的2008 年的工业能力报告）表明，全球化过程以及外来的推动力将逐步塑造国防工业基础和国防制造企业。在民用与军用技术创新交叉越来越多的环境下，国防制造企业必须有能力应对21 世纪以来大面积依赖外国供应的问题。国防制造不仅需要有效的装配和加工技术，还需要全球合作网络和高素质的人力资源。

当美国国防部的制造技术项目战略计划没有为满足众多的工业基础需求而设计时，战略推动 4 便成为高度有效的国防生产企业的一个关键点，而且美国国防部的政策需要制造技术项目战略计划提高关键指标来支持这个需求，此项工作满足制造技术计划最佳利益。为满足该战略推动，有关部门提出了两个单独的使能目标：①主动推进制造基础设施和管理系统的投资和创新；②培养高素质的国防制造人力资源（图 3.5）。

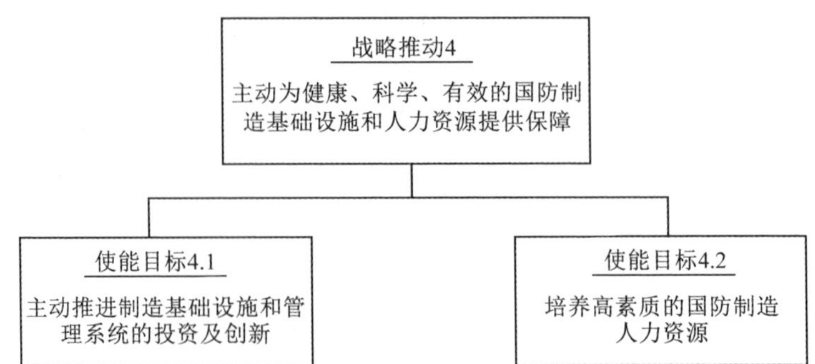

图 3.5　战略推动 4

资料来源：www. dod - Mantech. com。

(一)主动推进制造基础设施和管理系统的投资和创新

该目标是为政府和产业动态地提高在新分支机构、设备和制造管理创新方面的作用提供充足的投资，以支持产业成熟度。该使能目标产生的持续成果可以减少成本，降低高新制造技术的应用风险。这个目标的一个关键点是制造技术项目战略计划的成果在多个平台上的成功转移，该过程需要资本投入。通过实施制造成熟度标准和技术转移计划使用方案，制造技术项目战略计划成果转移的成本和风险得到了降低。技术转移计划描述了客户需求、技术标准，并且确定了所有关键参数的瓶颈值。制造技术项目战略计划应该同负责产业政策的美国国防部副部长助理办公室(Office of the Deputy Under Secretary of Defense for Industry Policy, ODUSD(IP))共同研究如何恰当地使用激励机制、部门政策、制度变革。

(二)培养高素质的国防制造人力资源

高级的制造企业不仅需要高度复合的系统、过程、制造技术，还需要技能高超和能够相互合作的人员。这些人员必须有终身学习的意识，而且还能够从事难度不断增加的工作。为了使联系和协调工作更加有效，一系列新的从业人员的技能需要提高。没有视野广阔、技术高超的员工，基于网络为中心和模型的企业以及制造成熟度原则就不能有效发挥作用。

人力资源部门已经通过“高级制造工业”建立了一个竞争框架，该框架定义了 8 层能力——从个人和学术基础知识到产业部门和具体的职业需求。制造技术项目战略计划将会在这个框架下提出多条能力，以在具体的能力水平之内提供有效的领导。

根据美国国防生产实际情况，该目标可以分为如下几个方面：

(1)高效的国防生产劳动力。与美国国防部人力资本管理部门协调,用清晰的目标来推动新的专业的生产技术;与美国国防军需大学(Defense Acquisition University,DAU)合作以提供最新的生产、质量、制造方面的人员资格和持续培训;积极支持服务和代理部门的人力资源管理。

(2)知识管理系统。支持知识管理系统的有效使用,以掌握和传播国防基础领域专业的制造技术,遵守制造技术标准协会的规定,充足地供应人力资源。

(3)非组织/民族的国防生产人力资源。定义高级制造企业的行业或部门人力资源竞争力标准;积极、持续支持联邦政府、州政府、工业界、学术团体创造和支撑世界级的、充足的国防生产人力资源;参加科学技术、工程和数学(STEM)相关的活动以吸引和留住与制造业相关的人才。紧密联系联邦和州政府、工业界、学术团体是有必要的。

第三节　投资构成

制造技术项目战略计划的目的是向美国国防部提供高质量的物资和服务、生产能力、技术、商业实践和人力资源,是连接技术创新和工业应用的纽带,并可有效降低国防部采办经费。一份向国会提交的报告中指出,2003 到 2005 财年间,超过 100 项项目接受资助,使预算成功避免了超过 63 亿美元的浪费。美国国防部办公室(OSD)制造技术计划和国防制造技术联合委员会制定了四项政策和资源配置原则:

(1)根据国防制造在宽限期内最重要的需求做出改变;

(2)把制造研发成果转移到生产应用中去;

(3)解决普遍存在的制造问题,并针对整个工业部门寻找解决方案;

(4)在面临普遍的行业风险之前确定制造技术需求。

由于美国国防部制造技术项目战略计划一直强调以较低成本生产更高质量的产品,因此成本问题贯穿整个国防工业生产交付过程。美国国防部历届报告指出,国防部制造技术项目战略计划投资的项目大大减少了交付成本,武器装备交付能力也提高了。

美国国防部制造技术项目战略计划实际预算包括总统预算和国会追加预算两部分。总统预算在短期计划制订时已确定,而国会预算则根据当年的实际情况予以适当增加或减少,并于第二年上旬向外界公布。2010 年 6 月,美国国防部办公室工业基础会议公布了 2008—2010 财年的实际投资和 2011—2013 财年预算(表 3.1)。其中,2008—2010 财年预算已被证实(包括总统预算和国会追加

额）；由于2011—2013财年国会追加额当时尚未公布，因此这些年度的预算仅包括总统预算部分。

表3.1　2008—2013财年美国国防部制造技术项目战略计划投资额

（单位：百万美元）

子计划	2008财年（已证实）	2009财年（已证实）	2010财年（已证实）	2011财年	2012财年	2013财年
国防部制造科学与技术	23.8	18.4	23.7	19.9	19.9	24.8
陆军制造技术	87.9	91.1	103.4	70.2	71.7	73.4
海军制造技术	57.2	61.9	75.2	56.5	60.0	60.6
空军制造技术	50.5	56.5	49.5	40.8	41.6	42.5
国防部后勤局制造技术	57.7	55.3	46.5	21.3	21.7	22.0
导弹防御局制造技术	—	33.3	—	47.6	44.8	45.5

注：数据来源于2010年6月美国国防部办公室工业基础会议。

1992—2013财年制造技术项目战略计划投资情况如图3.6所示。其中，浅灰色部分为投资基线（即总统预算），深灰色部分为国会追加预算。总体来看，美国国防部制造技术项目战略计划国防预算（包括总统预算和总预算）呈增长趋势。1996财年以前，总统预算在国防预算中所占比例较低，1996财年之后总统预算比例大幅提高，平均每年以8%的速度增长。1998—2010财年，美国国防部制造技术项目战略计划每年投资总额平均以8%的速度增加，即使在2007年之后世界经济出现急剧动荡的时期，美国国防部制造技术项目战略计划的投资仍保持着较高增长率。

根据美国国防部已公布的2008—2010财年的部门投资总预算数据可知，美国国防部制造技术项目战略计划对各部门的投资构成中，陆军和海军占的比例分别为33%和23%（图3.7），其他军种和部门的投资预算相对较小。这说明陆军和海军是美国国防部制造技术项目战略计划投资的重点。从历年投资构成数据可以看出，美国国防部制造技术项目战略计划部门投资构成在不断调整。近年来，美国国防部制造技术项目战略计划逐步增加制造科学与技术子计划的投资比例，减少国防部后勤局的投资比例，而其他部门的投资比例变化不大。

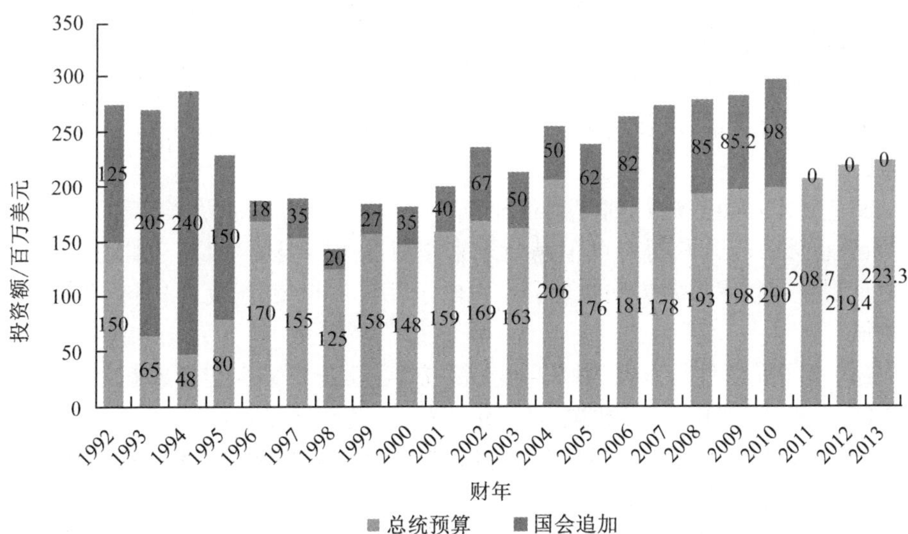

图 3.6　制造技术项目战略计划投资概况

数据来源:2010 年 6 月美国国防部办公室工业基础会议。

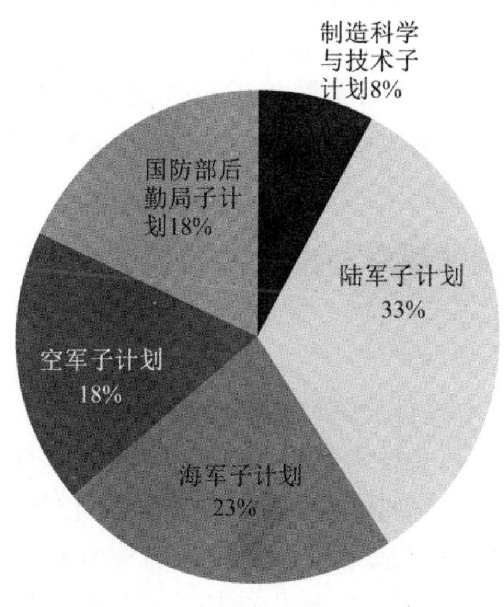

图 3.7　制造技术项目战略计划投资比例

资料来源:美国国防部制造技术项目战略计划报告。

一、技术领域分布

制造技术项目战略计划重点技术主要分布在电子元器件与装置、复合材料、

金属材料三个领域。制造技术项目战略计划总结了目前正在研究的技术,这些技术领域包括目前和未来的项目投资,也包括暂未获得资助但满足未来作战能力需要的领域。在满足国防需求为首要目标的前提下,还将“绿色制造业”的概念融入其中,降低能耗、使用可替代能源以解决能源安全的问题和满足环境保护的目标。

制造技术项目战略计划支持目前正在研究的技术,既涉及当前和未来投资的项目,也涉及暂未获得资助但满足未来作战能力需要的项目。制造技术项目战略计划重点技术投资方向主要分布在电子元器件与装置、复合材料、金属材料等领域:

(1)电子元器件与装置领域。电子领域的关键投资方向包括射频器件设备、电子能源、红外/光电子、微机电系统、纳米技术、传感器、封装设备等。

(2)复合材料领域。关键的复合材料投资领域包括隐身材料、装甲材料、海洋复合材料、耐高温材料等。

(3)金属材料及加工工艺领域。金属材料的关键投资领域包括先进材料研发,金属焊接、铸造和锻造、表面处理等机械加工工艺领域。

(4)其他领域。除了上述三个领域之外,制造技术项目战略计划还关注能源、安全、环保等领域。某些不在复合材料、电子或金属材料投资领域之内的投资计划,将会组建工作组以满足这些技术需求。

制造技术项目战略计划针对多数技术目标建立技术路线图,正式确定在能力、计划进度和成本方面与满足国防系统的需求之间存在的差距,以确定各技术的投资优先级。

二、美国国防部制造科学与技术子计划

(一)投资情况

美国国防部制造技术项目战略计划国防部制造科学与技术制造技术子计划投资主要用于技术创新、交叉技术及生产工艺等,弥补跨领域的军事制造使能技术方面的技术缺陷。该子计划投资效果非常明显,不仅提高了性能,而且降低了国防采购成本,已有一些项目成果得到了应用,如 2010 年完成的金刚砂涂层技术使飞机的质量更轻,更易于提速,减少能耗,而且制造成本降低了,涂装过程的劳动成本减少 70% 。

该项投资的总统预算部分从 2008 年的 500 万美元增加到 2010 年的1 490万美元,2011 年至 2013 年的平均总统预算为2 153万美元(表 3.2)。

表 3.2　美国国防部制造科学与技术子计划投资额

（单位：百万美元）

项目	投资额					
	已证实			2011 年以后		
	2008 年	2009 年	2010 年	2011 年	2012 年	2013 年
总统预算	5	12	14.9	19.9	19.9	24.8
国会追加	18.8	6.4	8.8	0	0	0

注：数据来源于 2010 年 6 月美国国防部办公室工业基础会议。

图 3.8 所示的 2008—2013 年制造科学与技术子计划投资概况图中，浅灰色部分为投资基线，即总统预算，深灰色部分为国会追加预算。从这 6 年的数据来看，总统预算呈逐年递增的趋势，平均每年增加幅度为 13%，也说明了美国国防部逐渐重视制造科学与技术领域的研究与成果转化问题，但近年美国国防部制造技术项目战略计划对该子计划的投资总额并没有相应增加。

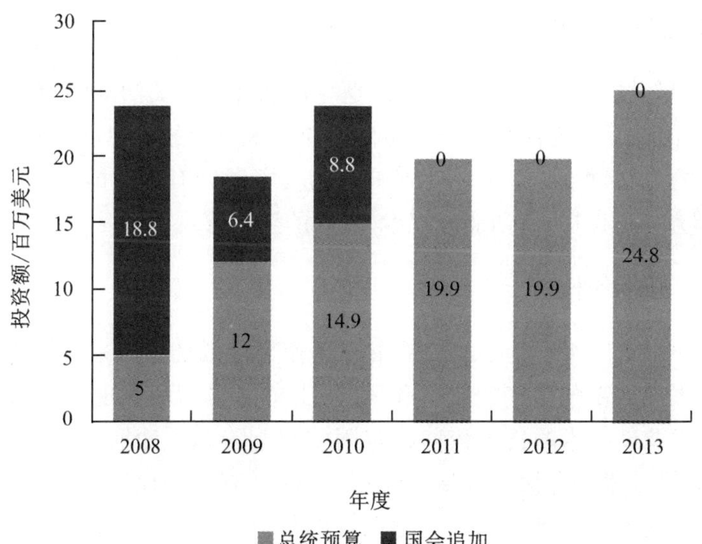

图 3.8　制造科学与技术子计划技术领域投资分布图

资料来源：美国国防部制造技术项目战略计划报告。

制造科学与技术子计划主要为国防生产工业的基础研究领域服务，例如复

合材料、弹道保护解决方案等。该子计划也开展与技术开发相关的工艺技术方面的研究，如先进生产管理方式，因此其投资领域的分布与各军种的投资分布将会有差异。从图 3.9 中可看出，制造科学与技术子计划在复合材料和电子元器件领域的投资份额比较大，而对金属方面的投资比较少。

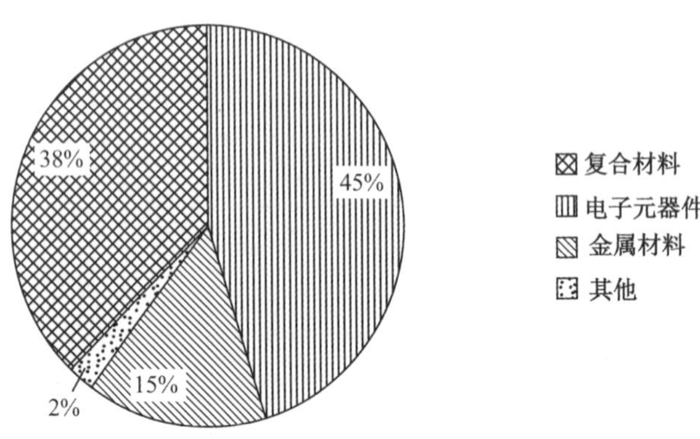

图 3.9　2008—2013 年制造科学与技术子计划投资概况图

资料来源：2010 年 6 月美国国防部办公室工业基础会议。

（二）重点投资领域

制造科学与技术子计划的主要目标是与技术开发相关活动的材料和工艺技术的成熟度，因此需要确保与生产活动相关的技术方面的成熟度，缩短生产周期和增加更多的可交付系统。该子计划未来的投资领域有单向能源（进攻和防御的）、生存能力弹道保护、清洁能源技术、良好的生产管理。

三、陆军子计划

美国国防部对陆军子计划的投资中心任务是降低陆军未来作战系统（FCS）以及其他未来部队系统生产的成本和风险；支持能提高增强现有部队的作战能力的基础技术及新技术的技术转移或应用生产。陆军子计划在生产工艺改进、交付能力、高级技术等方面已经取得了很多成果，有很多比较成功的应用案例，如耐用炮管材料不仅能满足陆军火炮系统的要求，其材料合成制造技术也在海军中得到了转移应用。

（一）投资情况

该项投资的总统预算部分从 2008 年的6 690万美元增加到 2010 年的6 960万美元，并且 2011—2013 年的平均总统预算为7 177万美元（表 3.3）。从这 6 年

的数据特征来看，总统预算每年的增幅不大，平均每年增加幅度为1.5%左右；2008—2010年，国会追加预算的幅度为20%左右，总预算以5%左右的比例逐年增加。

表3.3　陆军子计划投资概况

（单位：百万美元）

项目	投资额					
	已证实			2011年以后		
	2008年	2009年	2010年	2011年	2012年	2013年
总统预算	66.9	67.1	69.6	70.2	71.7	73.4
国会追加	21	24	33.8	0	0	0

注：数据来源于2010年6月美国国防部办公室工业基础会议。

从图3.10所示的2008—2013年陆军子计划投资概况图可以看出，陆军子计划的总统预算投资额度比较固定，而国会的投资预算随着每年的具体国情的变化而变化。

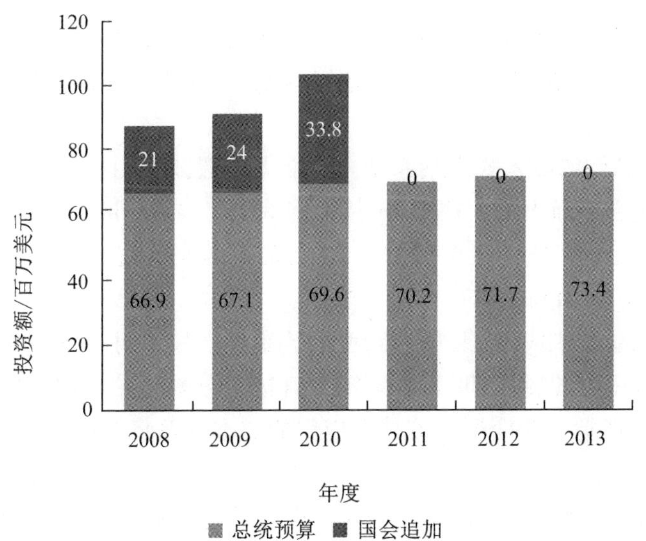

图3.10　2008—2013年陆军子计划投资概况图

资料来源：2010年6月美国国防部办公室工业基础会议。

从图3.11中可以看出，陆军子计划主要集中于金属材料、电子元器件和复合材料三个领域，其中电子元器件和金属材料领域占很大比例，这与陆军本身的装备需求密切相关。

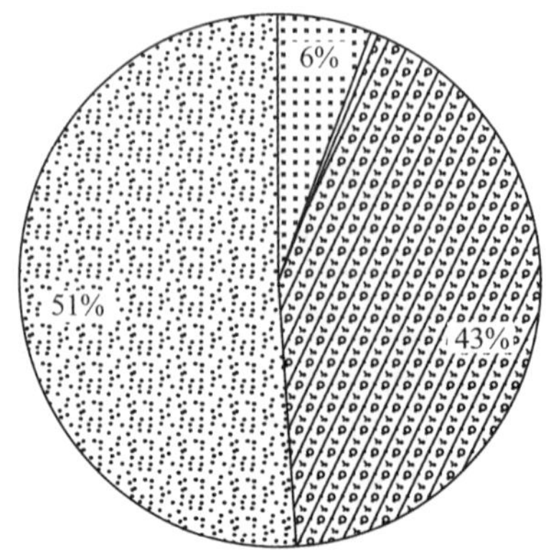

图3.11　陆军子计划投资概况及技术领域投资分布图

资料来源：美国国防部制造技术项目战略计划报告。

(二)重点投资领域

陆军在过去已经成功完成了生产工艺、交付能力、高级技术的改进与提高，新计划将继续关注新技术和生产工艺以满足2020年之后的陆军装备的使用。某些项目计划如下：

(1)复合结构的嵌入式声呐系统。该陆军制造技术目标将研发和阐述将声呐系统嵌入复合导航中的新技术，该技术将减少机身67 lbs① 的质量，增强29%的装备性能，减少15%的运营和维护成本，陆军的成本收益将会达到9 500万美元，投资回报率(ROI)将为17.1%。

(2)新型的透明护甲或装甲。新型的装甲生产技术可实现用很低的成本生产足够大的装甲，此高级透明装甲系统最直接的影响是护甲或装甲的透明度更好、更轻更薄，视觉不会变形。该技术应用的成本收益将会达到6 800万美元，投资回报率为8.7%。

(3)高能锂电池。高能高密度电池在火控系统中是急需的。目前，锂电池的价格高主要是因为需求的低下和半自动的生产工艺。本项目将改进生产能力，并且将为陆军地面车辆火控系统交付锂电池。该项目预计成本收益为12 100万

① 1磅(lbs)=0.454千克。

美元,投资回报率为5.6%。

四、海军子计划

(一)投资情况

海军子计划的最主要目标是减少当前和未来的采购成本。目前,海军子计划已经采用了“经济造船模式”投资策略,重点提高DDG1000驱逐舰、CVN21航母、近海战斗舰以及“弗吉尼亚”级潜艇四种平台采办的经济可承受性。典型案例如2004年启动的激光束焊接大型金属波纹芯(LASCOR)面板的应用开发项目,主要是为了开发强度更高、腐蚀防护性能更好的材料,研究大型板材的低成本制造技术。

从表3.4中可以看出,海军子计划2008—2013年总统预算平均每年的增加幅度仅为1.5%左右,增幅很小;从美国国防部官方公布的2008—2010年国会追加预算来看,增加幅度很大,海军子计划投资总额每年的平均增幅已经超过了10%。

表3.4　海军子计划投资概况

(单位:百万美元)

项目	投资额					
	已证实			2011年以后		
	2008年	2009年	2010年	2011年	2012年	2013年
总统预算	55.3	56.7	58.6	56.5	60	60.6
国会追加	1.9	5.2	16.6	0	0	0

注:数据来源于2010年6月美国国防部办公室工业基础会议。

近几年海军子计划总统预算投资额度变化不大,而国会的投资预算随着每年的具体国情的变化而变化(图3.12)。从图3.13中可以看出,海军子计划在所有的技术领域都有投资,且投资的份额区别不是很大。

(二)重点投资领域

海军子计划的关键目标是减少当前和未来的采购成本。海军制造技术已经采用了“经济模式造船”的投资策略,目前的重点是提高四种主要平台采购的经济可承受性,这四种平台分别为DDG1000驱逐舰、CVN21航母、近海战斗舰以及“弗吉尼亚”级潜艇。

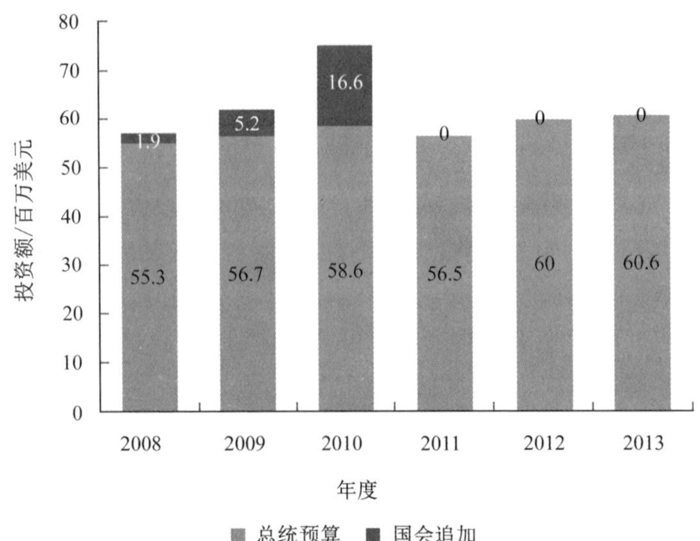

图 3.12　2008—2013 年海军子计划投资概况及技术领域投资分布图

资料来源:2010 年 6 月美国国防部办公室工业基础会议。

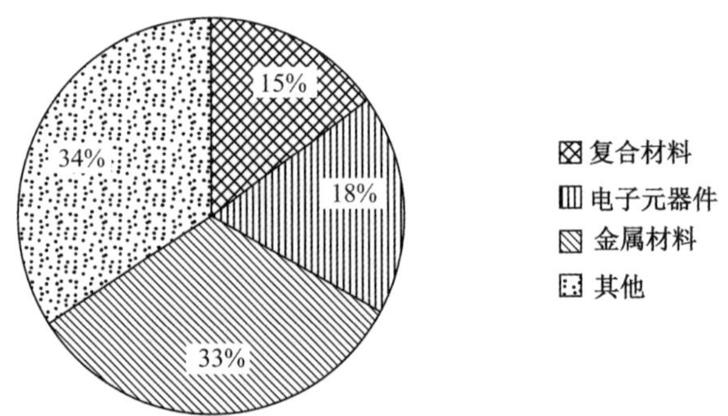

图 3.13　海军子计划技术领域投资分布图

资料来源:美国国防部制造技术项目战略计划报告。

五、空军子计划

空军子计划投资高级制造技术,用以降低采购成本、改进质量、提高生产能力,缩短武器系统设计、开发、生产和维护的时间。该子计划为了平衡航空、航天以及计算机系统方面的投资,除了关注制造成熟度、项目交付能力和生产能力外,还注重装备的维护补给、航空科学、武器装备系统、控制系统、电子侦察以及航天等方面的项目投资。空军子计划实施效果也很明显,如该计划投资 960 万

美元用于联合可编程引信的研发，节约了7.6亿美元的成本，相当于79∶1的投资回报率。

(一)投资情况

空军子计划投资的总统预算部分从2008年的3 990万美元增加到2010年的4 050万美元(表3.5)，并且2011—2013年的平均总统预算为4 163万美元，仍高于2011年之前的最高值，每年的总统预算呈现稳步上升趋势，但幅度变化不大，而国会的投资预算随着每年的具体国情的变化而变化(图3.14)。

表3.5　空军子计划投资概况

(单位：百万美元)

项目	投资额					
	已证实			2011年以后		
	2008年	2009年	2010年	2011年	2012年	2013年
总统预算	39.9	39.7	40.5	40.8	41.6	42.5
国会追加	10.6	16.8	9	0	0	0

注：数据来源于2010年6月美国国防部办公室工业基础会议。

从图3.15中可以看出，由于空军装备对金属材料、复合材料和电子元器件要求比较高，因此空军子计划投资主要用于这三个方面，电子元器件领域投资比例最大。

(二)重点投资领域

空军子计划主要是争取平衡航空、航天以及计算机系统方面的投资，而近期将特别关注先进推进系统、隐身以及用于战斗和攻击系统的传感器。

六、国防后勤局制造技术子计划

美国国防部后勤局提供了广泛的后勤服务来支持和平时期和战争时期的国防需求解决方案，提升部队给养保障能力，保障组织任务的顺利执行。后勤局提供美国军方所需的几乎所有消费品(如饮食、航空燃料等)，同时也负责生产一些设备和材料(如各种铸锻件)。国防后勤局制造技术子计划主要投资于该部门的5个供应链，以加强后勤局的基础工业能力。

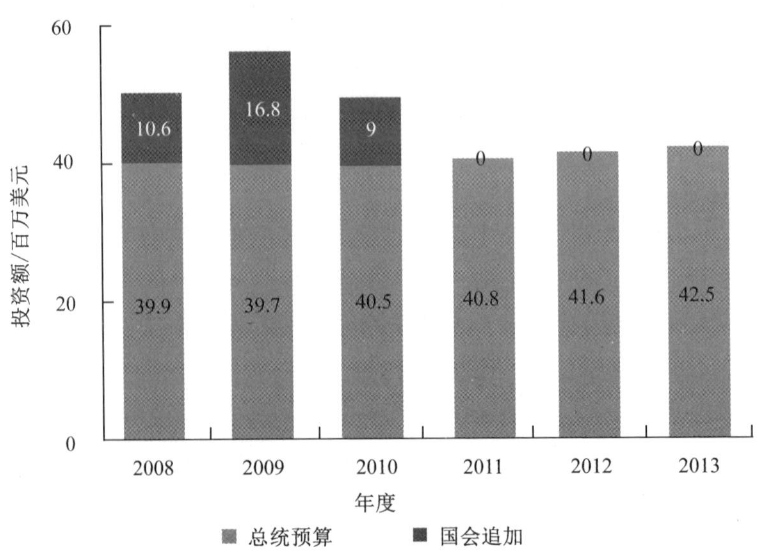

图 3.14　2008—2013 年空军子计划投资概况图

资料来源:2010 年 6 月美国国防部办公室工业基础会议。

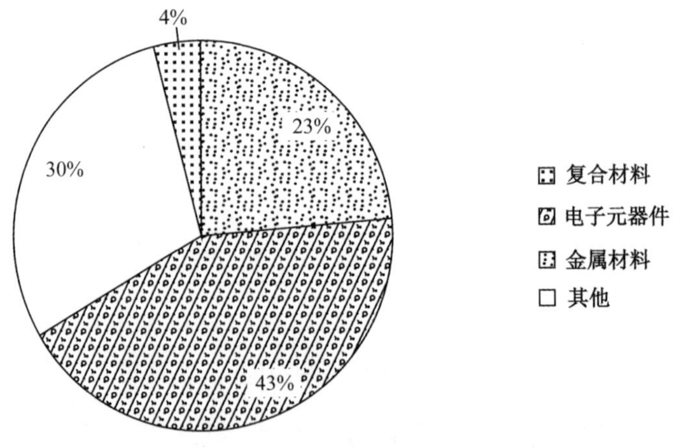

图 3.15　空军子计划投资概况及技术领域投资分布图

资料来源:美国国防部制造技术项目战略计划报告。

(一)投资情况

该项投资的总统预算部分从 2008 年的2 000万美元增加到 2010 年的2 080万美元。2011 年之后的总统预算呈小幅增长趋势,平均总统预算为2 167万美元(表 3.6)。

表 3.6　国防后勤局制造技术子计划投资概况

（单位：百万美元）

项目	投资额					
	已证实			2011 年以后		
	2008 年	2009 年	2010 年	2011 年	2012 年	2013 年
总统预算	20	20.5	20.8	21.3	21.7	22
国会追加	37.7	34.8	25.7	0	0	0

注：数据来源于 2010 年 6 月美国国防部办公室工业基础会议。

2008—2013 年国防后勤局制造技术子计划概况如图 3.16 所示，总统预算每年的投资额度变化不大，同时国会的增加投资额在减少，因此对国防后勤局的总体投资呈下降趋势。

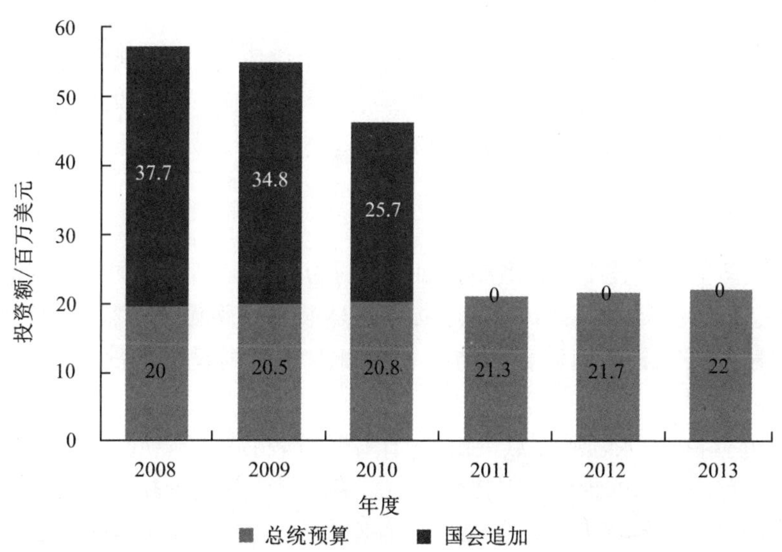

图 3.16　2008—2013 年国防后勤局制造技术子计划投资概况图

资料来源：2010 年 6 月美国国防部办公室工业基础会议。

美国国防部制造技术项目战略计划对国防后勤局的投资主要集中在金属材料、电子元器件及其他领域（图 3.17），其中复合材料领域投资额最大。

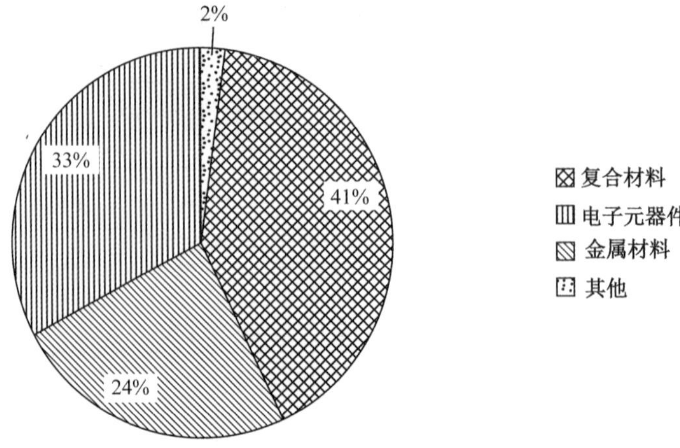

图 3.17　国防后勤局制造技术子计划技术领域投资分布图

资料来源:美国国防部制造技术项目战略计划报告。

(二)重点投资领域

国防后勤局制造技术子计划主要投资于 5 个供应链,以加强国防后勤局的基础工业,如服饰及纺织品、生活用品、海运、陆运和导航。研发投入主要关注内部的业务过程、与私人企业商业活动的交涉等。

七、小结

美国国防部制造技术项目战略计划的实施为提升美军武器装备研制的经济可承受性,降低武器装备采购的风险,提高武器装备水平做出了很大的贡献,效果也很明显。总结美国国防部制造技术项目战略计划投资情况,可得出如下结论:

(1)国防科技投入领域重点突出。美国国防部制造技术项目战略计划对各部门之间和部门内部的投资重点比较突出。美国国防部制造技术项目战略计划对各部门的投资差异较大,根据后勤局、各军种等规模和需求不同制定投资预算。各子计划在技术投资领域的选择方面也各有侧重,如陆军对金属材料和电子元器件的技术需求较高,投资比例较大;空军对电子设备、金属材料、复合材料的技术要求比较高,对电子设备投资比例最大。

(2)国防科技总投入逐年增加。美国重视国防的制造技术水平,国防投入呈逐年增加的趋势。国防制造业对于美国的国防系统很重要,美国在评论其他国家的军费投入数额的同时,仍在增加自己的国防经费(包括科研经费)。从上文数据可以看出,即使在金融危机爆发之后,美国国家经济一度陷入危机,但其国

防科技投入并没有因为这些因素而减少,反而有所增加。可见,美国始终把国家安全放在首位,始终没有停止其国防制造领域的高端科技的研发,始终在提升其武器装备水平。

(3)两级预算投资方式为项目提供资金保障。美国国防部制造技术项目战略计划每年的实际投资由总统预算和国会追加投资两部分构成。美国国防部制造技术项目战略计划每5年制订一次,计划制订的同时也确定了每年的总统预算投资情况;而国会追加的投资情况根据每年的具体国情而定,有利于应付紧急情况所需投资。这种计划与实际需求相结合的两级投资方式既为项目的顺利执行提供了资金保障,也使国防部在资金预算上有一定的灵活性,便于工作的开展。

第四节　运行机制及管理模式

一、制造技术项目战略计划运行机制

美国国防制造技术联合委员会负责管理关键技术的财政预算、制定发展路线图以及审查国防系统的需求,国防部办公室管理制造科学与技术活动,这两个部门相互协作以持续推动计划的执行。制造技术项目战略计划的运行包括三个过程:①确定项目的需求:从战争层面、系统内部、其他外部因素产生需求;②识别项目及区分战略议题和项目的优先顺序:需要对项目进行识别、评估等,进而确定议题和项目的优先顺序;③选择与执行项目:选择要实施的项目,实施和交付项目成果。图3.18展现了一个通用的综合的高层级的运行框架,美国国防制造技术联合委员会和制造技术计划组成部分,包括国防部办公室管理的制造科学与技术活动,应该在一个追求不断改进的前提下集体协作运行。

美国国防部制造技术项目战略计划的项目审查每年执行一次,以确保每个项目都在按计划进行,审查的内容包括项目成本、进度、技术转移和成果等情况。为了如期达到计划的最终目标,制造技术项目战略计划的管理方要求每个项目设立“里程碑”(项目管理中的节点),便于进行过程检查。美国国防制造技术联合委员会每年还召开本财年会议,进行技术和制造工艺的同行评审。在项目经理层面,转移计划是在制造技术项目战略计划小组和主要转移目标之间的平衡,项目一个一个成功转移和得以跟踪,然后向制造技术项目战略计划管理组织报告。

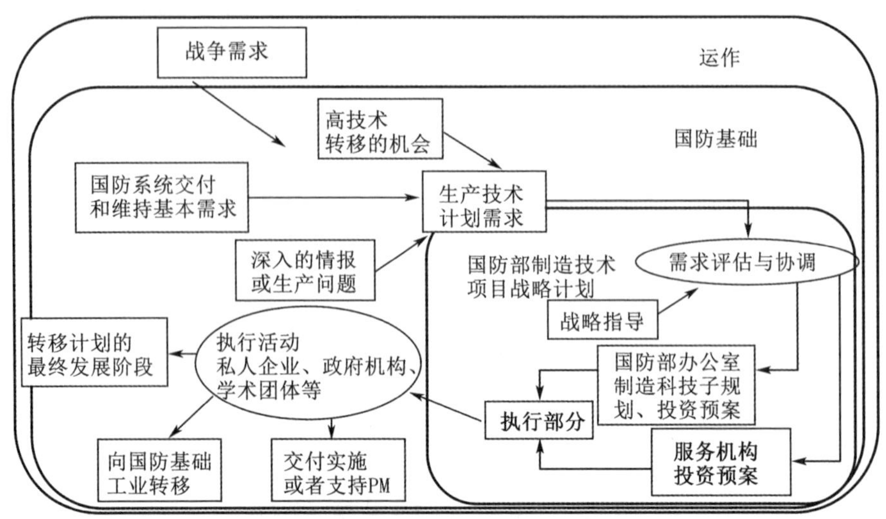

图 3.18　制造技术项目战略计划投资过程

资料来源:美国国防部制造技术计划战略报告。

二、项目效果评估

制造技术项目战略计划的效果评估应该基于计划的使能目标,对项目有效性的评估将借助于制造技术项目的管理体制。按照美国国防部制造技术项目战略计划的管理结构划分,从三个层面上建立评估机制:

(1)在项目子计划与执行层面上,由各军种和各相关美国国防部机构(如国防后勤局等)承担;

(2)在部际协调层面上,由国防制造技术联合委员会和其分委会负责;

(3)在政策和监督层面上,由美国国防研究与工程局下属的美国国防部先进系统和概念秘书办公室(Office of Secretary of Defense for Advance System and Concept,Office of the DUSD(AS&C))负责。

从管理结构来看,每个组织层面包括制造计划年度计划、管理和执行周期紧密相关的审查评估活动。

(一)项目执行层面的审查机制

在美国国防部部门执行层面上,国防部制造技术项目战略计划是美国科学与技术项目计划、管理和评估过程中的一部分。每个军事部门和国防部相关机构依据当前和未来的项目交付与支撑需求制订投资计划。资源按照PPBES(计划、规划设计、预算、执行系统)流程进行分配和审查,并且这些内容在国会年度

预算调整方案中均会体现。这些制造技术计划的年度审查主要是由各军种或者国防部科学与技术机构来负责,以保证:

(1)每个项目计划都要制订相应的成本、进度、性能和技术转移目标;

(2)每个项目的里程碑审查由项目主任执行,以评估项目进度;

(3)每个项目主任应该制订并坚持技术转移方案(包括具体的制造需求、临时和最终的用户、技术转移进度和程度);

(4)每个项目都能够使制造技术项目小组与主要的技术转移对象开展有效的合作。

不管美国国防部的各军种及相关机构选择哪种形式、进度和小组结构,评估工作都应该有效地满足技术转移的目标。每个项目的评估每年至少要进行一次,并设立项目矩阵、技术里程碑和技术转移计划。其他检查以月或季度的时间间隔进行。

(二)在部际协调层面的审查机制

部际协调活动由美国国防制造技术联合委员会和其下属委员会负责,主要是在联合服务及技术层面之下开展工作。根据美国国防制造技术联合委员会制定的一系列协调规则,联合委员会的每个技术小组每年举行部长评审会,以同行评审的形式进行。每年 10 月,美国国防制造技术联合委员会下属的委员会向其提交项目审查总结,对每个部门的制造技术项目进行评估,评估标准有 5 类:总需求和收益标准、技术准则标准、项目进程标准、技术转移标准和项目平衡标准。

联合审查主要关注项目间的平衡和技术转移目标,它能够确定那些能在各部门中获得广泛应用的项目,评审的参与者由技术专家从国防部各部门、研究实验室以及其他的一些项目工作者中挑选。除了评审会议,美国国防制造技术联合委员会每年将举行春季和秋季的研讨会,并提供多项服务,例如物流服务、确定会议流程以及通信,等等。

(三)在政策与监督层面上的审查机制

美国国防部生产技术办公室主要负责对项目情况进行战略、企业层面的评估,并且将结果通报给高级部门的决策者。美国国防部生产技术主管定期向国防部先进系统和概念秘书办公室汇报项目的情况,包括制造成熟度评估(MRA),美国国防部办公室有责任向国会递交报告,反映制造技术性能和执行情况,以及递交两年一度的战略计划。

为了平衡国防部制造技术项目战略计划在美国国防部科学与技术部门的地位,项目状态概要情况需定期呈现给联合服务国防科学与技术专家组(DSTAG)。

该过程将促进科学与技术团体间的联系，而且也有助于政府提供集中指导和保证项目的正确执行。

从目标和整部层面划分的项目评估管理责任见表 3.7。

表 3.7　从目标和整部层面划分的项目评估管理责任

<table>
<tr><th colspan="3" rowspan="2">使能目标</th><th colspan="3">责任</th></tr>
<tr><th>各军种及国防部相关机构</th><th>美国国防制造技术联合委员会</th><th>国防部先进系统和概念秘书办公室</th></tr>
<tr><td rowspan="2">战略推动1</td><td>使能目标 1.1</td><td>协调投资进程，有效管理制造技术的发展和转化</td><td>主要计划与执行</td><td>次要计划与执行</td><td>政策与监督层面</td></tr>
<tr><td>使能目标 1.2</td><td>及时有效地提供国防所需的加工和装配技术解决方案</td><td>主要计划与执行</td><td>协调检查</td><td>政策与监督层面</td></tr>
<tr><td rowspan="2">战略推动2</td><td>使能目标 2.1</td><td>发展创新、企业级技术，推进协同和网络化生产</td><td>主要计划与执行</td><td>协调检查</td><td>政策与监督层面</td></tr>
<tr><td>使能目标 2.2</td><td>同国防工业基础分享制造技术项目成果</td><td>主要计划与执行</td><td>次要计划与执行</td><td>政策与监督层面</td></tr>
<tr><td rowspan="3">战略推动3</td><td>使能目标 3.1</td><td>制定有效的政策和方法来评估并提高制造成熟度等级</td><td>次要计划与执行</td><td>协调检查</td><td>主要计划与执行</td></tr>
<tr><td>使能目标 3.2</td><td>把制造能力设计集成到国防采购周期中</td><td>次要计划与执行</td><td>协调检查</td><td>主要计划与执行</td></tr>
<tr><td>使能目标 3.3</td><td>与项目执行办公室和工业部门一起对降低制造技术成本的目标进行结构化分析</td><td>主要计划与执行</td><td>次要计划与执行</td><td>政策与监督层面</td></tr>
<tr><td rowspan="2">战略推动4</td><td>使能目标 4.1</td><td>主动推进制造基础设施和管理系统的投资及创新</td><td>主要计划与执行</td><td>次要计划与执行</td><td>政策与监督层面</td></tr>
<tr><td>使能目标 4.2</td><td>培养高素质的国防制造人力资源</td><td>主要计划与执行</td><td>次要计划与执行</td><td>政策与监督层面</td></tr>
</table>

三、制造成熟度评估

制造技术项目战略计划由多个各自独立运行的子计划组成，包括陆军子计划、海军子计划、空军子计划，以及 2006 年根据国防科技局要求新增的制造科技

子计划(Manufacture Science and Technology,MS&T)。各子计划通过国防制造技术联合委员会来协调。美国国防制造技术联合委员会负责把国防部制定的广义政策指南转变为具体项目的基本目标,并将各子计划确定的战略需求进行有效集成,避免重复投资。

2008 年,美国国防制造技术联合委员会推出了制造风险量化评估的理论和方法——制造成熟度理论体系,这也是制造技术项目战略计划的重大成果之一。制造成熟度是确定制造技术是否成熟,以及技术转移到武器系统过程中是否存在风险的关键评估措施。美国国防部认为制造成熟度对采办非常重要,因此将制造成熟度反映在其采办策略中。2008 年颁布的美国国防部5000.02法案中明确指出要加强技术成熟度管理和制造工艺成熟度评估。

(一)制造成熟度

1995 年,美国航空航天局开发了一种用于评估技术成熟程度的度量结构,即技术成熟度(Technology Readiness Levels,TRL),随后技术成熟度被逐渐推广应用。制造成熟度是在技术成熟度的基础上开发的,是技术成熟度概念的拓展。制造成熟度的结构与技术成熟度的结构密切相关,对成功引进新产品和技术非常关键。制造成熟度从生产角度评估技术、武器系统及其子系统的成熟度和风险;它也可以提供各种层面的决策支持。

制造成熟度共有 10 级,从 1 级到 10 级对成熟度要求逐级增高。

1. MRL1:确定基本原理,制造可行性评估

该级为制造成熟度的最低级,在此级中基本的制造原理被定义和检查,开始以报告的形式对生产可行性和物料解决方案展开基础研究。

2. MRL2:确定制造方案

该级主要定义生产方式和能力等概念,开始论证在无帮助和数据的条件下生产原型产品或组件的可行性,包括识别和研究材料、工艺方式(包括建模和模拟)。

3. MRL3:开发制造方案

该级主要评估研究生产方案。在该等级下,当前的制造概念或者生产能力的识别主要是基于实验室环境下的,已经论证材料的成熟度,但是还需进一步的评估和论证;功能比较有限的模型已经在实验室环境下建立。

4. MRL4:具备在实验室环境下的制造能力

该等级是物料解决方案分析阶段的标准,可作为一个决策里程碑。技术成熟度最低要求为 4 级,达到该等级意味着此时的技术水平可以进入技术开发阶段了。该阶段的具体工作包括:必要的投资已经被确定;制造能力、生产能力和

指标能得到保证;原型制造的风险得到识别。在这一阶段,设计概念的生产能力被评估;制造成本驱动已经被识别;概念设计的生产能力评估已经完成;关键的性能指标已经确定等。

5. MRL5:具备在相关生产环境下制造零部件原型的能力

该等级是技术发展阶段的中间点。技术成熟的最低要求是5,在该等级下,生产战略已经被提炼并已经集成到风险管理中,关键技术和组件的识别工作也已经完成,基于点对点的详细价值流的成本模型已经建立,但是生产工业和生产过程等工作还需继续改进。

6. MRL6:具备在相关生产环境下生产原型系统或子系统的能力

该级的制造成熟度与交付阶段的工程和生产发展计划相联系。此级别被认为科技发展研究已完成,并且进入了底层系统设计阶段;最初的制造方式已得到开发;大部分的制造过程已经被提炼,但是还有一些关键性的工程和设计需要改变。由于关键组件的初级设计已经完成,因此对关键技术的生产能力评估也已完成。在相关的生产环境中,原型材料、工具、测试仪器和人员技能都在系统或子系统中被论证。

7. MRL7:具备在典型生产环境下生产系统、子系统或部件的能力

该级别中,系统的详细设计正在进行,生产材料已经确定,并且能够满足计划和建造周期。生产工艺和过程已经在典型的生产环境中通过测试;详细的生产交互能力和风险评估正在进行;成本模型已经适用于详细设计阶段,达到了系统级;开始考虑减少单位成本;供应链和供应商质量保证开始评估,长期获得计划已经开始;生产工具和测试环境设计及开发工作已经开始。

8. MRL8:试产能力通过验证,准备进入小批量生产

该级别下系统的详细设计已经基本完成,并且能够充分稳定地进行小批量生产;生产计划进度中的所有物料需求都能够满足;制造和质量工艺已经在流水线环境中测试通过;在低速的生产条件下,生产过程和已知的生产风险可控;已经建立了受详细设计驱动的工程成本模型,并且该模型已经通过测试;MS C级的产业能力评估已经完成,已经建立起稳定的供应链系统。

9. MRL9:小批量生产通过验证,准备进入大批量生产

该级别的制造是为进入大批量生产做准备的。此时,所有的系统工程和系统设计需求已经被满足,而且系统的变化已经很小;主要的系统特征比较稳定,并且被测试和评估;物料需求能满足生产计划;制造工艺已经建立和被控制,且达到了3 - Sigma或其他相应的质量水平,以满足某些关键设计;生产风险的检测已经运行,学习曲线生效;适合大批量生产的成本模型已经开发,而且能够预测生产制造持续改进的影响。

10. MRL10:大批量生产通过验证,转向精益生产

该级别中,系统、组件和物品已经进入大批量生产阶段,能满足所有的工程、性能、质量、可靠性要求。制造成熟度至少要达到9级;工程、设计的改变几乎没有,主要关注质量和成本改进工作;所有的物料、制造工艺、检测设备都已经进入生产和达到6-Sigma等级的管理控制;精益生产已经建立,生产过程能够持续改进。

一般来说,对于一些不需要修改的部分、可靠的供应商提供的标准硬件或者已经确定的材料及工艺评估,技术成熟度的要求是MRL8~MRL10级。对于那些有"松耦合、弱联系"要求的技术或系统的成熟度等级要求为MRL4级,此时对于那些最简单的技术元素很有效,但是对于复杂的技术或武器系统,该等级可能有增加风险等不良影响。

(二)制造成熟度与制造交付生命周期

美国国防部5000.02法案要求在制造生命周期中的里程碑A阶段应具有制造可行性,在里程碑B阶段要达到原型制造能力的要求。为了使制造风险处于可管控的水平,在制造交付生命周期内,制造技术或者武器系统的组成部分必须达到一个期望的制造成熟度水平(例如,里程碑B阶段制造成熟度等级必须达到MRL6级,里程碑C阶段制造成熟度必须达到MRL8级)。这些期望的等级被用作技术或武器系统成熟水平度量的标准。

图3.19指出了制造交付周期与制造成熟水平之间的关系,A、B、C分别表示交付周期中的里程碑,MRL1~MRL2级主要强调在分析物料解决方案之前的制造问题。在基础研究时的制造问题主要集中在识别新材料和制造过程中,而在应用研究的时候这些材料和过程已经被很好地定义了。MRL3~MRL6级处于制造与科学计划尾期和交付计划初期。某些制造成熟度的定义已经直接用于科学与计划中,但有很多定义更适合于武器系统的成熟度评估。MRL7~MRL10级与制造科学与技术相关度不大,因为在MRL6级的时候已经充分考虑技术转移的支持,此时硬件部分已经不用修改,制造风险较低。

1. 物料方案分析前期工作

即使是在交付周期的前期,也应对工业基地提供关键组件和材料的能力进行基本考察。系统的理念包括了一系列的技术解决方案、材料、组件,也许它们之中的某些已经超过了目前工业基地的制造能力,因此这种风险必须考虑。

在进入物料解决方案分析阶段之前,评估小组应该对每个提议的物料解决方案的关键成分进行评估,包括技术成熟度、集成风险、制造可行性等。

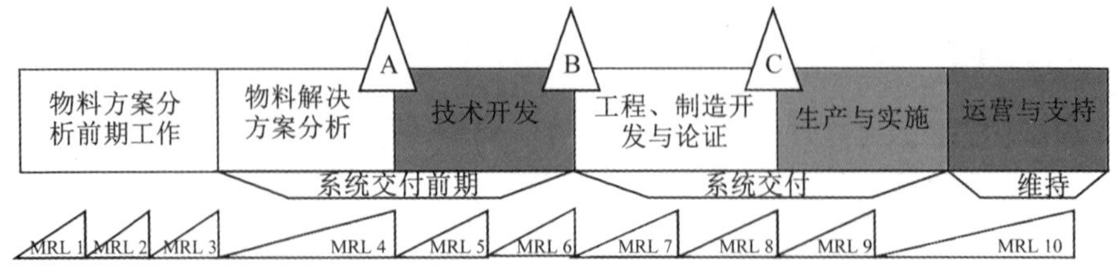

图 3.19　制造成熟度与系统里程碑及交付声明周期的关系

资料来源:美国制造成熟度评估手册。

2. 物料解决方案分析阶段

本阶段的目的是为提炼已选的初步概念开发一个技术发展策略(TDS)以支持技术发展阶段。美国国防部法案中规定技术发展策略必须包含以下部分:

(1)采纳一个有效的改进策略或一步到达完全生产能力策略的基本原理;

(2)如何将计划或项目划分为多个可行的递进部分;

(3)本阶段对生产原型的数目的限制;

(4)整个研发计划的总体成本、进度和性能目标的策略;

(5)特定成本、周期、性能目标,还包括第一个技术发展方案的退出标准;

(6)制定测试计划。

物料解决方案阶段必须在完成物料方案分析前期工作之后进行,因此要达到 MRL3 级标准,该级别的评估工作主要包括以下内容:

(1)充分了解制造原料;

(2)识别并了解基本制造概念;

(3)定义基本的物料生产能力和制造能力;

(4)识别独特的、关键的制造工艺;

(5)识别超出目前生产状态的范围。

本阶段是交付生命周期中里程碑 A 之前的最后一个制造成熟度评估,如果要进入下一个阶段,必须通过 MRL4 级评估,此时必须处理以下几个问题:

(1)识别工业基地和供应商的风险;

(2)识别制造能力风险;

(3)有合适的处理风险的制造策略和质量策略,并将这些策略与技术发展策略结合。

在制造方案分析阶段,一般要开展两个系统工程检查——一个交替系统检查和一个初始技术检查。制造问题专家应该参与以上评审检查活动,还要处理一些与制造成熟度相关的标准。

3. 技术开发阶段

从生命周期图中可以看出，里程碑 A 节点意味着进入了技术开发阶段。本阶段的目标要减少技术风险并决定嵌入系统中的合适的一系列技术。制造成熟度评估的结果可作为形成详细计划的依据，并且要求在技术开发阶段结束时必须达到 MRL6 级，且为里程碑 B 节点。

技术开发阶段的制造成熟度评估报告应该包括以下内容：

(1)描述硬件或软件及其设计原理；

(2)确定可能制造这些部件并使用这些技术的企业或机构；

(3)描述这些技术与硬件同 MRL4 级水平的匹配程度，并讨论评估原理；

(4)强调某些未达到 MRL4 级的硬件和软件，讨论它们可能会带来的风险。

如果发现没有达到 MRL6 级，项目管理者可推迟项目向下一阶段进行，直至本阶段的制造成熟度评估通过，或者选择可替代的、更成熟的技术；对不成熟的或者高风险的技术进行里程碑 B 审查，提交一个制造成熟度计划，该计划应包括资金需求。

4. 工程、制造开发与论证阶段

从制造的角度来看，该阶段为生产的交付计划提供准备。本阶段要为之前阶段的基础制造计划做进一步的详细设计，在本阶段结束时要使所有的硬件达到 MRL8 级，即达到了里程碑 C。应该关注整个项目范围的制造风险，如装配、集成和运行测试；项目的供应链性能；制造计划的成熟度；制造管理系统的成熟度；资金支持等。

5. 生产与实施阶段

在上一阶段结束或者里程碑 C 开始时决定是否能进行大批量生产。美国国防部法案中要求进入该阶段的系统没有严重的制造风险，并且生产工艺处于可控的状况。该阶段包括小批量生产和大批量生产两部分。小批量生产时，其系统至少要达到 MRL8 级；而大批量生产时，其系统要求至少为 MRL9 级。

(三)制造成熟度评估

制造成熟度评估是一种结构化的评估方法，它能够帮助项目管理人员评估制造成熟度。该评估方法以制造成熟度的定义为标准，客观地评估技术、制造工艺、部件、武器系统或子系统的成熟度。

评估开始于系统开发之前，贯穿于开发过程之中，甚至在系统部署几年后仍然继续。其目的是为决策者提供技术、产品以及工艺相对成熟(附带风险)的常识，以满足美国国防部需求。换句话说，制造成熟度评估应该具有推动作用；为提高制造成熟度和减少制造风险设定目标；为达到这些目标制定行动方案和资金预测；制定向武器系统设计或者工程转移的技术和工艺成熟度相关的决策；制定武器系统下一个交付阶段的决策。

下面将分别介绍制造成熟度评估中的定点评估、评估工作小组的组织、评估工作流程、评估结果的确定、评估报告的构成几方面内容。

1. 定点评估

制造成熟度评估需要识别关键的技术和组件来执行定点评估。一般来说，检查所有的物料、组件和组装过程的供应商的关键制造过程是不可行的，此时可采用定点评估。定点评估适用于以下情况：

(1)能产生最高的制造成本；

(2)最终的组装或测试阶段；

(3)最敏感的制造任务已经完成；

(4)最小技术成熟度的物料、组件或子系统被生产；

(5)有明显的问题或者风险(低产出、高成本、不成熟的制造工艺等)存在。

当计划进行制造成熟度评估的时候，合同方和政府部门要决定重点区域。该过程非常重要，合同方或者供应商应对系统、子系统、组件的详细说明达成一致。制作评估模板，设定目标期望和分析的深度，此外还要定义当前阶段的项目的制造成熟度水平。

2. 评估工作小组的组织

制造成熟度评估工作人员以评估小组的形式组织，当制造成熟度评估活动的范围和时间安排已经形成后，就要开始选择评估小组成员。评估小组的大小根据制造成熟度评估的范围而定。子级的评估小组应该集合在一起，来关注不同的子系统和技术。评估小组的构成倾向于项目办公室成员和制造科学方面的专家。当项目处于交付阶段或者达到里程碑阶段时，一些来自美国国防部的员工也可能是评估小组成员之一。

为了有效地进行制造成熟度评估工作，评估小组中的一些项目之外的成员需要去熟悉项目。他们需要通过查看已经有的简报、合同、报告以及与项目成员沟通来了解项目评估目的、目标、当前项目的状态、关键技术成分、硬件的配置、角色、重点合同商和供应商等。

制造成熟度等级内容由制造成熟度评估团队、承包商及政府来决定。制造成熟度等级包含评估标准，例如通过具体的问题来度量制造成熟度。

制造成熟度评估的进度主要是由以下几个方面来推动的：确定交付里程碑检查或项目基线审查的时间、精干的项目团队成员、承包商对项目进度的重视程度以及其他原因。

3. 评估工作流程

技术或武器系统从生命周期的一个阶段转向另一个阶段时，需要考虑以下两个问题：哪些部分（技术、组件、装配能力、子系统等）还未达到标准的成熟度等级；未达到指定的等级的潜在影响；评估失败对成熟度的接受水平或者对开发工作的困难程度、时间消耗、成本增加的影响等。

图3.20展示了已经应用在高级技术试验（advanced technology demonstration，ATD）和需要总揽系统的交付计划的制造成熟度评估过程工作步骤（主要集中于关键技术领域和组件）。在系统层面进行评估时，有必要检查综合工艺，如装配和测试过程。要考虑对所有层面的评估，有效测量其能力，要能满足项目的成本和进度目标。

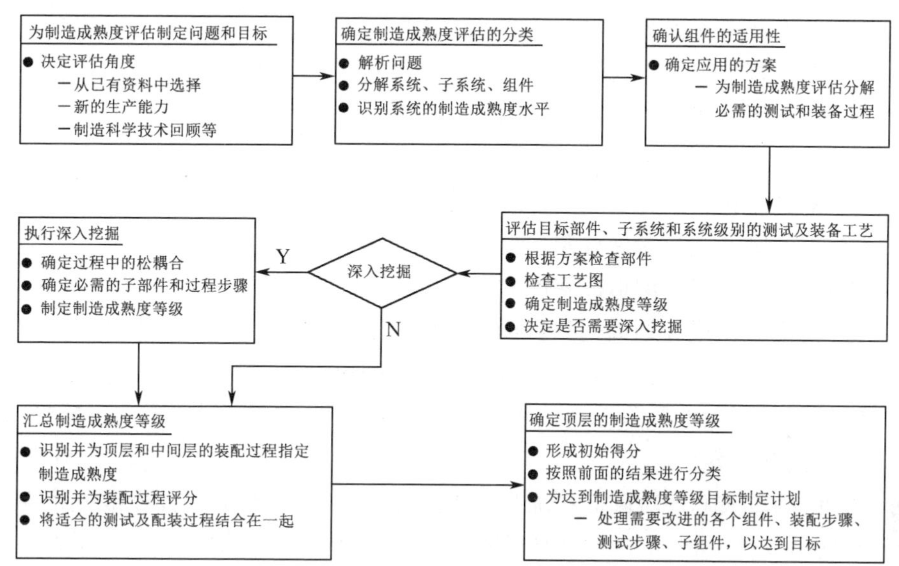

图3.20　制造成熟度评估流程

资料来源：《美国制造成熟度评估手册》。

制造成熟度评估过程包括完成整个制造成熟度计划的详细信息。当影响很小的时候，提前检查被提议的设计方案的生产能力是否能够使成本、性能和进度在设计周期的早些时候完成。

4. 评估结果的确定

制造成熟度评估结果不是对整个工艺和武器系统制定单一的制造成熟度级别。即使在相对简单的案例中，如制造成熟度评估完成了对具有六个零件的系统的单一技术评估，结果可能是各零件的制造成熟度级别不同，甚至某个零件的各制造工艺制造成熟度也不同。有些零件可以是现货供应、标准零件或由可靠

制造商通过完善的工艺和材料制造，因此可能达到 MRL8 ~ MRL10 级，其他零件可能加入新的设计元素，超出关键制造工艺的最高能力，达到 MRL4 级。技术或系统总的制造成熟度级别是所有技术要素都能达到的最低级别，因此在上述实例中应为 MRL4 级。

5. 评估报告的构成

制造成熟度评估主要包括三方面的内容：①定义制造成熟度的当前级别；②识别成熟度的缺陷和相关风险；③为生产成熟和风险管理提供基础原则。基于以上内容，最终的制造成熟度评估报告应该包含以下部分：

(1) 对技术的描述。该描述包括识别关键成分、技术发展的主要目标以及当前的状态。

(2) 关键技术元素当前技术成熟度的认定。

(3) 对负责关键技术元素的公司的讨论。

(4) 评估团队成员的名单。

(5) 访问的时间与地点。

(6) 对关键技术成分制造工艺的描述。

(7) 对关键工艺或者硬件制造成熟度的评估。

(8) 对未达到目标制造成熟度的分析（识别关键原因、提出推动方案）。

(9) 确定项目或计划以达到目标制造成熟度。

(10) 评估对成本、进度和效果有显著影响的风险。

(11) 评估当前的风险控制效果（正确性、及时性、资本充足、成功可能性、提升效果的供选方案）。

可见，制造成熟度对武器系统开发成功与否至关重要，如同技术成熟度对系统设计的重要性一样，美国国防部已深刻意识到这一点，并把这种认识反映在相关的政策与策略中。从制造技术项目战略计划的战略重点可以看出，国防部将为制造成熟度量化评估制定有效的政策和方法，不断完善制造成熟度的相关政策和措施，大力推动武器装备采办项目的制造成熟度量化评估机制。

第五节　实施效果

制造技术项目战略计划的实施已经对武器系统的经济可承受性、关键作战能力的部署，以及技术的有效转移产生了巨大的影响。仅在 2003 财年到 2005 财年间，陆军、海军、空军和国防后勤局投资总额为7.05亿美元，超过 100 个项目的技术成果得到应用。制造技术项目战略计划已经彰显了巨大的投资回报率，下

面选取若干典型的项目来进一步阐述该计划的成果。

一、受美国国防部制造技术项目战略计划奖励产品列表

国防生产技术成果奖主要奖励那些政府部门的个人和私人部门，这些个人或部门取得的成果，为美国国防部的生产技术计划的推动做出了贡献。

获奖的单位或个人主要根据以下条件来选取：

（1）生产技术成果：项目的结果必须是独特的、突出的，且对美国国防部或军队有重要作用。

（2）技术转移与实施：项目的成果已经被安装在一个具体的平台或武器系统中，或者能够明确确认该成果将被应用。

（3）已经实现的或者潜在的价值：主要依据项目的成果是否能对国防系统产生显著的作用，一般从性能增强、减少成本、缩短生产周期、提高可靠性、减少质量、增强适应环境能力等方面来考察。

美国国防生产技术成果奖于 1999 年设立，每年美国国防制造技术联合委员会将组织评审会议对一些制造技术项目战略计划的项目进行评审。为认可一些杰出的项目所做出的贡献，一般会有项目提名奖，每年的最终奖将在提名奖中选取，例如 2010 年有 12 个项目获得了提名奖，这些项目中有 3 个获得了生产技术成果奖。1999—2010 年获得奖励的产品见表 3.8。

表 3.8　1999—2010 年国防生产技术成果奖奖励产品列表

年份	获奖项目
2010 年	高能低密度锂电池
	战机突出处改进和实证项目（SEDD）
	焊缝正面与背面刨平项目
2009 年	改进型的战士防护材料低成本生产项目
	F－35 进气口自动钻孔项目（IDRD）
2008 年	LASCOR 板结构评估和应用项目（第二阶段）
	高级隐身涂层项目
2007 年	铅电池项目（LBI）
	低成本抗压瓷砖护甲技术（LCP S－N CT）
	钛发动机盘变换摩擦焊接技术（TFWTEB）

续表

年份	获奖项目
2006 年	非冷却 FPA(功能点分析)生产能力改进项目(UFPAP)
	发动机转子的使用时间延长项目(ERLE)
2005 年	大型飞机反红外导弹系统(LAIRCM)
	用于钢铁黏合连接处的大型舰船复合钢
2004 年	精益维修技术(Lean Depot Repair)
	统一加农炮剖面检查设备(Uniform Cannon Tube Profile Verification)
2003 年	激光熔覆技术项目
	激光锤锻(Laser Shock Peening Initiative)
2002 年	合成物自动供应能力(第二阶段)
	基于网络的供应链系统服装研究
2001 年	增强型防弹衣制造工艺项目
2000 年	高级光学生产技术
	真空微波设备柔性生产技术
1999 年	高级光纤布置方案

注:资料来源于美国国防部制造技术项目战略计划官方网站。

二、制造科学与技术子计划成果

以下列出美国国防部制造科学与技术子计划的几个典型的成功案例。

(一)金刚砂涂层技术

项目周期:2010 年完成。

项目概述:使用该技术的飞机质量更轻,更易于提速,减少能耗。使用该技术后制造成本降低了,引擎质量也减小了。

投资收益:减少涂装过程中 70% 的劳动成本。

(二)3D 螺旋桨检查系统(3DAI)

项目周期:2010 年完成。

项目概述:该系统大大提高了发动机设计时对内部构造的自动检验,通过仿真模拟能够检验出仿真数据与设计目标之间的差距。

投资收益:该系统减少了 90% 以上的时间,以前需要一个小时的工作,现在

约6分钟就能完成。目前该系统已经在军事和商业方面得到了应用,节约了2 600万美元的成本。

(三)共形承载天线结构

项目周期:不详。

项目概述:刀片雷达广泛用于军事和民用飞机的通信及导航系统,如军方的电子预警机。但是传统的雷达技术比较注重机身,对飞机的性能和运行成本有消极影响。该项目除了要解决以上问题,还要解决涂层、材料、传导性等问题。

成果:该项目提高产品质量25%;电阻减少70%;喷涂物减少;能更好地识别商用信号和军用系统等。

(四)企业交付过程的成本模型(COMET)

项目周期:不详。

项目概述:该模型计划用来解决之前不正确的成本模型估算而导致的高额成本和技术延期问题。该模型系统能实时自动地获取关键数据信息,弥补原系统信息过时的问题;另外该系统使用开放标准(OAGIS),有助于系统自动将产品设计信息集成到软件的成本模型中,并减少错误。

投资收益:该模型系统已经取得一定成果,能减少10%~20%的成本。

三、陆军子计划成果

以下列出陆军子计划的几个典型的成功案例。

(一)用于导航复合结构中的嵌入式传感器

项目周期:不详。

项目概述:用于阿帕奇直升机的机身情况评估。当飞机受到地面武器攻击时,飞行员可实时地检查和评估结构受损状况。该传感器可收集机身的震动、温度、压力和塑料部件损伤信息。项目的研发方为波音公司。

投资收益:陆军子计划投资490万美元,“阿帕奇计划”投资360万美元。该计划可节约大于65%的成本(每个传感器节约700~2 000美元的成本)。

(二)微机电系统(MEMS)技术

项目周期:2001—2008年。

项目概述:陆军的改革目标对武器系统提出了更轻、更快、杀伤力更强等要求。由于内置了低成本、抗高过载、高精度微机电系统惯性测量单元,因此已经

能够实现这些目标。该项目可为陆军后勤节约75%的成本,减少某武器90%的体积和66%的质量,节能80%,并且提高了武器的通用性。

投资收益:陆军子计划投资3 410万美元,陆军科技(S&T)投资1.002亿美元,惯性测量单元的成本从1.56万美元/套降低到了6 500美元/套,进一步的改进预计能够将成本降低至1 500美元/套,从而为陆军节约8.5亿美元成本。

(三)陆军直升机镁合金组件防护工艺改进

项目周期:2003—2005年。

项目概述:直升机传动箱由于腐蚀问题导致的报废率极高。该计划为经济可承受的直升机传动箱计划,将喷砂清理工艺与增强型镁合金腐蚀防护系统用于阿帕奇直升机传动箱组件的检查与修护过程中。该项工艺主要用于波音公司Mesa工厂的AH-46尾部旋转翼变速箱和中部变速箱再制造生产线。

投资收益:陆军子计划投资75万美元,节约成本达1 000万美元。

(四)轻型加农炮的复合材料包覆工艺

项目周期:2003—2007年。

项目概述:该项目开发了大口径加农炮制造工艺,即采用复合材料制造高性能的未来作战系统加农炮。陆军电磁炮项目开发的电磁炮发射装置,同样采用复合材料包覆技术。这种复合材料包覆技术已在陆军和海军电磁炮项目中实现技术转化。

投资收益:陆军子计划共投资1 650万美元,预期效益为3 700万美元。

四、海军子计划成果

以下列出海军子计划的几个典型的成功案例。

(一)激光束焊接大型金属波纹芯(LASCOR)面板的应用开发

项目周期:于2004年启动。

项目概述:海军战舰面板需要采用替代的材料与设计方案来减轻舰船结构的质量,并维持其性能要求。采用激光束焊接波纹芯板材是这一问题的潜在解决方案。为实现波纹芯面板的经济可承受性制造,启动了一个海军制造技术项目。其内容包括将波纹芯板材作为具有实际应用价值的结构材料进行开发,主要目标是开发强度更高、腐蚀防护性能更好的材料,研究大型板材的低成本制造和模块制造技术,以及设计指南的验证。

投资:海军子计划投资850万美元,国会投资300万美元。

(二)濒海战斗舰的铝合金低成本搅拌摩擦焊

项目周期:2005—2008 年。

项目概述:从 2006 年 8 月开始,海军金属加工中心与濒海战斗舰项目办公室、美国船舶局、洛克马依公司、马里内特船舶公司、柏林格尔造船公司、先进连接技术实验室以及 Friction Stir Link 等开展合作,建造一台搅拌摩擦焊设备,用来现场焊接濒海战斗舰定制薄板。

投资:投资 310 万美元。

(三)钛合金发动机叶盘的线性摩擦焊

项目周期:2001—2008 年。

项目概述:GE 飞机发动机公司、Evendale、OH 以及美国海军连接中心执行了一项海军制造项目,目的是开发线性摩擦焊工艺技术,将 F－18、JSF 发动机中单个叶片与发动机叶盘轮毂连接起来。

投资收益:海军子计划投资 260 万美元。预计生产1 000台升级版 F414 发动机第 1、2 级发动机组,成本可降低4 300万美元。

(四)船用大型结构件制造

项目周期:2003—2005 年。

项目概述:此项目通过优化焊技术,使 DDG1000 驱逐舰的建造成本降低,生存能力提高。这种新工艺将使外围垂直发射系统(PVLS)模块的建造成本大大降低,建造周期明显缩短。

投资收益:投资 177 万美元,每只舰体可降低成本 755 万美元。焊接机械化以及减少焊接接头使人工焊接工作量减少了 50%,人工焊接工时减少了 25%,首次焊缝合格率提高了 15%。

(五)CVN21 分段厚钢板的焊缝变形控制与消除

项目周期:2004—2007 年。

项目概述:由于厚钢板焊接产生的船体结构变形会导致装配问题。该项目开发了 CVN21 组件的加工参数,以满足船体的平直度要求,并避免返工带来的高额成本及时间消耗。

投资收益:海军子计划投资 360 万美元,每艘船体的成本可降低 300 万美元,7 艘船体总共能降低成本2 100万美元。

五、空军子计划成果

以下列出空军子计划的几个典型的成功案例。

(一)有源电子扫描阵列(AESA)雷达掩模和解掩模工艺改进

项目周期:2003—2009 年。

项目概述:有源电子扫描阵列雷达是一种固体雷达,与传统雷达相比扫描速率极快、距离更远、截获率更低、可靠性更高。在本项目中,空军制造技术项目组与承包商和分包商共同努力,使有源电子扫描阵列材料和组件的工艺及制造能力更加成熟,同时降低了成本。全新设计的环行器和支撑杆大大减少了人工处理量。该雷达主要用于 F－22A、F－35 及未来需要高级雷达的其他系统。

投资收益:空军子计划投资1 850万美元,预计在 F－22A 和 F－35 上总共能够节省 2 亿美元的成本。

(二)激光喷丸工艺(LSP)延长陆军与空军推进系统的使用寿命

项目周期:2000—2005 年。

项目概述:涡轮叶片失效或发生故障将导致长时间的检测以及昂贵的维修费用。传统的表面处理技术在去除额外金属方面效率较低,并且会对环境产生污染。激光喷丸技术是一种创新的表面处理技术,能够有效提高钛合金涡轮发动机风机叶片的使用寿命,并且降低其对外来损害的敏感性(包括发动机吸入冰或其他硬物)。

投资收益:空军子计划投资 980 万美元,节约成本超过 1 亿美元。

(三)可替换的高频率材料(AHFM)

项目周期:2004—2007 年。

项目概述:隐身系统是空军武器系统中成本投入最多的项目之一。供应商在制造技术项目战略计划的支持下确定了提高 B－2 隐形轰炸机的隐身材料性能的解决方案。

投资收益:该项目投入了 360 万美元,缩短了项目的交付周期(从原来的 26 周减少到 12 周)、减少了生产成本(大约23 900万美元/20 年)并优化了生产流程。该计划将最新的隐身技术应用到 B－2 上,使该战机任务执行能力成倍增强,隐身材料的维护时间也缩短了一半。

(四)联合可编程保险丝(JPF)

项目周期:不详。

项目概述:联合可编程保险丝是新一代的可编程保险装置,该项目可装配空军和海军。该项目初次试验比较成功并已小批量生产,它能满足战争中的空对地武器系统的可编程引爆需求。

投资收益:空军子计划在2004—2007年之间投资了960万美元,并且节约了7.6亿美元的成本,相当于79:1的投资回报率。

六、国防后勤局制造技术子计划成果

以下列出国防后勤局制造技术子计划的几个典型的成功案例。

(一)高能锂电池技术

项目周期:不详。

项目概述:一些装备(如F-35联合打击战斗机)需要更加可靠的紧急电源。该电池技术能提供的电流更大、温度更低,改善了产品生命周期成本。

投资:国防后勤局制造技术子计划投资了140万美元。

(二)油料车弹道保护

项目周期:不详。

项目概述:该项目可减少油料车被子弹击中后的漏油量。之前使用的大量的人工成本,新技术使用的自动化覆盖技术提高了效率和质量,减少了损失;维修时间减少了86%(从之前的21小时减少到现在的3小时);因减少了操作人员曝露在危险化学品条件下而改善和提高了安全性。

投资:投资约30万美元。

(三)服饰电子标签项目

项目周期:第一阶段2009—2011年;第二阶段2011—2013年。

项目概述:避免战士使用过期的或者有质量问题的防护装备(如头盔、防化衣),有必要对他们的个人物品进行跟踪以便于回收。

投资收益:美国国防后勤局制造技术子计划投资140万美元。该项目使衣物的回收时间从165分钟缩短至45分钟;每个地区的存货节约14.8万美元;节约时间和劳动成本(从4小时缩短至30分钟)。

(四)微电路模具计划

项目周期:不详。

项目概述:普通微电路的使用时间只有 3 ~5 年,但是国防系统的微电路的使用时间要求 10 年以上,还有一些其他诸如持续重新设计等问题。为了解决这些问题,美国国防部制造技术项目战略计划已经建立了一个可信的、持续的柔性制造能力来支持逆向工程、逆向设计等。

投资收益:该项目已经实施,支持了350 多个独立武器系统,减少了5 亿美元的成本。

第六节　经 验 教 训

我国的经济建设在自力更生、艰苦创业的同时,也需要参考国外一些国家的建设经验。同样,在国防制造领域,积极关注他国的国防战略规划,有利于明确我国国防工业建设的目标和国防规划的制订。

美国国防部制造技术项目战略计划对我国的国防制造工业有一定的启示作用。首先,我国应该加强各个部门的协同工作,提高国防制造工业企业的快速反应能力。其次,要加强国防制造领域的质量监督和评估工作,提高国防制造工业的制造成熟度水平。再次,继续响应国家的人才战略,人才兴国、人才强国。最后,积极推进我国经济建设和国防建设融合的进程,积极发展军用技术转民用,努力扫除民用技术参与国防建设的消极因素,把国防和军队现代化建设深深融入国民经济社会发展体系之中。

一、美国国防部制造技术项目战略计划对业务协调方面提出要求

针对快速改变的国防需求,美国要求其国防制造工业具有快速反应的能力,而快速反应对部门之间的协调配合能力提出了更高的要求,因此制造技术项目战略计划提出了“主动为高度合作的国防制造企业提供保障”的战略推动。主要有两个方面:第一,提出了基于网络的制造工业和基于模型的制造原理。基于网络的制造工业要求对整个产品的生产制造周期内的所有活动进行同步、安全、实时的监视,它不仅包括部门之间动态交互融合,还包括信息的传输共享和交互。而基于模型制造企业的概念要求在设计、生产、测试和供应链等阶段提供一个协作设计的环境。第二,整个国防系统里共享研究成果。该方式不仅能节约研发成本,避免重复投资,还能提高国防制造系统的快速反应能力。

二、两级预算投资方式确保为项目提供资金保障

美国国防部制造技术项目战略计划每年的实际投资由总统预算和国会追加投资两部分构成。美国国防部制造技术项目战略计划每5年制订一次，计划制订的同时也确定了每年的总统预算投资情况；而国会追加的投资情况根据每年的具体国情而定，有利于应付紧急情况所需投资。因此，这种计划与实际需求相结合的两级投资方式既为项目的顺利执行提供了资金保障，也使国防部在资金预算上有一定的灵活性，便于工作的开展。

三、制造成熟度评估保证制造质量

在保证国防制造产品的质量问题上，美国国防部提出了使用制造成熟度来评估其产品在研究、开发、交付阶段的成熟度水平，每个阶段要符合一定的标准才能进入下一阶段。主要包括三方面的工作：第一，制定有效的政策来支持评估和改善工作，例如确定制造成熟度水平标准。第二，将“制造成熟产品”理念融入整个国防产品的周期内。第三，在制造成熟产品的时候考虑节约成本和供应能力问题。

四、人力资源战略

制造技术项目战略计划将人力资源问题提高到战略层面，可见美国国防制造工业对人才的重视。高级制造企业不仅要依靠一些复杂的系统、生产工艺、制造技术，还需要一些高度熟练和有竞争力的人才，制造技术项目战略计划还强调了对人才的终身学习和不断进步的要求。企业的有效运行离不开思路开阔、技术高超的员工，人才战略为制造技术计划提供智力保障。

五、制造技术项目战略计划与军民通用技术

作为国防产品的供应来源，民用制造商的产品已变得越来越重要。利用民用产品现成硬件和软件的优势在于更低的开发成本、良好的性能，并且大大缩短产品开发、生产、维护等相应的周期。发展军民两用技术能够扩大项目能力、减少项目成本和缩短项目周期、激发研发投资的杠杆作用。

美国国防部制造技术项目战略计划在强调国防工业本身制造技术的重要性的同时，也考虑到利用现有的成熟的民用技术来发展国防工业。一些民用制造工业的进步会对国防制造工业的生产产生潜在的影响，因此国防部在制订制造技术项目战略计划时考虑利用民用资源，从大量的非国防资源中受益。

一些商用的产品性能比典型的国防产品要高，国防产品的一些部件的最新

技术存在于私人商用企业或外国供应商中，且生产周期较短，而且这些技术可以快速地转入军事用途。美国国防部依靠内部研发部门和外部企业来满足对新技术的需求，它还将继续应用一些新的、全球范围的、非传统的商用企业产品及解决方案。

参考文献

[1] 高彬彬，李晓红，胡晓睿，等. 透视美国国防制造：ManTech 规划综述[J]. 国防制造技术，2009（4）：18-25.

[2] 木子. 美国国防部发布制造技术项目战略计划[J]. 国防科技工业，2009（8）：55-57.

第四章 美国航天计划运行管理研究

目前全球有130多个国家从事太空活动，许多国家把空间视为一种重要的资源，也将外层空间视为未来战争的重要战场。因此，外层空间对于国家具有极其重要的战略地位，这种战略地位突出地体现在国家安全、经济社会发展、科技进步和政治影响等诸多方面。从20世纪50年代开始的航天活动最初就是美苏空间竞赛的重要战场。

美国航天事业主要是因军事需要发展起来的。如今，航天事业不仅在军事上仍有重要的用途，在民用上更有了巨大的发展和广阔的前景。美国航天事业之所以能达到今天的高水平，同它科学技术的创新能力是分不开的。自1958年成立国家航空航天局以来，美国历届政府都颁布实施了航天计划，航天科技的领先优势强有力地巩固和维护了美国在世界军事、科技和经济等领域的领导地位。因此，研究分析美国航天计划的运行管理、组织模式和经验教训，对我国实施大型军民通用技术计划具有十分重要的借鉴意义。

第一节　提出背景

一、美国航天计划的发展历程

1957年10月4日，苏联成功发射了世界上第1颗人造地球卫星，随后，又发射了更先进的第2颗人造地球卫星。该事件对美国造成了巨大"震撼"，为了对抗苏联，美国在1958年1月31日发射了它的第1颗人造地球卫星——"探索者"号。但是，无论在时间上还是技术上，当时美国的空间开发工作都大大落后于苏联。正是在这种背景下，美国前总统德怀特·戴维·艾森豪威尔(第34任)于1958年7月签署了一项法令，决定立即成立一个统一领导和组织空间开发工

作的新机构,以夺回其优势。于是,美国在 1958 年 10 月 1 日成立了美国航空航天局,负责领导美国航天活动。1961 年 5 月 5 日,美国终于实现了载人航天飞行,航天员艾伦·谢泼德乘坐由"红石"号火箭发射的"自由"号飞船到达距离地面187.42千米的高空,沿着一条弹道轨道飞行了 15 分 28 秒,最后安全降落在大西洋上。不过,此前的 1961 年 4 月 12 日,苏联已经用"东方 -1"飞船把航天员尤里·加加林送上了太空,而且还绕地球一周,飞行持续时间长达 108 分钟。在这第二轮竞赛中,美国又输给了苏联。在这样的困境下,为了重新找回美国人的自信,刚刚就职 3 个月的肯尼迪总统(第 35 任)在 1961 年 5 月 25 日宣布,要在 20 世纪 60 年代将美国人送上月球。1969 年 7 月 20 日,美国航天员尼尔·阿姆斯特朗和航天员巴兹·奥尔德林终于首次把人类的足迹留在了地球之外的天体上。在两个超级大国激烈的太空竞争中,美国终于获得了胜利。

(一)预算减少的 20 世纪 70 年代

美国载人登月成功后不久,美国航空航天局获得的预算便开始逐渐减少。1965 年的预算是52.5亿美元,而在 1975 年则下降到只有 32 亿美元多一点。这一方面是因为同苏联的竞争已经取得胜利;另一方面则是因为越南战争使美国政府的财政恶化。于是,美国航空航天局停止了载人登月计划,而把空间开发的重点转向了其他领域,无人行星探测器就是其中之一。其实早在 20 世纪 60 年代执行阿波罗计划的同时,美国航空航天局就已经启动了行星探测计划。1962 年,美国"水手 -2"探测器靠近金星,首次进行了近距离观测;1976 年发射的"海盗"号成功在火星着陆;1977 年发射的"旅行者 -1""旅行者 -2"探测器从木星、土星、天王星和海王星旁掠过,对它们进行了近距离观测。2008 年这两个空间探测器仍在继续向着太阳系外飞行。

(二)真正进入航天时代

根据美国第 37 任总统尼克松的要求,美国航空航天局停止了阿波罗计划等探险活动,而将工作的重点转向了更具实用价值的空间开发活动。例如建立和使用空间站;研制可降低成本的航天运输工具,即航天飞机,因为航天飞机的轨道器和助推器可以重复使用。从 1981 年 4 月 12 日第 1 次发射航天飞机到 2011 年 7 月,美国总共发射过 135 架次航天飞机,完成了包括释放航天器、建造"国际空间站"、维修"哈勃"空间望远镜等工作,极大地缩短了人类与宇宙空间之间的距离。不过,使用航天飞机这种天地往返运输工具也并非一帆风顺。1986 年"挑战者"号和 2003 年"哥伦比亚"号两架航天飞机相继发生事故,航天员全部牺牲。此外,航天飞机的发射成本也未能如所期望的那样降下来,每次发射均要耗费数亿美元。

（三）宇宙观测新局面

1990年，人类在宇宙空间中安装了“哈勃”空间望远镜。“哈勃”主要利用可见光进行观测，免于大气干扰，能够观测到更远的天体和获得更加清晰的天体图像。自20世纪90年代以来，美国还相继发射了利用其他电磁波段进行观测的大型空间望远镜，如“斯匹策”红外空间望远镜、“钱德拉”X射线空间望远镜和“康普顿”γ射线空间望远镜等。这些空间望远镜不断向地球发回关于宇宙的各种各样的观测信息。正是这些空间望远镜彻底改变了天文学的面貌。

（四）合作建造空间站

在航天飞机研制成功之后，美国就立即确定了建造空间站的目标。1984年1月，当时的美国总统里根（第40任）宣布，美国将在10年内完成空间站的建造。里根总统宣布的这项计划其实是一项国际合作的大规模空间工程，除了美国之外，还有日本、加拿大和西欧各国参与（当时起名为“自由”号国际空间站）。然而，由美国“领衔”的这项空间站建造计划也屡受挫折。首先，是经费问题，难以筹措到足够的资金；其次，“挑战者”号航天飞机失事使“自由”号计划一再延期，以致不得不缩小建造规模。更重要的是苏联在1991年突然解体，所以失去了对抗苏联的意义。1993年，美国与俄罗斯达成共同建设空间站的协议，因此改名为“国际空间站”。1998年，美国“团结”号节点－1舱与俄罗斯“曙光”号功能货舱实现对接，正式开始了“国际空间站”的组装工作。美国和俄罗斯在“国际空间站”上的合作，标志着以前对立的两个国家终于愿意共同进行空间开发。

（五）重返月球的过程

在2004年1月，美国总统乔治·布什（第43任）发布了美国新的空间开发方针，安排航天飞机退役，要求尽快研制出可以替代的新型宇宙飞船。为了重返月球，制订实施了“星座计划”。星座计划的最初任务是再次把人送上月球。不过，这次将要把比阿波罗计划多1倍的航天员（4人）送上月球，而且在月球表面停留的时间也将增加4天，即延长到7天。星座计划的载人登月与阿波罗计划的另一个不同点是飞往月球的4名航天员将全都登月，在他们留在月球表面期间，“猎户座”飞船将自动在绕月轨道上运行。从月球表面返回时，只有月球着陆器的上升舱回到绕月轨道，与等在那里的“猎户座”飞船会合，月球着陆器的下降舱则留在月球表面。航天员从月球着陆器的上升舱转移到“猎户座”飞船后返回地球。进入地球大气层以后，“猎户座”飞船将在陆地着陆。回收的“猎户座”飞船还可以在下一次任务中再次使用。

（六）发射新一代空间望远镜

美国航空航天局科学部进行的无人探测计划中具有代表性的任务之一就是发射“韦伯”空间望远镜。“哈勃”空间望远镜自 1990 年发射成功以来，已向地球发回了大量精美的宇宙图像。2009 年，美国发射了“开普勒”空间望远镜，其任务是在太阳系外寻找与地球具有同等大小或者稍小一些的行星。“开普勒”空间望远镜是通过检测观测到的恒星亮度的增减来发现这样的行星的。而新一代的空间望远镜“韦伯”将能够观测到宇宙最早生成的那些星系。在星系的形成以及恒星和行星的诞生方面，“韦伯”空间望远镜也有可能获得新的发现。“韦伯”空间望远镜由因研究宇宙背景辐射而获得 2006 年度诺贝尔奖的约翰·马瑟主持研制。

（七）通往火星之路

奥巴马总统上任后，宣布取消了布什总统提出的载人重返月球的星座计划，提出了美国航空航天局新的发展方向，即要求美国航空航天局把目光放在近地轨道任务上。为商业部门提供近地轨道空间运输服务；增加机器人探测任务，探索更多目的地；重视技术研发和能力提升，实现人类首次访问近地小行星，最终实现载人登陆火星的目标。

（八）三大探索领域

未来研究的三大领域是关键技术验证计划、重型运载火箭和推进计划，以及机器人先驱探测任务计划。

关键技术验证计划主要是研究和试验诸如轨道燃料加注和推进剂轨道存储等突破性能力，开发轨道燃料库和在轨燃料传送技术，交会对接技术和闭环生命支持系统，以支持未来的机器人和载人太空探索。

重型运载火箭和推进计划旨在支持新一代空间发射推进技术，力图降低未来重型运载系统的成本并缩短研制周期。其目标研发活动包括：第一级发射推进的新途径；空间先进发动机技术的研发及基本推进技术的研究。该计划中的项目也涉及政府、商业界、学术界和国际伙伴的参与。

机器人先驱探测任务计划包括到达月球、火星及其卫星、拉格朗日点及小行星附近的机器人先驱探测任务，为今后的月球、火星和近地小行星的载人探索铺平道路，确定向太空扩展人类文明的步骤。未来的先驱探测任务将拓展到内太阳系更多的地方，以确认对人类最有价值的目的地和安全可靠的途径。机器人先驱探测任务要构成稳定的系列，实现探测位置侦察和技术验证，提高未来载人

任务的安全性和能力，并较早获得科学回报。

二、美国航天计划的提出

1958 年，美国总统艾森豪威尔签署了《美国公共法案 85－568》（即《美国国家航空暨太空法案》），创立了美国航空航天局，取代了其前身美国国家航空咨询委员会。自此，美国航空航天局负责了美国的太空探索，并致力于"未来的太空探索、科学发现及航空研究"。美国航空航天局的任务是推动科学、技术和探索的进步，拓展知识，改进教育，促进创新和活跃经济，要更好地为人类服务，为国家和全球面临的挑战探索答案。目前，美国航空航天局要回归到最前沿的科学和核心技术研究上，对诸如用于发射和太空旅行的先进发动机、超轻质量结构、新型太空生活环境、新型进入系统、空间资源处理，以及用于人员和空间系统抗辐射等技术加大投资，为美国航天技术的全面发展奠定基础，实现探索太阳系甚至更远的目标，从而驱动国家经济的创新发展。航天计划围绕"对地球、太阳系和宇宙的认识及其他空间探索活动；通过研究和应用先进的技术，创造利用空间环境的条件；载人航天（包括空间站建设）技术"等展开。美国航空航天局航天工具见表 4.1。

表 4.1　美国航空航天局航天工具

工具	作用	具体项目
卫星	气象	地球静止轨道环境业务卫星（GOES）、诺阿卫星（NOAA）、国家极轨业务环境卫星（NPOESS）、国防气象卫星（DMSP）
	资源	陆地卫星系列（陆地卫星 1 号）
	间谍	"锁眼卫星"系列、"长曲棍球"侦察卫星
	通信	特高频后继卫星（UFO）、国防通信卫星（DSCS ）
	中继	跟踪与数据中继卫星
	定位	子午仪定位系统、全球定位系统
空间探测器	天文观测	康普顿伽马射线天文台、钱德拉 X 射线天文台、"哈勃"天文望远镜、"斯皮策"太空望远镜、小型天文卫星 3 号（"乌呼鲁"卫星）、高能天文台 1 号、高能天文台 2 号（"爱因斯坦"卫星）、"雨燕"卫星、"韦伯"空间望远镜、红外线天文卫星、远紫外分光探测器
	月球探测	先驱者计划、徘徊者计划
	火星探测	"水手"号、"海盗"号、"火星探路者"号、"火星观察者"号、"火星全球探勘者"号、"火星探测流浪者"号、"凤凰"号计划

续表

工具	作用	具体项目
空间探测器	水星探测	“信使”号
	金星探测	先驱者计划、“麦哲伦”号
	小行星探测	“近地小行星约会”号、“会合－舒梅克”号、“黎明”号
	彗星探测	“深度撞击”号、“星尘”号
	深空探测	先驱者计划、航海家计划、“伽利略”号、“卡西尼”号、“新视野”号
运载火箭	现役	“宇宙神－5”号、“德尔塔”（二号、四号）、“美乐达”号、“人牛怪”运载火箭
	计划中	“战神”号
	退役	“宇宙神”（导弹、一号、二号、三号）、“雅典娜”系列运载火箭、“德尔塔－3”号、“丘诺－1”号、“土星”1号、“土星”1B号、“土星”5号、“大力神”（二号、三号、三B、34D、四号）

注：表中资料整理于2011年。

第二节　主要内容

冷战期间，国家政治、军事和安全利益是美国发展航天工业的原动力。1982年的航天政策将航天活动分为两个部分：军事航天和民用航天。其中，军事航天活动又分非密和保密，非密计划由美国国防部负责；保密计划由中央情报局负责。冷战后期，随着商业航天的兴起，美国政府在1988年的航天政策中增加了商业航天的内容，将航天活动分为民用航天计划、军用航天计划和商业航天计划。军用航天计划由美国国防部制订，主要由空军负责实施；民用航天计划由美国航空航天局负责制订并实施；对于商业航天计划，政府只制定政策，具体实施由企业自行完成。冷战结束至今，这种结构只有量变没有质变。

一、美国奥巴马政府的航天计划

2010年4月15日，奥巴马总统公布了新的太空探索计划。这是新一届美国总统对美国空间探索的远见，对美国空间计划的新指示。

第一，取消以载人月球探索为核心的星座计划，将更有风险的载人火星探索作为美国航空航天局未来20年的主要任务。

第二,延长国际太空站的在轨寿命,进行改善地球人居生活的先进研究,以降低载人飞行成本。原定于 2015 年结束使用的“国际空间站”寿命至少延长到 2020 年。

第三,加强对地观测,保护赖以生存的环境,让航天科学成果服务于社会。

第四,继续支持太阳系的机器人探索任务和更先进的太空望远镜任务。

第五,充分利用星座计划的成果,研发精简版的猎户座乘员探索飞行器,用作国际太空站的宇航员逃生舱。具体计划是:投资 30 亿美元,2015 年前开始建造重型运载火箭;至 2020 年开展一系列载人飞行试验,以验证低轨道以外载人探测活动所需的系统和技术;2025 年完成新型载人航天器的设计;21 世纪 30 年代中期实现载人火星探索。

二、2011 年美国航空航天局战略规划

(一)战略目标 1:拓展人类在太阳系的探索行动

(1)维持并充分利用国际空间站(ISS),继续努力将其建设成为支持未来人类空间探测目标的集科学研究、技术研发、外交以及教育等多用途、多功能的国家实验室。

将国际空间站的服役期限延长至 2020 年或更久,最大限度地发挥其作为最新国家实验室的潜能。国际空间站正在实现由建设与组装向长期运营和充分利用转变,这将有助于美国航空航天局实现自身使命(任务)驱动的研发目标,如推进人类生物医学研究和航空航天技术的发展,并为美国航空航天局保持科技引领优势提供支撑。

(2)面向商业团体开发竞争性商业机会,为其提供有关近地轨道以及更远空间探测方面的最具价值的产品和服务。

同产业界广泛合作,促进美国航空航天局航空航天技术的商业化、开拓潜在的航空航天市场,带动并提升美国航空航天技术商业化实力。通过向商业界提供专家咨询、开放美国航空航天局研发基础设施,以及设立相关基金激励和促进相关技术的商业化,刺激在相关技术的工程、分析、设计和研究等方面的人力资源的增长。构建一个充满活力的商业化航空航天产业将有效减少美国对其他国家空间飞行系统的依赖,并将有效降低空间探测的成本。在积极开发安全、可靠、低成本的近地轨道货运及客运航空航天服务及产品的基础上,拓展更远空间的相关服务。

(3)构建超越近地轨道空间探测的航空航天安全及物资运输的综合支撑体系。

建立应对未来挑战的涉及技术、合作、安全、风险及具体行动计划的系统的体系架构，它将界定未来人类开展空间探测活动所必需的知识、能力和基础设施，并且为美国航空航天局及美国政府和国会确定未来空间探测行动路线图提供依据。该综合体系的核心在于新型空间发射系统和多用途的载人航天飞行器，它将满足未来地月空间、近地小行星、火星及其他天体探测的需要。

（二）战略目标2：深化人类对地球和整个宇宙的科学认识

（1）推进地球系统科学发展以应对全球气候变化及环境方面的挑战。

作为美国航空航天局的重要任务之一的地球系统科学研究，为科学家评估全球气候变化以及政府的相关决策提供着重要支持。为推动相关研究进展，美国航空航天局开展了以勘查、工程学研究和技术开发为主的科研工作。在此基础上，还计划实施了一系列支撑气候变化科学研究和相关政策制定的项目和计划，包括2013年发射新一代“嗅探卫星”，继续在美国“全球变化研究项目”、美国全球地球观测工作组及其国际机构中发挥重要作用等。

（2）认识太阳及其同地球和整个太阳系的相互作用。

美国航空航天局太阳物理学研究组将通过分析太阳、太阳风以及行星空间环境揭示普遍存在于整个宇宙中的基本物理学过程。认识和理解太阳及其行星之间的关系将有助于预测太阳变化对人类科技体系的影响，并为脱离地球大气圈保护范围的人类及机器人探测者提供安全保障。美国航空航天局将继续展开对太阳、地球空间以及太阳与地球之间的空间环境监测。为提高先进的空间天气预测能力，美国航空航天局将面向公众、产业界、学术机构，以及其他民用及军事所需提供强大的在线研究数据与模型支持。美国航空航天局将借助手机和“e－tablet”应用系统向社会提供公众科学及广受关注的空间状况等方面的信息。由美国国家科学院负责的“未来十年勘查项目”确定了未来太阳物理学优先研究方向。

（3）探究太阳系的组成、起源及其演化，以及潜在的其他生命。

在太阳系天体探测方面，美国航空航天局将通过“新视界计划”向冥王星和Kuiper带发射探测器，“黎明计划”将探测小行星Ceres和Vesta，“信使计划”将首次揭秘水星大气。在近地空间探测方面，美国航空航天局联合美国国家科学基金委员会和美国空军，利用地面观测设施对所有可能对地球构成威胁或具有资源勘探前景的近地空间目标展开探测、跟踪、分类和定性。其中，火星将是关注和进行深入探测的重点目标。美国航空航天局计划同欧洲航天局（ESA）联合实施“火星探测计划”，还将执行太阳系以外的目标探测任务，如“新视界计划”将对太阳系之外的小行星Juno展开探测，将同欧洲航天局合作探测木星的卫星群。

除上述以外,还将同时推进机器人太空探测计划的实施。

(4)发现并探索宇宙的运行、起源和演化机制,继续搜寻类地行星。

美国航空航天局将在目前正在进行的宇宙起源、黑洞附近的时空边界以及暗能量研究的基础上,研究最小的亚原子粒子与整个宇宙之间的关系。将揭示银河系中行星及行星系统结构的多样性、太阳系中其他类地行星生命存在的可能性,开展对恒星和行星环境的研究,以及探索最活跃行星的能量来源。同时,还将设计并发射太空望远镜,与地面及空中望远镜相结合,对全电磁波频谱范围进行探测以确定宇宙空间目标的分布。在光波范围之外,还将探测重力波以认识银河系和黑洞的生长机理。

(三)战略目标3:开发支撑未来空间探测、科学研究及经济发展的全新空间技术

(1)资助尚处于早期阶段的空间技术创新,以促进美国航空航天局、美国其他政府机构及航空航天产业未来能力的提升。

通过扩大同公共及私营机构的合作,加大对处于研发初期的空间技术投入;继续通过奖励措施鼓励公众发明者积极参与卫星发射系统、先进机器人、能源存储、绿色航空、先进材料以及无线电力传输等领域的探索;通过提供优越的“中心研发”支持鼓励和培育创新;同其他政府部门、学术界和商业机构合作资助前瞻性的设想、长期计划、结构体系以及系统的设计和开发。

(2)鼓励国家航空实体基于全新规则和原理的前沿交叉新技术的研发,以应对国家航空航天战略转变的挑战。

致力于实现技术由概念模型阶段向实际应用阶段的转变。将聚焦中等成熟空间技术以及能够带来空间系统设计、运营与探测和科学研究方法变革的先进空间概念与技术的可行性论证;将技术研发过程同实际任务和商业转化相结合;通过大规模的模拟、分析、地面测试及实验室实验推进具有系统水平升级潜力的技术示范应用进程;同其他政府机构合作并共享项目管理方面的最优实践。

(3)开发并示范论证有利于推进美国航空航天局空间探测、科学研究及完成探索发现使命的关键技术。

将依据和借助“空间技术重大问题(清单)”“空间技术路线图”、综合体系架构等确定未来技术研发的优先级别;在推动技术演进和技术创新的过程中,将在平衡潜在技术效益和特定任务风险的前提下确定采用新技术的合理时间框架;在技术开发方面的重点将是确定未来研发的新技术、试验论证具有前景的概念和设想。

(4)促进美国航空航天局技术转移转化并致力于同美国其他政府机构、产业

界及国际组织合作，以实现美国商业及其他方面的公共利益。

面向能够满足实际任务所需、具有应用价值和有益于增强国家在相应技术全球市场竞争力的技术，积极寻求技术的商业化合作。商业化合作的三大关键主题包括：将私营机构作为投资伙伴，分担技术开发成本；如果情况允许，购买服务而非仅仅购买硬件；积极创造和拓展技术创新机遇。

直接面向美国其他政府机构、航空航天产业及商业部门实施美国航空航天局技术转移转化；积极同地方政府和区域经济发展组织合作评估和确定满足双方未来需求的市场及发展战略；继续明确扩大外部合作的非传统战略和手段。

（四）战略目标4：以提升社会效益为目标推动航空航天领域的研究进步

（1）为改进目前及未来航空运输能力，通过合理的研发投入，开发解决方案及先进技术。

为应对未来航空运力需求的挑战，美国航空航天局在其基础研究项目中将采用综合方法和技术推动航空系统和航天飞行设施的革命性进步；继续探索未来新一代航天器的关键技术，这些技术将显著克服航天器飞行阻力并降低燃油消耗；开发新型旋翼飞机和超音速航空飞行器，以满足未来连续高超音速飞行需求；开发新型可采用非石油燃料的多燃料喷气式发动机；全面提升下一代航空航天设施的安全水平以及航空运输的管理水平。

（2）针对创新且有前景的航空航天概念及技术，展开系统研究，实现在相应的飞行及（或）地面环境下的综合性能与效益的示范论证。

将对在基础研究项目中所涌现的最具前景的设想进行评估和遴选，并对其展开综合系统测试；提升复杂航天飞行系统的设计和整合能力；继续通过美国航空航天局的“综合系统研究项目”（ISRP）关注能够降低飞行器环境影响因素的技术和操作程序；设计和研制能够执行常规航空飞行任务的无人航空飞行系统；通过实际测试和模拟整合评估新的操作方法。

（五）战略目标5：增强项目管理及制度建设能力

（1）面向美国航空航天局的总体使命，确定、培养并维持多元化的人才队伍及工作环境。

面向未来20～30年的战略部署，无差别地（不分种族、肤色、国籍、性别、信仰、年龄等）吸纳全球人才；为合理配置人力资源，将进行人力资源分析和规划；为未来储备人才，启动和实施“劳动力发展与培训计划”和“领导能力培训与发展项目”；扩大航空航天领域大学及研究生培养规模。

（2）确保同美国航空航天局总体使命相适应的关键资源的占有。

对所有美国航空航天局中心的技术能力进行定期的机构层面的综合性评估,并对所有美国航空航天局项目的相应能力需求进行综合分析;通过总体规划继续开展制度及项目支撑能力建设,改进和优化资源配置,进而实现跨中心的评估,以确定未来的发展机遇。

(3)确保美国航空航天局拥有面向国家需求的战略性重要试验示范能力。

加强对研究基础设施的管理并扩大战略性投入;为相关技术的全过程开发和系统测试提供一流的基础设施和关键资源支持;通过“航空航天测试国家合作计划”建立并维护同美国国防部在提升国家技术测试能力方面的协作。

(4)落实空间通信和探测器发射任务,响应当前和未来科学研究及空间探测需求。

通过美国航空航天局“空间通信和导航项目”开发一体化的空间通信和导航网络,满足未来机器人与人类空间探测的需求;继续利用竞争性资源完善空间观测网络地面节点,并完成对空间通信和导航网络的整合;基于国际合作提升交互支持网络的兼容性和互操作性;面向航空航天发射所需,通过“发射服务项目”同其他政府部门和产业界合作确保商业发射的安全、可靠、准时以及发射的成本效益。

(5)同商业界、国际组织及其他国家政府实体建立合作伙伴关系。

围绕战略需求,在美国政府系统框架内加强同国际组织、学术机构以及产业界的合作;探索各种商业化合作机制,如公私合作机制、政府主导的航空航天器商业研发机制,以及科学或运行数据的商业采购机制等。

(六)战略目标6:向公众、教育者及学生提供机遇,使其共同参与到履行美国航空航天局使命、培育创新及推动国家经济发展进程之中

(1)通过提供更多的教育及培训机会,强化自然科学、技术、工程学及数学领域学生的培养规模。

继续通过多种方式和手段激发学生在自然科学、技术、工程学及数学领域的钻研热情和创新潜质;建立分布式的管理体系,及时响应国家优先需求和行动;确保面向教师和学生的成果和服务传播的灵活性;在初等、中等教育层面,积极鼓励学生涉足自然科学、技术、工程学及数学领域的知识及技能的学习;在高等教育层面,为高校学生提供更多更广的科学研究及工程技术方面的实习机会。

(2)通过与官方及非官方组织的战略合作,提升自然科学、技术、工程学及数学领域的实力。

同官方教育机构,特别是高等教育机构以及航空航天领域企业合作,致力于科学研究和技术开发;同初、中等教育机构合作,扩大基础教育师资规模,提升教

育标准,满足国家对自然科学、技术、工程学及数学领域人才培养的需求;强化美国航空航天局所属机构的教育基础设施建设;通过各种支持方式(资助和非资助方式)培养和激发公众意识,吸引学生致力于上述领域的学习、研究并投身相关事业。

(3)通过开辟新的参与渠道,使公众积极参与美国航空航天局的发展和建设。

借助各种媒介和通信手段,向公众传播相关信息和成果;提倡奖励性竞争,为不同组织和个人提供参与创新的机遇;强化公众直接参与美国航空航天局的战略实施的机制。

(4)促进公众知识水平的提升并激发其对美国航空航天局事业的关注意识。

通过不同渠道向研究人员及其他政府部门提供美国航空航天局相关研究数据,来扩大美国航空航天局的成果共享;继续致力于向公众传播相关信息及专业知识的新工具、新技术的开发;与公众共享美国航空航天局成果与挑战,激发公众对美国航空航天局事业的关注。

第三节　投 资 构 成

一、美国航天计划预算变化情况

冷战时期,受国防需求的牵引,美国的航天预算一直维持在较高的水平,曾一度高至国内生产总值的1.05%;冷战结束后,国防需求锐减,航天投资逐渐回落,从1991年的占国内生产总值的0.5%降到2003年的0.29%,但民用航天投资比例加大。2012年美国的航天预算达到187亿美元,已超过冷战末期的水平。高额的航天预算投入使美国在世界航天技术发展领域处于领先地位。

二、美国国防部航天费用管理

美国国防部预算常以3种形式表达:一种是按陆、海、空三军,国防部各局列表;一种是按项目列出预算表;一种是按研究、研制、试验鉴定和采购等分类列表。

国会在收到总统预算咨文15天内召开会议,研究这个咨文。研究的依据是国防授权法和国防拨款法。"授权"是国会讨论各项目及其管理所需经费后,按把该项目办得最好所应支付的最大额度考虑,给各项目分配预算。而授权后在拨款过程中,常因拨款资金不足,或因各项目间争夺款项,拨款额度少于授权额度。虽然这种情况只发生在部分项目上,授权和拨款的差额也不大,但毕竟两笔

数额是不同的。

审查预算咨文先从众议院开始,预算委员会和拨款委员会下设若干小组委员会,对预算逐项进行严格推敲。研究的结果,以拨款法案和税收法案的形式转给参议院,由参议院的预算委员会和拨款委员会进行审查。两院常常协议折中取得共识后,才将预算授权作为正式法案通过,报总统审批签署后执行。

在美国国防部航天研究、研制项目中,凡研制费超过 2 亿美元,或生产费超过 10 亿美元者,都要由国防采办委员会(前国防系统采办审查委员会)审查;凡研制费超过7 500万美元或生产费超过 3 亿美元者,都归入“大型武器系统”进行管理。这一过程的重要特征是在研制(采办)的 4 个阶段进行 4 次阶段审定,即在军方提出作战需求后进行第 1 阶段审定;在方案论证与定案阶段进行第 2 阶段审定,决定是否立项;在考核验证阶段进行第 3 阶段审定,决定是否进行全面研制;在全面研制阶段进行第 4 阶段审定,决定是否投入批量生产。

三、美国航空航天局航天经费管理

美国航空航天局的航天经费预算过程很复杂,美国政府管理和预算局要求同政府其他机构一样,提前制订第三年的预算。美国航空航天局每年都同时有 3 项预算工作在进行中:一是当年的预算,它正在被执行;二是第二年的预算,它处于管理与预算局—总统—国会的审查过程中;三是第三年的预算,是美国航空航天局总部根据各航天中心呈报的科研和工程项目预算汇总、平衡后编制出来的。

美国航空航天局的预算分 4 部分:研究与研制;空间飞行控制与数据通信;研究与项目管理;设施建造。后两笔钱不分年度,只要在规定的若干年内用完即可。允许美国航空航天局在 4 部分预算间做内部调节,但只允许把研究与研制费的 5% 转用于研究与项目管理。

美国航空航天局的预算报到管理与预算局之后,该局先削掉它认为美国航空航天局预算中该削减的部分。在就削减后的预算与美国航空航天局取得共识后,再纳入总统的预算咨文一起上报国会。国会两院的授权委员会(预算委员会)及其几个小组委员会对美国航空航天局的预算及其开支项目逐项进行研究,两院的授权委员会都有权增减美国航空航天局的预算额度,遇有意见相左时则召开两院授权委员会联席会议,共同制定一个向美国航空航天局的最高拨款额,有时还就这笔钱的用途加以限制,或施加先决条件。然后把这些决定转给两院拨款委员会审查执行。各拨款委员会也有权调整美国航空航天局的预算申请额度,但它们不像授权委员会那样逐项细查。最后定下来的拨款额度,就是美国航空航天局两年后的实际开支额。例如,拨款委员会 2010 年列入计划拨款中的资金,也就是美国航空航天局 2012 年概算额度的实际数字。由于以上预算过程是逐年滚动式的，所以美国航空航天局每年都可得到今后第三年的概算数字，并可凭借这些数字制订它自己的5年研究、研制和预算计划。

美国国会、参议院和众议院都设有军事委员会、预算委员会、科学技术与航天委员会和拨款委员会，由它们审查、通过、批准重大的航天决策、规划、计划和预算。美国航空航天局的预算申请纳入总统的预算咨文上报国会审批。国会两院的预算委员会及其几个小组委员会对航空航天局的预算及其开支项目逐项进行研究，共同制定一个向其拨款的最高额度，然后把这个决定转给两院拨款委员会审查执行。两院拨款委员会也有权调整航空航天局的预算申请额度，但不像预算委员会那样逐项细查。最后定下来的拨款额度就是航空航天局在两年后可以实际获得的经费。美国航空航天局每年得到的是今后第三年的经费数字，它可以凭借这些数字制订自己的5年研制和预算计划。其每年预算的80%以上用合同费形式或赠款形式转拨到美国航天工业界、科技界、高校和有关部门，航空航天局本身只保留不到20%。最近几个财年美国航空航天局的预算平均约为180亿美元。

2011年2月14日，美国航空航天局公布了187亿美元的2012财年预算申请，为创新、技术发展和科学发现的复兴提供支持。这个预算支持美国航空航天局2010授权法案的所有方面。预算申请中包含了美国航空航天局对载人航天飞行的承诺，并为强势项目做准备，继续夺取未来胜利所需的卓越的科学、航空研究和教育。这些预算包括为航天飞机和国际太空站申请的43亿美元，为自然科学申请的50亿美元，以及为未来探索系统申请的39亿美元和航空研究的5.69亿美元。

在2012财年，美国航空航天局加强了国家的人类太空飞行活动，实现了从集中建设国际空间站工程到着重于科学研究和技术发展的转变，特别是为人类长期太空探索计划构建模块。美国航空航天局建立了一个新的独立的非营利性机构来协调和监督这些研究及科技成果。

美国航空航天局致力于解决全球科学与工程学团体面临的问题和挑战。其组织专长就是设想那些不可思议的科学任务和工程并将其实现。这些组织积极地与研究团体探讨，设计行动计划，建造必要的仪器与装备，实施飞行任务，并将沟通结果反馈给研究者以完成整个过程。以下描述这些组织的人力、设施和使命都是美国航空航天局最擅长的，即探索、发现并提升美国的科技领先地位，保护地球和子孙后代的未来，并且一如既往地力争在各个方面做到最好。

1. 科学技术

美国航空航天局科学任务委员会致力于加深人们对地球、太阳、太阳系和宇宙的理解。这些知识将有利于识别和预测全球气候变化、太空天气、宇宙起源和

其他生命存在的可能性。美国航空航天局科学任务委员会2012财年财政预算申请为50.168亿美元。

在利用一批配备有雷达和激光、分光计、辐射计、地磁仪、望远镜以及其他精密仪器的宇宙飞船情况下，美国航空航天局的科研任务是收集信息以帮助研究者理解并对国内外灾害做出积极的响应，实现技术创新以刺激本国经济，鼓舞下一代科学家和工程师。

在2012财年，美国航空航天局将开展国家极轨运行环境卫星系统筹备项目(NPP)、火星科学实验室(MSL)、核分光望远镜阵列(NuSTAR)和辐射带风暴孪生探测器(RBSP)。核区分光望远镜阵列和Swift太空望远镜将用于继续寻找黑洞，大型天文望远镜（"哈勃""钱德拉""史匹哲"）与"费米"望远镜将一起用于描绘宇宙最早期及最神秘的结构。美国航空航天局已通过火星探测器"漫游者"号开始研究火星表层，其是一个旨在收集地球最近邻居的环境和地质历史数据的、可移动的精密科学仪器。经重组后的国家极轨运行环境卫星系统现已被命名为"联合极地卫星系统"，美国航空航天局获得国家海洋和大气管理局资助联合研发用于民用天气和气候测量的卫星系统。同样，美国航空航天局也给地质调查局陆地卫星项目提供帮助，以确保历史性的和宝贵的国家资源的连续性。

2. 航空研究

航空研究集中在提升飞行的安全性、运载力和节能性上。2012财年美国航空航天局航空研究任务委员会提出的财政预算申请是5.694亿美元。

通过基础和应用研究，美国航空航天局继续改善航空业，包括安全性、空中运载力、飞行程序的优化和飞机设计等。研究包括减少燃料消耗、降低空气污染和噪声等的战略和设计，让飞行对环境更负责。一项重要的举措就是重新展望下一代空中运输系统。美国航空航天局将与联合规划和发展办公室一起继续发展下一代空中运输系统。

3. 航天技术

美国航空航天局空间技术部门创造了新的航天技术用于探索、科学发现及创造更繁荣的经济。2012财年空间技术局的财政预算申请是10.242亿美元。

认识到以科技为本的经济体系才是健全的经济体系，联邦政府要求总统增加对新科技开发和创新的投资。美国航空航天局空间技术部门通过多项技术发展、展示、竞争与合作的方式开发关键性的空间技术。美国航空航天局的技术转让历史说明，源于太空的技术、工具及流程在商业市场是有用的。美国航空航天局的小企业创新计划和小企业技术转让计划，鼓励小企业参与到科技研究和开发工作中。在2012财年，美国航空航天局将会增加最高奖励15万美元给第一阶段研究，100万美元给第二阶段活动。这增强了美国航空航天局对参与到研发中

的小企业的承诺，从而鼓励其他不被美国航空航天局和空间探索所吸引的公司一起改革创新。美国企业的参与将会提高美国的科技地位，并且有利于建造一个稳健的太空商业市场。

4. 空间操作和探索

空间操作和探索指引着美国当前和未来的人类太空探索计划，同时鼓励商业飞行的发展和成长。2012 财年空间操作任务委员会的财政预算申请是43.469亿美元，探索任务委员会的财政预算申请是39.487亿美元。

国际空间站是美国航空航天局有关人类长期近地轨道外飞行计划的核心。美国航空航天局将利用国际空间站独特的环境和研究设备，研究人类在太空中的健康问题及其相应对策、材料学、基础物理学和其他太空飞行必要的学科知识。探索技术成熟时，国际空间站同样给这些技术的测试提供试验平台。作为轨道运行的、全职员化的国家实验室，国际空间站的美国航空航天局部分将支持其他联邦政府、私人及科研机构的研究。

为了监督和协调这样的研究，美国航空航天局正在推行一个计划——通过一个独立的非营利性机构来管理国际空间站的研究任务。在 2011 财年，美国航空航天局达成协议授权非营利性机构管理国际空间站的使用和监督所有的研究。一旦现有研究项目的空间操作监督体系逐步取消，当前美国航空航天局的研究在未来几年转移到非营利性机构的现象将会发生。特别是非营利性机构将一起参与选择和管理新的同行评审项目。当美国航空航天局研究项目办公室在未来的几年完成了持续的工作后，扩展的或新的决策将仅由非营利性机构来制定。通过这种方式，非营利性机构就将创造机遇并且促进建立机构来指导使用国际空间站的资源进行试验。

美国航空航天局正为人类太空飞行计划向企业寻求援助，这样既能满足近期和远期的目标，也能增强任务灵活性，从而增加人类穿越太阳系的可能。这种人类太空飞行策略利用了企业的灵活性这一特性，与之相应的则是美国航空航天局稳定的系统发展方式。在经过了近 40 年的服务后，航天飞机已完成它的使命并退役。美国航空航天局将继续促使关键人力、科技、设备和操作经验等过渡到新一代的人类太空飞行和探索活动中。

5. 教育

教育计划利用美国航空航天局任务来鼓舞学生、老师和公众。2012 财年教育任务委员会的财政预算申请是1.384亿美元。

美国航空航天局在支持科学技术、工程和数学计划方面已有悠久的历史。它提供材料和资源给老师们以增加他们自身在科学技术、工程和数学领域的知识，并且鼓励他们的学生。从小学到高中的整个学习过程中，实践能力能够确保

学生会提问、推理、试验、分析并交流他们的发现成果。高等教育里的投资，例如国家航天格兰特学院和奖学金计划、激励竞争研究试验计划以及民族高校研究和教育项目，这些都将保证为美国航空航天局等储备具有高技能的和训练有素的科学技术、工程和数学人才。该机构的创新夏季计划支持了政府的行动方案，如政府的“创新教育”和“力争上游”计划等。在2012 财年美国航空航天局接受了教育设计团队的建议，通过加强与联邦政府、州政府和当地教育资助者的协作，更好地满足学校、老师、学生和社区的要求。美国航空航天局的结构将随教育主题而发生改变，这样将提升该机构基于需求分析、变化的客户需求和项目成效性评估的适应力。

6. 追求卓越

2012 财年跨业务局支持的财政预算申请是31.92亿美元，建设与环境保护局的财政预算申请是4.504亿美元。

跨业务局支持通过各种方式的服务让公众与美国航空航天局一起分享科研任务的挑战、试验结果与成功，这些方式包括商业运作、科技和安全监督、提供设施、工具和资源等。在2012 财年，美国航空航天局继续调整技能组合以适应变化的任务需求。更进一步地，操作系统的升级改善了信息技术服务的利用、电子商业的应用、美国航空航天局的门户网站，并且增进了美国航空航天局参与到电子政务和透明化倡议中来。

7. 提高运营效率

美国航空航天局设施占地12.4万英亩①，拥有雇员约18 500人。为了与整个政府保持一致，美国航空航天局的财政预算尽量使美国航空航天局运行更高效。2012 财年财政预算加强了美国航空航天局的资本重组基金，更换或改造效率低的设施，清除或拆除另外一些，提供给本地社区就业岗位，让纳税人的钱得到更有效的使用。在2012 财年，美国航空航天局继续实行节能措施，巩固并简化或推迟一些中心管理经营活动。

2012 财年预算申请建议美国航空航天局加入与公用事业公司合作的这种新的合作方式，提供清洁能源给美国航空航天局中心和它们周围的社区。为了帮助中心执行能源管理规划，美国航空航天局总部每年组织开展能源与水资源管理部门评审，以帮助中心改善管理体系并鉴别和实施节能措施。除此之外，2012 财年预算申请提出通过精简机构活动而在管理花费上削减超过1 亿美元。精简措施集中在差旅和出版方面。

美国航空航天局将与商业太空公司合作建造国际太空站乘员运输器和货运

① 1 英亩 =0.405 公顷。

飞船的项目列为投资重点。商业公司将提供安全、可靠、符合成本效益的低地球轨道往返路径。美国航空航天局还投资将人类送出低地球轨道的飞行系统，包括深空太空舱和重型火箭，以及实现长期旅行的关键研究和技术。美国航空航天局的科学预算支持新任务，以及众多成功研究地球和太空的天文台的持续运行。美国航空航天局在2012财年发射了火星科学实验室，并继续从事广泛的天体物理、太阳物理和地球科学任务。2012财年预算申请中，美国航空航天局继续承诺增强航空安全和空域效能，降低航空的环境影响，继续通过科学、技术、工程和数学领域重要的项目培养下一代技术领袖。

第四节 运行机制

美国航天计划的运行管理是由总统集中决策，国会立法、监督和预算审批，美国国防部和美国航空航天局分别对军事航天科研和民用航天科研实施军民分制管理的体制，而美国航天科研计划的实施和执行主要由政府科研机构、工业界、高等院校和国家非营利机构共同完成。

一、最高决策机制

美国历来重视航天事业，认为其发展是国家威望和军事实力之所系，把航天发展政策视为国策，因而历来由总统领导其最高决策，国会为之立法、审查、拨款。美国总统作为全国最高行政首脑兼武装部队总司令，也是航天方面的最高协调者和决策人。第二次世界大战后历届美国总统在航天方面所进行的活动大体可归纳为：①宣布国家航天重大计划、决策和倡议；②以行政命令形式颁布国家航天法律和政策指令；③兼任国家最高航天委员会首脑；④任命长期性、临时性或专业性航天委员会，它们或编制规划，或审议发展战略，或调查重大事故，报总统决策；⑤任命国防部长和国家航空航天局局长；⑥在国情咨文中阐明航天方面有关政策和指导原则；⑦在预算咨文中向国会提出航天预算申请；⑧决定外贸，导弹，航天裁军，国际合作重大契约、条约、协议的原则并予批准和签署；⑨批准使用航天武器的对外战争。

为协助总统处理重大决策和日常事务，设有庞大的总统办事机构，以及总统各方面业务的助理和顾问。最重要的总统办事机构有科技政策局、管理与预算局、国家安全委员会、行政管理局等，这些局的局长一般兼任总统助理或顾问，他们在起草总统给国会的国情咨文和预算咨文中起重要作用。总统每年向国会提供的这种咨文，其中必定包括航天决策和经费预算。所以这些总统办事机构在

美国航天事业中的地位也是很重要的。

美国国会作为全国最高立法机构，也是航天领域的最高立法者。航天法律必须经国会通过才能生效；总统的国情咨文和预算咨文必须经国会批准，才予拨款；对外订立的有关条约、协议必须经国会批准才能执行。国会可以对航天方面的任何重大事项举行听证会，可以请任何有关首脑和当事人到会作证，对其进行审查。国会可以三分之二票通过否定总统的咨文和建议；总统对有关部、局、委首脑的任命必须经国会认可才能生效。

美国国会、参议院和众议院都设有军事委员会、预算委员会、科学技术与航天委员会、拨款委员会，由它们审查、通过、批准重大的航天决策、规划、计划和预算；为协助两院分头或联合做出立法性决策，国会设有预算局和技术评价局。

在政府行政部门之上，设有以副总统任主席的国家航天委员会，其成员包括国务卿、国防部长、财政部长、商业部长、运输部长、能源部长、中央情报局长、白宫办公厅主任、国家安全委员会主任、科学技术政策委员会主任和国家航空航天局局长。该委员会的职责是：①协助总统制定、修订、实施美国航天政策，监督有关部门执行；②协调国防部、国家航空航天局、商业航天部门的航天政策及活动，解决出现的重大政策问题；③促进军、民航天合作和技术、信息的交流；④以空间探索为手段为美国谋取或增进国家安全、科学技术、经济和外交等方面的利益。

从 1996 年起，制定美国航天政策的主要机构由过去以副总统为首的国家航天委员会变为白宫科学技术委员会，后者与国家安全委员会共同主持政策制定过程。这一措施加强了航天政策与国家科技政策和安全政策的协调。

二、联邦政府各部的任务分工

（一）商业部

商业部拥有应用卫星计划，主要是诺阿卫星系统，供其所辖的国家海洋和大气局使用。部辖国家标准局、国家电信和服务局、海洋管理局、人口普查局，以及国家海洋和大气局所辖的国家气象服务处、国家海洋渔业服务处、国家海洋调查处、环境研究所、环境数据和信息服务处，也大量使用或出售卫星照片和数据。

（二）能源部

能源部在航天研究方面已花销数百亿美元，仅次于国防部和国家航空航天局，主要用于电火箭和核聚变的研究，旨在研制核推进系统和空间能源。该部的航天核系统处曾与国家航空航天局合组计划协调委员会，以协调双方的工作。

（三）国务院

国务院负责协调美国同外国的航天合作，为美国参加国际合作和学术、技术、贸易活动创造条件。它在联合国机构中代表美国参加有关航天和外层空间问题的会谈和签约，协助国家航空航天局和政府其他机构起草美外双边或多边协议。

（四）运输部

运输部的航天活动多数是为联邦航空局和海岸警备队服务的。海岸警备队利用通信卫星进行通信和海事活动；联邦航空局利用卫星系统进行飞机导航和空中交通管制。该部对国家航空航天局的发射活动给予支援，下设民用航天运输局，对国内外办理民用航天运输及发射等事宜。

（五）农业部

农业部负责研究并应用遥感技术，测报农作物长势和土壤墒情、虫害、水文和野生动植物的信息及数据，改进农业生产；它对真假植被的分析对军事伪装和反伪装也有一定价值。

（六）环保局

环保局利用卫星遥感监测地球环境，包括研制、优化、试验、应用监测环境的设备和方法，调查、分析环境的特性，此外还对月球和行星进行遥感探测及研究。该局与国家航空航天局合作设计了地球资源卫星，后改名陆地卫星。它设在北达科他州苏福尔斯的地球资源观测系统数据中心，一直向美国工业界和社会提供遥感卫星照片及数据。

三、政府独立机构和公司的航天活动

（一）联邦通信委员会

联邦通信委员会负责管理政府以外的许多通信卫星。该委员会对申请经营通信卫星的公司颁发许可证，进行等级评定并规定其相应权利。该委员会还为通信卫星规定技术规范，向国际无线电协会等机构提出美国对有关频率分配、对外直播等问题的建议。

（二）国际通信局

国际通信局在航空航天局设有联络处，在各航天发射基地设有办事处，以便

向国内外报道美国航天发射等消息。

(三)国家科学基金委员会

其任务是促进航天基础研究,向国家科学院空间科学部提供半数的活动基金,同国家航空航天局进行空间天文学方面的合作,例如参加太阳峰年卫星设计等。

(四)军备控制与裁军署

该署同国防部合作发射过一系列核探测卫星,并签订了一些国际条约,如《全面核禁试条约》《外层空间条约》等,并在限制战略武器会谈、削减战略武器会谈中起重要作用。

四、国防部和航空航天局的航天活动

国防部和航空航天局是美国航天活动的具体组织领导及实施机构,它们既是项目承担者,具体承担概念研究和关键项目研制;又是采购者,采购工业界生产的航天产品用于自身任务;同时也是委托者,将各种研究、研制项目的80%以上委托给工业界、政府其他部门、高校、学术界和民间机构进行研究、设计、试制、试验与生产;此外还是出售者,出售其航天产品、技术,服务于国内外,谋取经济利益和军事、外交利益。

美国国防部是军事航天的总管部门,它由五大部分组成:国防部长办公厅、参谋长联席会议(简称参联会)、空军部、海军部和陆军部。国际部长办公厅包括分管研究和工程的副部长和分管采办武器装备的副部长,其下设有各局,多数局的业务与军事航天有关。参联会由各军种参谋长组成,它下设的特种司令部是航天的使用部门。美国航天司令部既是军用航天的使用者也是操作者。美国国防部高级研究计划局进行重大前沿新技术研究,保证美军军事技术的全球领先地位。一方面,它进行系统、分系统的概念研究,一直到做出样机再移交出去;另一方面,它也委托军内外研究部门研究它提出的课题。而美国国防部内的军用航天器研制的抓总单位则是空军系统司令部下辖的航天系统部;一些航天系统的地面设备则多由各军种的研制机构自行研制。这些军内研制中心、所、厂又将大部分任务委托给工业界、政府其他机构、院校等。美国空军系统司令部及其所辖航天系统部现在都侧重于研制、试验操作与管理;而属于使用性和战备性的操作和试验则交由美国航天司令部进行。例如,航天飞机的军用飞行,在轨军用卫星测控,东、西部航天的管理,统一航天操作中心的管理等,都先后从空军系统司令部航天系统部转入美国航天司令部,具体说是美国航天司令部所辖的空军航

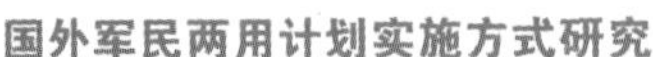

天司令部。

航空航天局是美国民用航天的总管单位，它属于“独立政府机构”，负责计划并执行美国民用航天任务。美国航空航天局每年预算的80%以上以合同费形式或赠款形式转拨至航天工业界、科技界、高校和有关部门。美国航空航天局的主要任务包括：研究工作，解决大气层内外的飞行问题；研制、建造、试验、使用航空器和航天器；进行不载人和载人空间探测活动；为和平目的进行空天活动并最有效地使用美国的科学技术和工程资源；对本局活动成果及资料进行最广泛、最适当的推广与交流。

五、重大决策的制定

总统依靠其办事机构、临时任命的专业委员会、国家航天委员会、国防部、国家安全委员会、美国航空航天局等进行航天方面的决策，其决策体现在每年一次向国会提交的国情咨文、立法咨文和预算咨文中。国会审查这些咨文，可以全文通过，也可修改后通过。

美国总统为决定航天重大问题任命过许多临时性的委员会。例如，研究“星球大战”问题的弗莱彻委员会，研究空间站的委员会，研究美国50年民用航天规划设想的委员会，调查航天飞机“挑战者”号事故的总统委员会等，这些委员会的研究、调查结果与建议，都成为总统做出相应决策的依据。1989年成立了以副总统任主席的国家航天委员会，规定了美国今后制定航天战略的4个步骤：①确定航天计划的目的和指标；②拟定达到这些目的和指标的战略；③监督这些战略的实施；④解决实施中遇到的问题。他们也确定了发展美国航天的5个战略要素：①发展运载能力，把天地往返运输能力作为美国的国家资源来抓，确保其畅行无阻，以达到美国航天的所有目的；②对太阳系进行探测，建成“自由”号空间站；重返月球，载人飞向火星；③加强航天器在解决地球问题中的应用，如预警、通信、导航、气象应用要加强；④利用空间环境生产药物，开发新能源，加强美国科技和工业基础，开辟新的商业航天市场，使美国产品在国际上有更大竞争力；⑤确保空间探测与开发的自由。从1996年起，制定美国航天政策的主要机构由过去以副总统为首的国家航天委员会变为白宫科学技术委员会，后者与国家安全委员会共同主持政策制定过程。这一措施加强了航天政策与国家科技政策和安全政策的协调。该委员会把美国航天活动明确分为民用、国防和商业三大块，分别由美国航空航天局，美国国防部，其他行政、企、事业单位执行。它认为航天应为多种目的服务——保卫国家安全，创造经济契机，开发先进技术，培养尖端专业人才，为此军、民、商业航天应横向联合，实现一体化规划协调。

六、规划、计划和预算

美国在重大武器系统的获取方面，一直执行规划—计划—预算制度。这个制度规定：为确定某财政年度的重大武器研制立项和预算，需要提前两年多时间，首先进行规划，在规划前提下制定计划，在计划基础上确定预算。

规划是从每年2月开始的。各军种中各专业司令部或联合司令部向参联会呈报该司令部的规划素材。参联会起草一份“联合战略规划”，阐明对敌情威胁所做的综合军事评估，建议达到的国家军事目标，实现这些目标所用的战略，实现这些战略的规划，实现这些规划达到的能力，为获得这种能力必须要冒的风险等。于当年9月呈报美国国防部领导。同时上报的还有一份“远期战略联合评定”，阐明从中期向远期规划过渡的设想。分管国防政策的国防部副部长在审读这两份文件、考虑过其中的建议之后，领导起草本年度的“国防指导原则草案”，起草中也参阅各部门的意见及素材。“国防指导原则草案”起草后，除在国防部、参谋长联席会议、各军种、各司令部传阅外，也在国家安全委员会和国务院传阅，以广泛征求意见。在吸收各方面合理意见后，将“国防指导原则草案”定稿为“国防指导原则”，连同“联合战略规划”文件，于翌年1月颁布，就此规划阶段结束。此阶段共经历11个月左右。

在计划阶段，各军种和国防部各业务局按照“国防指导原则”起草自己的计划。计划写成“计划指标备忘录”的形式，阐述对任务的要求和要达到的指标，达到指标的措施，以及各项计划的资源和资金分配。计划初稿于这年5月呈报国防部领导审查，各军种计划还报参联会审查。然后参联会向国防部长报一份“联合计划评审备忘录”。国防部成立审核组，审核各军种、国防部各局的“计划指标备忘录”是否遵守“国防指导原则”。对计划中的各种问题，在同国防部长磋商后，按军种写成“计划决策备忘录”。国防资源局于8月完成审查工作，并公布各军种、各局按此备忘录修改过的“计划指标备忘录”，计划阶段即告完成。此阶段历时7个月，最后进入预算阶段。

预算阶段为同年9月，各军种和国防部各业务局按照修订的“计划指标备忘录”，向国防部提出预算，然后由国防部长办公厅和管理与预算局进行严格审查。审查的结果写成“计划预算决定”，由国防部长或副部长签署。但若被审查者有争议，就由国防资源局提出解决建议，有时由国防部长或副部长会见争议一方，做出最终决定，制定“计划预算决定修订本”，予以公布。在12月，总统会同国防部长对预算进行审查，让管理与预算局将国防部的预算纳入总统的“国家预算咨文”，于下一年的1月向国会提出。这一阶段为时5个月。

提交国会后，国会还要用几个月的时间进行审查和最后的批准。

第五节 管 理 模 式

一、管理体制

美国在航天计划的高额投入以及开展的大量研发与生产活动,使其拥有了世界一流的、庞大的科研与生产管理体系和相对完善的管理体制,该体制是一个以美国国防部、美国航空航天局为先导的,以国家、工业界和大学为基础的,公私结合、经济建设和国防建设融合的综合研发体系。

从1958年至今,美国国家顶层航天管理机构的演变随执政党的更迭,先后经历了国家航空航天咨询委员会的组建与撤销;美国航空航天局的组建;航天政策审议委员会的成立;航天高层领导小组的建立;在各行政部门之上组建的国家航天委员会;国家科学技术委员会、国家科学技术顾问委员会、国家科学基金委员会等三个政府科技管理机构的管理;以及国家科学技术委员会的科学政策办公室和国家安全委员会的政策协调委员会对国家航天政策的共同制定等过程。

美国一直采取了军民分制管理的航天管理体制,由国防部负责军事航天的管理,美国航空航天局负责民用航天管理。

(一)军事航天计划管理体制

军事航天计划管理机构的调整60多年来并没有太大变化,军事航天活动一直由国防部主管,包括制定航天政策、科研计划、预算及其计划的管理与实施等,只是根据形势的发展,曾进行少量的调整。1958年成立统一管理全军的研究、发展、试验与鉴定工作的国防研究与工程署。在20世纪60至70年代,美国各类军用卫星相继发射与试验成功,并在军事侦察、导航、通信、预警、气象和测地方面的应用不断扩大。1977年设立负责研究与工程的副部长办公室,既领导国防研究与工程署的国防科研工作,又负责全军重要武器系统的采购与装备工作,成为美国武器装备采办的统管机构。到20世纪80年代初,美国军事航天技术进入迅猛发展阶段。在这种背景下,美国国防部开始组建军事航天力量,首先建立了各军种的航天司令部,然后建立了联合的美国航天司令部,从而使美国所有实用的军事航天系统的管理、操作和运用完全纳入了美国军事力量的结构之中。2001年为简化机构,合并航天司令部与战略司令部,由航天司令部统一负责制订全球军事行动计划,以及制订新三位一体发展战略。美国军事航天的组织结构见表4.2。

表 4.2　美国军事航天的组织结构

组织机构	成立时间	总部	职责
美国航天司令部	1985 年 9 月 23 日	科罗拉多州彼得森空军基地	负责统一协调管理所有军用航天系统，负责导弹预警和空间监视，以及参与战略防御系统的规划等
美国空军航天司令部	1982 年 9 月 1 日	彼得森空军基地	管理、控制与保护空军的航天系统及其地面设备，参与制定军事航天战略，审查空军的航天政策，提出空军用户对航天系统的要求并体现在采购过程中，促进使用部门与科研部门的关系等
美国陆军航天司令部	1988 年 4 月 7 日	科罗拉多州彼得森空军基地	是美国陆军空间与战略防御司令部的操作部队。主要负责陆军航天计划的制订和预算，领导陆军航天计划的实施，协调陆军各方面的要求，以及向上面反映陆军对国防部空间系统的意见
美国海军航天司令部	1983 年 10 月 1 日	弗吉尼亚州达尔格伦	负责管理和维护海军空间使用系统和资源
美国国家侦察办公室	1960 年 8 月 25 日成立，1992 年 12 月 18 日得到国防部正式认可	弗吉尼亚州尚蒂伊	负责设计、制造和管理国家的侦察卫星，受国防部和中央情报局的共同领导
美国国家图像与测绘局	1996 年 10 月 1 日	弗吉尼亚州费尔法克斯	承担美国国防测绘局（DMA）、中央图像局（CIO）、国防传播计划局及中央情报局下属单位国家判读中心等机构的职能（这些机构业已解散），还将承担国防情报局（DIA）、国防航空侦察计划局（DARP）和国家侦察计划局（NRP）的某些职能

2003 年联邦总审计署对美国军事航天活动进行了全面评估。根据其建议，美国国防部全面加强了军事航天管理，并做出了一些调整：出台了国防部号令，指定空军作为其航天执行机构，负责国防部所有非密的军事航天计划；任命空军副部长兼任国家侦察局局长，由侦察局负责所有保密的军事航天计划和航天采

办业务，以加强航天情报研究，统管军事航天活动；将空军航天活动集中于一个司令部管理，即将负责导弹预警、军用通信网络保护的航天司令部与负责战略打击的战略司令部合并成新的战略司令部；为加强对航天作战组织、训练和装备的关注，为空军航天司令部指定了独立的司令，而此前空军航天司令部司令由美联合航天司令部司令兼任。

（二）民用航天计划管理体制

民用航天计划管理与研发机构的调整从 1957 年美国国家航天法规与政策的制定开始，1958 年世界上第一部航空航天法中规定组建国家民用航空航天管理局，1967 年民用航空航天管理局成立航天安全顾问小组（ASAP），1977 年合并航天计划委员会和研究与技术委员会，并称之为咨询委员会（NAC），直至 2004 年、2005 年、2006 年又多次适时改组设立了新的业务局、职能部门和航天中心。在以前的管理体制下，美国航空航天局科学家“各自为政”；而在新体制下，不同部门的科学家可以协同工作。

美国航空航天局是美国负责发展整个民用航天事业的政府机构，它属于“独立政府机构”，负责计划并执行美国民用航天任务。也是一个规模巨大的研制和运营各种民用航天器（载人飞船、深空探测器和卫星）、研究与开发各种相关技术的实体。美国航空航天局的主要任务包括：研究工作，解决大气层内外的飞行问题；研制、建造、试验、使用航空器和航天器；进行不载人和载人空间探测活动；为和平目的进行空天活动并最有效地使用美国的科学技术和工程资源；对本局活动成果及资料进行最广泛、最适当的推广与交流。

美国航空航天局是一个十分庞大的航空航天研究和开发机构，由许多中心组成，其组织机构十分复杂。同时它又是一个政府机关，在组织管理上多年来积累了许多经验，形成了如今的组织管理形式。美国航空航天局从规定的任务（规划）出发，确定组织机构的基本框架，这就是战略部。美国航空航天局的组织形式和机构设置都是为了保证战略部各项任务的完成。美国航空航天局的组织体制可说是三级体制，即局、战略部和中心，其基本构架如图 4.1 所示。

美国航空航天局在行政上直属总统领导，由局长总体负责。美国航空航天局在两个层次的基础上实施管理，即局总部管理和战略事务部管理。局总部对全局负有领导责任，协调局内外工作，执行美国航空航天局的对外成本核算和联络，制定该局长远规划、年度计划，实施预算集成，制定发展战略、长期投资战略、政策和标准，监督各研究中心的技术管理工作，检查各阶段工作进展和完成情况，保证执行经国家批准的计划。局总部的组织机构包括许多专门咨询机构和职能部门。职能部门又分为两部分，一部分以技术管理为主，一部分是行政管理

部门。技术管理部门包括航天飞行部、教育部、安全与任务保障部、航空技术部、空间科学部、生物学与物理学研究部、地球科学部及探索系统部等。除了安全与任务保障部,其他各部负责对应领域研究任务的完成和有关的管理工作;而安全与任务保障部则是保证安全和任务完成质量的重要部门。行政管理部门包括财务总监办公室、总部管理办公室、同等机会项目部、人力资源部、法律总顾问办公室、采购部、对外关系部、总工程师、首席信息官办公室、小企业和有害企业利用事务部、法律事务部、公共事务部、总检察长办公室、安全保卫部。除了局一级的职能部门,还设立了许多作为局长顾问和咨询的机构,包括一些专门的委员会和会议等,都是为了全局意义、涉及若干机构的领域而设立的。

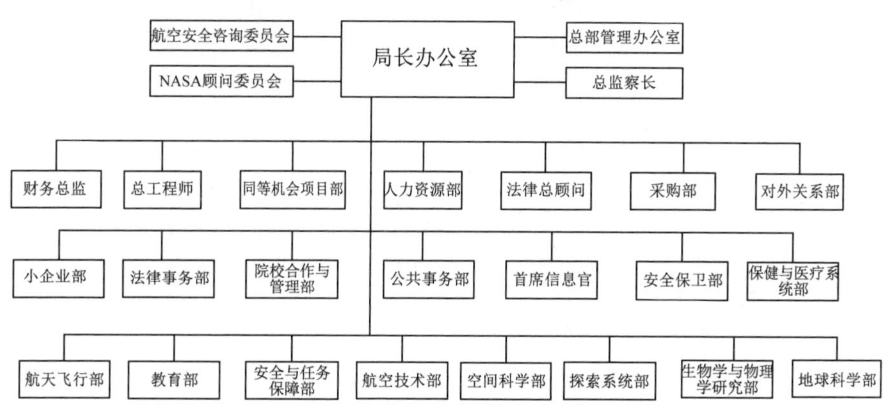

图 4.1　美国航空航天局组织机构

美国航空航天局的科研任务主要集中在战略部,战略部包括 7 个部门:空间科学部、地球科学部、生物学与物理学研究部、航空技术部、教育部、航天飞行部和探索系统部。美国航空航天局的整个规划和任务是通过战略部来实施的。每个战略部都有自己的一套战略目标、目的和为满足主要客户需求的执行措施。战略部负责确定客户需求并确保所有客户满意。各战略部会同分管业务的副局长确定其工作方向,负责制定各事务部的长期投资战略、预算、项目资源分配和性能评估、政策和标准,执行美国航空航天局的政策。各个战略部的任务是由下属的各个美国航空航天局的中心来完成的,战略部和中心主要是业务上的领导关系,有的战略部在业务上领导多个中心。因此,战略部可以说是承上启下的第二级机构。每个战略部由一名局长助理担任领导,与该战略部关系密切的其他战略部的局长助理为其领导组成员。该局长助理要负责完成整个战略部的长期和近期的任务,并就完成情况向局长负责;要考虑各项任务怎样由下属的各个中心来完成,包括任务的组织、资金和资源的分配等。

研究中心是完成美国航空航天局各项科研任务和计划的基本单位,各中心

都有不同的技术特长和分工,担负不同的任务,同时每个中心根据其专业特长被认定为某专业中心,它要负责发展这方面的专业并向其他中心提供这方面的技术。许多任务由一个中心主要负责,但同时需要许多中心参与(表4.3)。

表4.3 美国航空航天局研究中心简介

研究中心	成立时间、所在地	主要任务
艾姆斯研究中心(NASA-ARC)	成立于1939年(当时是研制飞机的研究所),位于加利福尼亚州原海军莫菲特基地	该中心是基础生物学计划的领导中心,它承担宇航生物学、航空运行系统、空中交通管理系统和某些航空工程方面的任务。ARC是信息技术的专业中心,在这方面,它领导和协调信息技术的研究和发展来支持美国航空航天局的各个单位
德雷登飞行研究中心(NASA-DFRC)	成立于1946年(当时是研制超音速飞机的一个研究组),位于加利福尼亚州艾姆斯空军基地	负责进行航空航天飞行研究和大气飞行管理,提供空中科学平台;为航天飞机在轨跟踪和着陆、国际空间站跟踪和通信方面提供支持。它是大气飞行管理专业中心
格伦研究中心(NASA-GRC)	成立于1941年(当初是研制飞机发动机的研究所),位于俄亥俄州克利夫兰	主要承担航空和航天推进、通信、微重力、动力等方面的研究任务。在涡轮机械领域是全美公认的权威
戈达德航天飞行中心(NASA-GSFC)	成立于1959年,位于马里兰州格林贝尔特	主要任务是扩展对地球及其环境和太阳系的知识范围,同时研制和运行空间系统,进行科学研究和发展重要的技术。它是地球科学和物理及天文学专业中心
约翰逊航天中心(NASA-JSC)	成立于1961年,位于得克萨斯州休斯敦	负责领导全国的人类太空探索和运行,通过航天飞机和国际空间站及其他系统来提高人类探索和利用太空的能力,进行与空间有关的研究和开发。在项目管理、空间系统工程、医学和生命科学、月球和行星的地质科学、乘组和任务管理等方面保持专业优势。它是人类在太空运行技术的专业中心

续表

研究中心	成立时间、所在地	主要任务
肯尼迪航天中心（NASA－KSC）	成立于1962年，位于佛罗里达州	负责美国航空航天局空间发射管理实施，以及太空港和靶场方面的技术工作，承担所有发射服务工作，支持航天飞机和国际空间站是其中心任务。它是美国航空航天局的发射和有效载荷处理系统的专业中心
兰利研究中心（NASA－LRC）	成立于1917年，位于弗吉尼亚州汉普顿	是美国航空航天局的结构和材料专业中心，主要任务是会同其他工业和研究机构研发飞机和航天器结构，开发新型的航天器，研究环境和化学反应对材料和结构的影响
马歇尔航天飞行中心（NASA－MSFC）	成立于1960年，位于亚拉巴马州亨茨维尔	主要任务是空间运输系统研制、微重力研究和光学制造工艺研究。它既是空间推进专业中心，同时又在微重力方面有专长，支持美国航空航天局其他项目中有关微重力方面的课题或产品开发
斯坦尼斯航天中心（NASA－SSC）	成立于1961年，位于密西西比州	负责美国航空航天局航天飞行和地球科学两个战略部交付的任务，包括火箭推进试验和地球科学应用计划管理。它是火箭推进试验系统专业中心
喷气推进实验室（NASA－JPL）	始建于1936年，位于加利福尼亚州帕萨迪那	是美国国家航空航天局的一个下属机构，负责为美国国家航空航天局开发和管理无人太空探测任务，行政上由加州理工学院管理，主要负责太阳系的探测，是深空系统专业中心

（三）航天科研管理体制

美国航天科研机构分为四类：一是政府研究机构；二是受政府部门资助、指导或其直接参与的各大专院校的研究机构；三是工业界（承包商）各导弹与航天公司所属的研究机构；四是其他民间非营利性研究机构或学术团体。

其中，政府研究机构按照管理体制和运行机制的不同又分为三类：一是联邦政府的实验室，是国家级科研机构，由政府部局直接管理和支持，是航天科研系统的重要组成部分；二是国防部和三军所属的研究机构，由国防部直接管辖，主要负责军事航天技术、新概念武器等的研究;三是联邦资助的研究与发展中心,经费由政府有关部门(包括国防部、航空航天局)等提供,政府以合同的方式实施管理。

大学和工业界的科研机构在航天科研方面占有重要的地位。美国3 000多所高等院校是航天基础研究的主要力量。这些大学主要的航天科研经费来源于航空航天局和国防部。美国工业企业具有很强的研发实力和较高的研发投入,政府部门和工业企业科研机构之间主要通过合同对企业承担的航天科研项目实施管理。

此外,航空航天局还组织和资助了10多个商业航天研发中心,以提高私营企业对商业航天的兴趣和投资。这些非营利科研机构的科研经费主要来源于政府各部门,航空航天局、国防部与这些非营利科研机构的关系一般基于合同委托的方式。

美国的航天科研管理机制主要是通过合同管理和项目管理的方式,对政府科研机构、航天承包商、高校科研机构等实施管理、指导和监督。在合同招标和管理过程中,国防部和航空航天局十分注意运用竞争机制、评价机制、监督机制和激励机制,并制定了一系列的政策与法规,对航天工业科研工作实施有效管理。

二、管理特点

(一)航天决策集权化

由于航天事业涉及国计民生、国家安全和国家主权与地位,美国对航天事业高度重视,设有以总统任主席的国家科学技术委员会,作为航天最高决策机构,对全国航天活动实行统一领导,集中管理,充分体现了航天决策的集权化。美国国防部与国家航空航天局为决策执行机构和计划层,进行宏观管理。最后由有关企业、科研机构、大学等具体实施,国防部与国家航空航天局主要通过合同管理的办法对美国的航天企业进行管理。

(二)组织机构实体化

美国在航天组织机构的建设方面的特点是组织机构实体化,它的航天管理机构采取美国航空航天局的形式。美国航空航天局本身就是一个实体,它除了有10余个职能局和5个业务局外,还直接拥有10大航天飞行或研究中心。这10大中心被航空航天局称为对全局有重要影响的单位。

(三)实行经费预算制

美国的航天经费拨款实行预算制,而不是通过报项目对经费进行一事一议,这也是其航天管理的一大特色。总统下辖一个办事机构,称为管理与预算局,它

在航天预算方面是很重要的机构。局长一般兼任总统助理或顾问,在起草总统给国会的预算咨文中起重要作用。总统每年向国会提供的这种咨文,其中必定包括航天决策和经费预算。总统的国情咨文和预算咨文必须经国会批准,才予拨款。

第六节　支持政策

美国国家航天政策具有很强的时效性和针对性。1958 年美国颁布了第一部国家航天政策和民用航天政策,之后又颁布了冷战、后冷战时期以及冷战后国家航天政策。美国航天政策的总目标是:“通过支持一个强大、稳定和平衡的国家航天计划,继续保持美国在世界航天领域的领导作用,以实现美国在国家安全、对外政策、经济增长、环境治理和科技进步等方面的发展目标。”

一、航天法规

航天法规是美国开展航天计划的法律依据。1958 年 7 月,美国颁布了世界上第一部航空航天法,将航天活动纳入了法制化轨道。经过几十年的发展,美国形成了较为完善的航天法规体系。为加速并规范航天工业的产业化和商业化,美国制定了多项航天政策以规范和管理军事航天、民用航天和商业航天活动。

在促进商业航天活动方面,1984 年《商业航天发射法》确认:“商业运载火箭和相关服务的发展使美国能够保持其国际竞争地位,因此有助于美国的国家利益和经济安定”“美国应鼓励私营部门的发射和相关服务……”“(运输)部长可以采取必要的行动来促进、鼓励私人部门和各州政府使用美国不需要用于公共使用的或过剩的发射资产及发射服务,包括设备”。为减轻私营部门从事商业航天活动的成本,1988 年《商业航天发射法修正案》明确了许可证持有人的责任保险限额,并区分不同情况对超过一定金额的赔偿不要求获得保险或财务责任证明,由美国政府来承担(单项最多不超过 15 亿美元)。为保护美国的商业航天发射产业,1998 年《商业航天法》规定:“除另有规定外,联邦政府在其活动过程中,无论何时需要空间运输服务,都应从美国商业供应者那里获取空间运输服务。”为促进美国全球定位系统(GPS)的应用,该法支持总统“签订旨在促进与外国政府和国际组织合作的国际协议,以便消除阻碍全球定位系统在全球范围应用的任何外国障碍”。对提供有关商业发射合格卫星的服务,美国不收取费用。2003 年的相关法案也规定对与外空有关的商品和服务免征所得税;如购买开展外空业务的特定公司的股票,银行可提供投资信贷;以及对这些特定公司进行投资,可以享受所得税豁免。

多年以来，美国一直重视空间碎片的减缓。1996 年，美国率先推出了《美国政府轨道碎片减缓指南》，其后又颁布了《关于限制轨道碎片的流程》《美国航空航天局关于限制轨道碎片的程序要求》(2008)等配套的技术规则和程序性规定。在新航天政策中，也提及了要“与任务需要和成本效益相一致，继续在采购和操作航天器、发射服务及在外空进行的测试和试验中遵循《美国政府轨道碎片减缓指南》”。此外，新政策还提到了在外空使用核动力源(NPS)的问题。在这方面，美国航空航天局使用核动力源的活动必须受同时并存的两个程序约束。首先，必须符合《国家环境政策法案》(NEPA)的规定。其次，还必须在发射前由多个美国机构和外部专家对该任务进行层层检查，这完全独立于《国家环境政策法》的法律分析。这就是所谓的“核发射安全批准”程序(NLSA)。从新航天政策的相关内容上看，基本上是对这两个法律有关条文的简单重复。

为保持美国的技术优势，满足其外交政策上的需要，美国通过《国际武器贸易条例》《出口管理条例》等严格限制航天技术的转移和敏感产品(如美制卫星)的出口，这些规定大多指向包括中国在内的社会主义国家。新航天政策再次确认了这种限制，显然将在很大程度上限制美国所鼓吹的国际合作。

在民用航天指导方针和国家安全指导方针部分，对于美国有关部门、机构及其负责人的职责要求也与美国的现行立法保持了一致。显然，美国的政策与立法具有很强的协调性和互动性，这一点在航天领域表现得尤为明显：不仅在一些航天立法中明确规定相关政策(如 1958 年《国家航空航天法》、1984 年《商业航天发射法》、1988 年《商业航天发射法(修正案)》、1998 年《商业航天法》等)，甚至直接将政策以立法形式加以体现(如 1992 年《美国陆地遥感政策法》)。

此外，还出台了一些政策：《国家航天委员会法》提出，随着航天工业对国家科学、公共安全、国防、商业通信等方面的作用日趋重要，建议重新组建国家航天委员会，为总统和国会提供决策咨询。《航天现代投资法》建议加快发展更具商业潜力的商业航天运输业，其不仅是美国经济的重要组成，还事关国家安全和外交利益。《美国航空航天局灵活性法案》赋予美国航空航天局招聘科学家和科研人员的权利，允许美国航空航天局为员工提供可与私营企业竞争的待遇，防止人才流失，吸引和留住人才。《遥感应用法》建议成立以美国航空航天局为主的项目委员会，处理卫星遥感应用的相关事宜，解决因使用遥感图像而引起的国家、地方和各州之间的矛盾及法律冲突。该法还建议在 2008 年前开展遥感在国家安全和森林火灾等方面的应用研究。《太空探索法》提出了恢复载人航天飞行的新目标，以鼓励探索太阳系和其他星系的生命起源。《太空保护法》重申了“为和平目的开发和利用太空”的指导思想。《载人航天飞行独立调查委员会法》针对“哥伦比亚”号航天飞机失事提出，总统应授权成立由国会认可的、航天专家组成

的独立调查委员会,政府官员不得介入事故调查,并提出了政府在开展事故调查中的行为规范。

二、国家航天政策

早在1958年,即艾森豪威尔政府时期,美国就公布了其第一个航天政策,名为《美国关于外层空间的初步政策》,其核心目标是“为完成美国的科学、军事和政治目标,取得美国在这个领域公认的领导地位,发展和利用美国的外层空间能力”。不久,肯尼迪政府也公布了自己的航天政策。随后,美国历届政府都公布了或详或略的国家航天政策,目的是面对当时的挑战,确定美国在太空领域的目标和原则,为其任期内的美国太空发展战略定调。尽管执政党几经更迭,但美国壮大航天事业的发展目标矢志不渝,其航天政策必然会保持一定的稳定性。从历史来看,历届政府都把航天政策视为国策,所公布的航天政策都有一定的连续性。自美国发布第一个航天政策以来,维持其在航天领域内的领导地位一直是美国的既定政策。这其中既有历史的优越感因素,也体现了美国试图主导国际航天科技与产业发展方向的意图,把进入和利用太空视为维护国家安全利益、获取民用和商业利益的捷径。政府的高度重视和高额投入,使美国成为当今世界唯一的航天大国,而航天工业的领先优势又强有力地巩固和维护了美国在世界军事、科技和经济等领域的领导地位。

奥巴马政府上台后,于2010年6月28日发布了新版《美国国家航天政策》。该政策是以激励有竞争力的国内企业参与国际市场并推动卫星制造、卫星相关服务、太空发射、地球应用及相关企业的发展;在互利的太空活动中拓展国际合作,以扩大和推广太空带来的利益,推动太空和平利用和加强太空信息的搜集与共享;在国内和国际上采取措施推动在太空进行安全和负责任的活动;加强信息搜集与共享以避免太空物体碰撞;保护关键太空系统及其基础保障设施,特别关注太空及信息系统间的高度相互依赖;努力消除太空垃圾;针对商业、民事、科研和国家安全用途的太空飞行器及其基础保障设施具有的基本任务能力,增强其可靠性和恢复能力,以抵御因环境、机械、电子或敌对因素所导致的破坏、退化及毁坏现象;实施载人和机器人项目,以发展创新型技术、培育新型产业、增强国际合作、激励美国及全世界人类对地球的了解、推动科学发现和探索太阳系及以外的宇宙;增强天基观测地球和太阳的能力,以满足科学研究、预测地球和近地太空气象、监视气候与地球变化、管理自然资源以及灾难应对与恢复的需求为目标,体现了更为务实的精神,试图以“和平利用外空”的代言人身份要求其他国家负责任地从事航天活动,继续维持美国的太空领导地位,保护美国的国家安全和国家利益。

三、国家支持政策

国家对实施航天计划的企业采取了相应的优惠政策和扶植、鼓励措施，主要通过各种保障法规，优惠的财政、税收政策，奖励型合同等方式激励航天企业的发展。包括为私营航天企业提供生产设备，提供预付款，推行投资减税制度，采取有利于航天企业的计酬办法，签订成本补偿合同等。

（一）建立保障性法规

为了在法律上保障航天工业的发展，确保航天计划的实施，美国早在 1958 年就制定了《国家航空航天法》，随后国会又通过了有关改革军用品（包括航天领域）生产管理的经济立法。1984 年 1 月美国国会通过《商业航天发射法》，其目的是促进和鼓励利用政府部门开发的航天技术，鼓励私营企业提供运载火箭和有关服务，以促进经济增长和企业活力。这个法令提供了一个稳定的政策框架，不受政府更替中政策摇摆的影响，促进了美国国内商业航天发射工业的诞生。白宫发布的《国家航天政策》及以前的各项政策均试图鼓励和促进私营部门对航天投资，这是联邦政府的重要目标之一。为达到此目的，采用的一种方法是鼓励联邦各局购买现有的商业航天产品和服务；另一种是避免进行与私营部门产品和服务竞争（或潜在竞争）的政府活动。当某些航天企业业务不景气时，政府便授予它们一定数额的合同以维持其发展，并保持军品生产线的能力。

（二）采取优惠的财政和税收政策

美国政府对军品生产在财政、税收方面实行特别扶植政策，主要有：为承包公司提供无息预付款和长期贷款，推行投资减税制度；为承包商提供补助款；国家为军工企业向商业银行借款提供信用担保，如到期发生倒账现象由政府代厂商偿还等。

（三）运用奖励型合同鼓励承包商完成有风险的项目

对于风险较大的项目，为了鼓励承包商设法和超额完成任务而不必冒过大的风险，美国国防部和美国航空航天局在同承包商签订合同时常采用成本补偿合同，即承包商实现合同条款时，政府支持一切合理费用，并按商定的奖励办法和完成指标情况给付应有的酬金和奖金，任务完成好则多得，完成差则少得。成本补偿合同常用的有两种形式：一是成本加鼓励金合同，这种合同规定目标成本和目标酬金，并规定酬金的最高与最低限额，成本的超支或结余部分按商定的比例分配给合同双方；二是成本加定酬加评奖合同，这种合同规定一个基本（固定）

成本和奖金评定标准，买方除支付容许成本和固定酬金外，还根据承包商的管理水平和工作成就评定奖金。这既减少了承包商承担的风险，又可促使承包商更好地完成项目。

(四)实施商业发射风险分担制度

美国商业航天发射法及其实施细则规定，由商业航天发射许可证持有者按照许可证所规定的金额购买可能给第三方造成损失的责任险，在第三方责任险不足以支付赔偿时，政府支付超过的部分。风险分担制度体现了政府对本国商业发射活动的支持，减轻了发射商的经济负担。

(五)鼓励外贸与支持出口

由于政府对航天军品的订货有限，于是与航天企业在扩大出口方面密切配合，实行一系列刺激出口的优惠政策，尽量减少对航天产品出口的限制。美国为了加强在国际市场上的竞争能力，政府对大型企业的出口贸易主要是采取鼓励输出和帮助推销产品的措施。在鼓励出口方面通过向外国政府或厂商提供贷款和保险金，采用补偿贸易、以货易货、对出口商给予税收优惠等措施帮助厂商出口。

(六)加大航天人才的培养，改善科研设施条件

政府出台激励措施，制定关于航空航天科技专业人才发展(包括人才引进、培训和培养)的国家战略，并每年向国会提交有关科学、工程、技术、数学、商业贸易等领域高技术人才发展的报告。美国国防部在收缩和调整科研体系的同时，千方百计地保留精干的科技人员队伍和先进的科研设施，不仅加大国防科研投资强度，还通过精简机构以确保有足够的经费招聘和留住一流的科技人才。

第七节　实施效果与经验教训

一、美国航天计划实施效果

(一)强大的航天投资规模维护了美国对世界航天业的领导地位

美国航天投资居世界首位，其军事航天预算已占全球军事航天投资的94%，民用航天投资占全球民用航天投资的63%，两者在未来几年都有明显的涨幅。

可以说,美国的军、民用航天投资在未来几年都将处于不可挑战的领先地位。强大的航天投资规模,有力地维护了美国在世界航天领域的领导地位。

(二)美国航天活动由军用航天和民用航天发展为民用航天、国家安全航天和商业航天

冷战结束后,美国调整了航天政策,逐步使军、民用航天投资持平,修改或削减了诸如军事星计划、重型侦察卫星计划等项目。美国强调发展军民两用航天技术,并为开发两用航天技术拨出专款,同时大力推广军用技术向民用的转移。如美国为满足军事需求而用20多年、100多亿美元才完成研制和部署全球定位系统,目前已成为全球的信息资源,支持着各式各样的民用和商业功能,已经广泛发挥了这一技术军、民、商三用价值。另外,尽量利用民用或商业航天系统来完成国防方面的任务,发掘它们的军用价值,也是美国重要的军民商综合发展的航天战略。例如,美国国防部卫星通信业务的大约70%都使用商业卫星系统来完成,而美空军花巨资建造和发射的抗干扰军事卫星只用于关键性的通信。

(三)美国航天企业开始向私有化及经济建设和国防建设融合的方向发展

近年来的美国航天工业有两个显著变化:一是传统的军工型航天工业开始向私有化转变;二是军事航天逐步向民用航天靠拢,民用航天开始向私有化过渡。目前,美国许多尖端的军事航天技术,如推进、电子、指挥与控制、通信等都来自民用和商业企业。美国航空航天局每年的年度预算,约85%是通过政府采购和竞标方式拨给私营企业的。今天,美国国家安全与民用和商业航天利益之间的关系比以往任何时候都更加密切,这种对商业航天能力越来越多的依赖将是不可逆转的长期趋势。美国不仅注重军民两用航天技术(或系统)的开发和应用,积极发挥军用航天技术的民用和商业用途,同时充分挖掘民用和商业航天系统的军用价值。

二、美国航天计划经验教训

美国航天计划已经取得了举世瞩目的成就,航天技术处于绝对领先地位。但在近半个世纪的发展道路中,也走了不少弯路,反映出了美国航天计划以及美国航空航天局内部存在的技术和管理方面的诸多问题,有许多值得借鉴的经验和教训。

(一)发展缺乏连续性,忽视继承性

美国载人航天计划有两大特点:一是美国总统们喜爱标新立异,他们为美国制定的载人航天计划一个比一个宏伟,规模越来越庞大;二是各个载人航天计划

之间联系不大，不是一条可持续发展的路线。据统计，从第1个载人航天计划到现在的60多年间，美国在载人航天方面的花费巨大。不可持续的航天计划是对国家财力、人力和物力的巨大浪费。可是为什么美国总统和政府还要不断地标新立异呢？究其原因主要是美国缺乏一个发展载人航天的长远规划，特别是缺乏一个明确的发展目标。所谓明确的目标不是指取得太空竞赛的“第一”，也不是指发展航天飞机或“国际空间站”，而是国家发展载人航天的最终目的。例如，对太阳系的深入探测，对太空资源的开发和利用，或者对火星的载人探测等，实现这样的目标可能需要几十年的努力。如果有了这样的长远目标，就要分阶段一步一步往前走，速度可快可慢，但方向不能偏，更不能变。而美国政府没有做到，由于美国总统是任期制，历任总统为了得到较高的民众支持率，都在任期内制定新的载人航天计划，而不愿意继续执行其前任制定的载人航天计划，在这样的体制下所走的载人航天路线不可能持续发展下去。

（二）目标与分配资源不匹配

美国航天计划似乎正在不可持续的道路上发展，其主要原因是其所追求的目标与分配资源不匹配，“用很少的钱干过多的事”。美国航空航天局的航天计划面临巨大的经费压力，“挑战者”号与“哥伦比亚”号事故是在美国航空航天局面临预算和进度的巨大压力下发生的。美国航空航天局只有很小的资金裕度来应对设计和研制阶段出现的意外问题，最终以航天员的安全为代价。美国前总统小布什2004年提出的“太空探索新构想”，可称为美国航空航天局发展的一项模糊且大胆的计划。可是小布什在宣布“太空探索新构想”后并没有关心计划的实施，政府和国会从未大幅增加预算来支持小布什的这一构想，美国航空航天局在航天和航空领域的科学和技术研究计划都遭到了大幅削减，有些甚至被取消。收缩的预算和不充足的储备往往会导致航天事故。如果资源不能匹配已经确定的目标，就需要采纳新的目标。由于固定成本和技术陈旧的影响，简单地延长现有的大胆计划并不能解决资源困境。2009年美国载人航天计划评审委员会认为，美国载人航天计划在当前的预算框架内是不可行的。

（三）对安全重要性的忽视

20世纪60年代的冷战时期，美国和苏联的航天计划都服从于当时美苏太空竞争这个大局，是以政治为中心，而不是以安全为中心。虽然这种航天文化符合当时的政治需要，适应当时的社会环境，但其缺点是将航天安全放在次要地位，因此在辉煌成就的背后就是事故。1967年1月27日，“阿波罗-1”飞船在试验台上失火，导致3名航天员被烧死。苏联解体，冷战结束，美国的载人航天文化

也从以政治为中心转变为以任务为中心。以任务为中心的载人航天文化其实质是以政治为中心的载人航天文化的延续，因为这两种文化有许多相似之处：第一，都没有将载人航天的安全放在头等重要的位置；第二，美国航空航天局的价值观是任务放首位，只要完成任务就尽到了自己的职责，就能得到政府的拨款，美国航空航天局就能继续生存下去；第三，美国航空航天局继承了过去的传统和认识，总认为自己是世界上最杰出的管理机构，自己的管理模式是最先进的，自己的载人航天文化是世界上最健全的组织文化。

（四）技术成熟度和完善性的重要影响

航天活动是一项高风险的探索活动，多次的惨痛教训表明，任何一个小小的疏漏都有可能导致无法弥补的悲剧发生。因此，在开展航天活动的过程中，安全性和可靠性始终要放在第一位，而高安全性和高可靠性需要有成熟、完善的技术来支撑。美国航空航天局曾忽视技术开发的重要性，在这方面缺乏战略投资，导致能够用于探索系统的方案极其有限。航天科技的发展需要突破和引进新的技术，但是在突破尤其是引进新技术的同时，必须考虑这些技术的成熟度和完善性。美国航空航天局应该制定新的技术路线图，该路线图将与持续数十年的探索任务关联在一起。假如得到足够的投资，技术发展项目可以重新激发并吸收来自美国大学、工业界以及美国航空航天局的创新思想。这部分投资很有价值，不仅可以增强未来太空探索的能力，还可以降低成本，有利于航天计划保持稳定发展。

（五）多元化政治力量的作用

美国航天政策环境中有着许多不同的政治家，他们可以被分为具体的倡导小组，一直力求在政治决策过程中获取政治影响力。在太空探索领域，包括人类的命运（赞成人类探索太空）、空间科学、国防、商业航天等小组。这些小组提出的要求通常是政治过程中的一部分，这就要求各小组相互妥协、相互合作，最后就美国航空航天局技术系统目标进行调节，从而达成一致意见。

由于进度、成本和技术设计方面要求的提高，美国航空航天局计划或项目的调节过程使得管理任务环境复杂化，航天飞机计划就是其中一例。当年，为了让航天飞机计划获得批准，美国航空航天局需要来自上述所有倡导小组的支持，因此航天飞机计划包括了众多目标，使航天飞机的设计更加复杂，不但增加了运行成本，而且计划管理更加困难。

（六）分散管理的弊端

在实施阿波罗计划时，美国航空航天局局长采用了集中管理方法，创建了一

个全职能的项目办公室，统筹管理“阿波罗”号的设计、工程、采购、测试、制造、备件、后勤、培训和运行工作。项目办公室主任直接向美国航空航天局总部的载人航天办公室报告。阿波罗计划后，随着美国航空航天局预算的缩减，通过美国航空航天局总部进行的计划管理能力逐渐减弱，使得美国航空航天局的管理职能转向以“各中心牵头”的分散控制。这种管理方法强调了各中心分散化的组织文化，使各中心独立于美国航空航天局总部进行自主管理。随着中心间资源和计划竞争的进一步加剧，各中心为追求自身的利益而没有将美国航空航天局的优先发展计划作为一个整体进行价值最大化的考虑，因此分散化管理的后果是削弱了政治和技术问责。

（七）公私合作方式中的不利因素

美国航空航天局依靠与航天企业的合作来实现其技术任务目标，并达到高可靠性、高安全性和高性能的标准。虽然公私合作的方式促进了任务的高效率完成，但当合作出现不和谐因素时也会带来一些可靠性和性能方面的问题。政府部门和私营企业因文化不同也有冲突。政府部门文化是使官僚政治最大化，而私营企业的企业文化是在追求投资回报的基础上使经济效益最大化。

（八）人才培养与发展

美国航天计划中有一个经常被忽视、但极其重要的部分，那就是无数的工程师、技术人员、科学家，以及在美国航空航天局和此行业中工作的其他人员。在计划管理中要特别关注保持这些劳动力的活力，因为他们代表了航天计划特有的、关键的技能。美国航空航天局要向私营企业学习，局长应该有权控制美国航空航天局和各中心雇用劳动力的规模，从而与可预见的需求相匹配。各中心的工作分配应该能够反映其满足计划实施任务的恰当能力，而不是简单地保持一个固定的劳动力规模。另外，美国航空航天局目前的系统工程能力比较弱，主要原因是缺乏具备大量工作经验的、优秀的系统工程师。美国航空航天局的系统工程师们被限于研究、分析和监督其他人的工作，缺乏技术实践经验。美国航空航天局要想获得强有力的系统工程能力，首选途径是鼓励，至少应许可政府和行业间有特殊才能人员的流动，阿波罗计划时期就是这样。

参 考 文 献

[1]王鸣阳译. 美国航空航天局50年[J]. 国际太空, 2009(3):25-34.

[2]王景泉. 美国航天战略面临重大调整与转向[J]. 国际太空, 2010(5):33-39.

[3]范嵬娜. 奥巴马2011财年预算申请报告取消星座计划[J]. 国际太空, 2010(2):1-4.

[4]林蔚然, 高露. 美国航天工业科研管理体制与调整措施[J]. 中国航天, 2007(6):37-38.

[5]金恂叔. 美国航空航天局的组织管理[J]. 航天工业管理, 2004(4):31-36.

[6]罗开元, 石卫平. 国外航天管理的特点及对我国的建议[J]. 中国航天, 2001(11):11-14.

[7]林蔚然. 美国航天发展战略的调整及其影响[J]. 中国航天, 2004(9):8-13.

[8]杨彩霞. 渐进式调整:美国2010年国家航天政策的深度解析[J]. 中国航天, 2010(11):9-14.

[9]石卫平, 何继伟. 西方主要航天国家航天工业运行机制概述(下)[J]. 航天工业管理, 2001(6):37-40.

[10]晓帆. 美国载人航天计划的演变及教训分析[J]. 国际太空, 2010(2):15-18.

[11]范嵬娜. 美国2009年载人航天计划最终评审报告的解读[J]. 国际太空, 2010(2):9-14.

[12]赵海峰, 李晶珠. 航天管理体制比较研究[J]. 环球法律评论, 2008,30(4):15-21.

第五章
欧盟第七框架计划运行管理研究

第一节　提 出 背 景

一、欧盟框架计划概念

为整合各成员国的科研力量，提升欧洲总体研究水平，欧盟自1984年起实施的“研究、技术开发及示范框架项目（简称框架项目），是欧盟成员国和相关国家共同参与的中期重大科研项目，取得了丰硕的成果。历经两年的精心准备，欧盟第七框架计划（以下简称FP7，其他框架计划以此类推）于2007年1月下旬正式启动，于2013年完成（其中欧洲原子能共同体计划执行期为2007—2011年）。

二、历届欧盟框架计划发展基本情况

FP1（1984—1987年）的项目征集、运作和管理还处于起步阶段，以能源研究为主，主旨是开展工业技术创新研究。FP2（1987—1991年）从以能源研究为主转变为以农业和工业研究为主，首次加入了有关经济和社会协调发展的内容。FP3（1991—1994年）将生命科学列入重点研究领域，提出“以科学技术促进发展”的概念，首次把“人力资源开发”作为专项计划，强调科研成果的推广应用。FP4（1994—1998年）为欧盟正式成立后的首个框架计划，经费大幅攀升，信息通信技术、新能源、交通和生命科学作为重点，首次把“国际合作”列为专项计划，使欧盟科技框架计划跨出欧洲。FP5（1998—2002年）提出的国际合作得到了世界各国科学家的广泛认可与支持，研究目标和领域更加集中，但缺乏整体战略考虑，项目数量多而规模小，重点不突出，项目评审程序复杂。FP6（2002—2006

年)更加强调项目的规模效应,从独立项目向综合项目发展,倾向长期性、结构性投入,改进了项目的申报、评审和管理程序,制定了明确的战略目标,即建立“欧洲研究区”,努力实现欧洲的科技一体化。欧盟对科技合作的资金投入不断增加,研究领域逐渐扩展,影响力与日俱增。FP7(2007—2013 年)经费投放大幅增加,总金额达505.2亿欧元。该计划提出了促进欧洲的经济增长和加强欧洲的竞争力,认为知识是欧洲最大的资源。与前几个框架计划不同,FP7 为期 7 年,比过去更重视欧洲工业需求的开发研究、设立技术平台的工作和新的合作技术项目。尤其是那些通过与工业界对话确定的欧洲公众感兴趣的课题,帮助工业界开展国际竞争,并且在一些领域发挥世界领导地位的作用。同时,FP7 设立“欧洲研究理事会”,通过欧洲科学家的同行评议,重点支持那些促进欧洲在全球竞争中发挥作用的优秀项目。由此,国际合作将不再与框架项目分离,而是允许国际伙伴共同参与研究。

三、我国参与欧盟框架计划的基本情况

自 1998 年《中华人民共和国政府与欧洲共同体科学技术合作协定》签署以来,FP5 开始正式对中国开放,我国的独立法人(如科研院所、大学、公司企业)均可参与申请,我国有关机构参与欧盟框架计划的规模呈持续扩大和迅速发展的趋势,欧盟科技框架计划已成为中欧科技合作的重要平台之一。

据不完全统计,中方机构参与了 FP5 项目 82 项,FP6 项目 200 余项。在 FP6 中,中国替代美国成为参与框架计划项目数最多的非欧盟国家,获得经费占非欧盟国家获得经费总数的 20%。其中,在 FP6 中的信息通信技术领域,中国参与的项目数量已超过美国和俄罗斯,在参与欧盟框架计划项目第三国(即欧盟成员国以外的国家)中居于首位。

第二节　主 要 内 容

一、FP7 计划基本内容

FP7 总经费达到505.2亿欧元,支持经过筛选的优先领域,致力于欧盟占领或保持世界某些领域的领先地位。整个 FP7 由四个专项计划和一个核研究特殊计划(欧洲原子能共同体计划等)组成:其项目组织模式包括合作计划(Cooperation)、原始创新计划(Ideas)、人力资源计划(People)、研究能力建设计划(Capacities)四部分。

(1)合作计划(Cooperation),预算324.13亿欧元。目标是通过工业界和研究院所的合作取得欧洲在关键领域的领导地位。对在欧洲国家之间的合作,从合作项目、网络到协调一致的国家级研究项目给予支持。合作项目要由子课题组成并能自主运行,同时协调一致,允许共同感兴趣的课题合作和跨课题研究。该计划确定了10个主题:健康(Health);食品、农业和生物技术(food,agriculture,biotechnology);信息通信技术(information and communication technologies);纳米科学、纳米技术、材料和新制造技术(nanosciences,nanotechnologies,materials and new production technologies);能源(energy);环境,包括气候变化(environment,including climate change);交通,包括航空(transport,including aeronautics);社会经济学和人文科学(socio - economic sciences and the humanities);空间(space);安全(security)。

(2)原始创新计划(Ideas),预算75.10亿欧元。该计划由欧洲研究理事会负责实施,支持有风险并具高影响力的研究,在全欧洲范围内竞争,包括所有科学和技术领域、工程、社会经济科学和人文科学。促进新兴和快速影响力的领域达到世界级科学研究水平。

(3)人力资源计划(People),预算47.50亿欧元。该计划的目标是通过与第三国科学家的合作来加强欧洲研究,通过研究人员的流动建立持久的联系,具体实施则通过"玛丽·居里行动计划"(the Marie Curie Actions),培训、流动和研究职业发展,加强欧洲研究人才潜力的培养。

(4)研究能力建设计划(Capacities),预算40.97亿欧元。目标是发展研究能力,使欧洲科学界在研究方面具有最强的能力。支持促进全欧洲的研究和创新能力的各类项目,如鼓励欧盟国家集中本地区的研究潜力、集合本地区的研究人员发展"地区知识";依靠中小企业开展为中小企业服务的研究;"社会中的科学"问题和国际合作等活动。

二、FP7 的新特点

从FP1到FP7历次框架计划的资助情况(表5.1)可以看出,与前六个框架计划相比,FP7资助的总经费大幅度增加,几乎相当于前六个框架计划资助经费的总和;年平均资助力度也大大加强,是FP6的两倍还多。同时,FP7的执行时间从以往的5年首次延长到了7年。充足的经费支持可以更好地保障项目顺利完成,更长的执行时间将保持项目实施的连续性。

表 5.1　欧盟历次框架计划资助情况

框架计划	起止年度	持续时间/年	总资助额/亿欧元	平均年资助额/亿欧元
FP1	1984—1987	4	32.7	8.2
FP2	1987—1991	5	53.6	10.7
FP3	1991—1994	4	66.0	16.5
FP4	1994—1998	5	131.2	26.2
FP5	1998—2002	5	149.6	29.9
FP6	2002—2006	5	175.0	35.0
FP7	2007—2013	7	505.2	72.2

(一)更加重视基础研究,突出和鼓励创新

与以往的框架计划相比,FP7 更加重视基础研究,增加了对基础研究的资助力度。如上文所述,四大专项中专门设立了原始创新计划专项,用来资助那些前瞻性的基础研究项目,而且突破了框架计划传统的招标模式,允许科研团队不拘泥于已设定的十大主题研究领域,自由提出前沿性的研发课题,并支持其开展相关的研发活动。而且研究团队的规模也更加灵活,不拘泥于传统的多国项目要求,只需要来自一个国家的一个机构参加即可。

此外,在合作计划的十个主题研究领域中,还专门设立了鼓励原始创新的部分。例如,在信息通信技术领域(information & communication technologies, ICT)中就专门设立了未来新兴技术领域(future & emerging technologies,FET),每年拿出信息通信技术领域中 10% 的预算,来鼓励那些高风险、高潜力的基础研究项目。这部分项目也没有沿用框架计划一般的招标模式,而是向所有与信息通信技术领域相关的基础研究开放,只要是目前不存在的原创性想法均可以提交申请,项目申请的提交日期也不固定,可以是一年里的任意时间。一般要求先提交一个简短的申请意向,经评审委员会审议通过后,再提交完整的项目申请,欧盟每年组织 3 ~4 次专门会议对这些申请意向进行审议。

(二)推动合作研究,注重科研平台建设

注重合作研究,通过与第三国选定科研领域的战略研究伙伴合作来支持和促进欧洲竞争力一直是欧盟框架计划的一个重要目标。FP7 沿袭了这一特点,而且更加注重科研平台的建设。除了将所有主题领域向第三国开放外,还在每个主题领域中专门设立了国际合作专项,并通过研究能力建设计划进行支持。

FP7 对大部分研究项目的承担团队仍沿袭以往多国项目的要求,即所有主题研究活动的申请团队至少应包含来自三个不同欧盟成员国或协约国的三个独立法人机构;国际合作专项活动的申请团队至少应包括四个独立法人机构,其中至少有两个来自两个不同的欧盟成员国或协约国,并且至少有两个来自两个不同的国际合作伙伴国家。

(三)在计划的制定和实施中注重军民通用性

FP7 并不是针对军用或民用领域的专项计划,但计划涉及范围、研究对象、资助对象基本囊括了军民两大领域,可以说 FP7 的制定、申请、评审、实施过程中始终贯彻了军民通用性的要求。FP7 研究范围包括信息通信技术、纳米科学技术、材料和新制造技术、航空和空间技术等军民通用领域,更加注重基础科学技术研究,鼓励原始创新;申请人除了民间机构组织外,不排除军方研究机构的参与;应用范围也涵盖了军民两大领域。

第三节　投 资 构 成

一、FP7 总投资情况

FP7 总投资为505.21亿欧元,包括合作计划、原始创新计划、人力资源计划、研究能力建设计划、欧洲原子能共同体计划经费分别为324.13亿欧元、75.1亿欧元、47.5亿欧元、40.97亿欧元、27.51亿欧元,①所占总经费比例大致为64.2%、14.9%、9.4%、8.1%、5.4%,见表5.2。

表5.2　FP7 资助情况

项目		金额/亿欧元
合作计划(Cooperation)	健康(health)	61
	食品、农业和生物技术(food, agriculture, biotechnology)	19.35
	信息通信技术(information and communication technologies)	90.5
	纳米科学、纳米技术、材料和新制造技术(nanosciences, nanotechnologies, materials and new production technologies)	34.75

① 部分项目可能同时属于两个或多个专项,因此分项之和与总经费505.21亿欧元有出入。

续表

项目		金额/亿欧元
合作计划(Cooperation)	能源(energy)	23.5
	环境,包括气候变化(environment, including climate change)	18.9
	交通,包括航空(transport, including aeronautics)	41.6
	社会经济学和人文科学(socio - economic sciences and the humanities)	6.23
	空间(space)	14
	安全(security)	14.3
	小计	324.13
原始创新计划(Ideas)		75.1
人力资源计划(People)		47.5
研究能力建设计划(Capacities)		40.97
欧洲原子能共同体计划(Euratom)		27.51
FP7 计划总经费		505.21

二、2011 年 FP7 投资预算情况

在 FP7 的 2011 年投资预算中,合作计划的投入力度最大,占年度总预算的 56.9%,原始创新、人力资源和研究能力建设三个专项分别为19.5%、11.3%和 10.1%。具体投资情况见表 5.3。

表 5.3　2011 年度 FP7 预算分布情况

内容	预算总额/亿欧元	预算额/亿欧元	预算所占份额/%
(一)合作计划	324.13	38.91	12.00
1. 健康	61	6.816 7	11.17
2. 食品、农业和生物技术	19.35	2.721 7	14.07
3. 信息通信技术	90.5	11.669 9	12.89
4. 纳米科学、纳米技术、材料和新制造技术	34.75	4.466 8	12.85

续表

内容	预算总额/亿欧元	预算额/亿欧元	预算所占份额/%
5. 能源	23.5	2.672 8	11.37
6. 环境,包括气候变化	18.9	2.480 9	13.13
7. 交通,包括航空	41.6	2.549 4	6.13
8. 社会经济学和人文科学	6.23	0.863 7	13.86
9. 空间	14	2.37	16.93
10. 安全	14.3	2.295 4	16.05
(二)原始创新计划	75.1	13.296 4	17.7
(三)人力资源计划	47.5	7.723 6	16.26
(四)研究能力建设计划	40.97	6.876 7	16.78

第四节 运行机制

FP7 经费预算由欧盟委员会提供,以弥补单个成员国科研经费不足的问题;项目的申报、审批、监督等环节由欧盟委员会统一管理,以发挥欧洲各国在科研方面的互补性;同时项目必须由不同成员国的机构联合申请和执行,以保障各国从联合研究中获益。关于 FP7 的申请条件、申请程序以及评审标准如下。

一、申请条件

FP7 面向的对象包括:高校和科研机构(research groups at universities or research institutes)、致力于创新的公司(companies intending to innovate)、中小企业(small or medium - sized enterprises)、中小企业协会或联盟(SME associations or groupings)、公共或政府管理部门(public or governmental administrations)、初始研究人员(大学研究生)和资深研究人员(early - stage researchers and experienced researchers)、进行基础设施研究的机构(institutions running research infrastructures of trans - national interest)、国际组织(international organizations)、第三国组织和研究人员(organizations and researchers from third countries)。

(一)面向的国家

总体来说,FP7 对世界上的所有国家开放,但参与的步骤和获得研发资助的可能按国家类别划分各不相同。参与的国家可以是 27 个欧盟成员国;7 个欧盟候选国(土耳其、克罗地亚等);其他经济发达的工业国(欧盟只是在特殊情况下予以资助);第三国:国际合作伙伴国家(如俄罗斯和其他东欧、中亚国家;发展中国家,如中国、地中海伙伴国和西巴尔干国家)。来自这些国家的参与者可获得资助,唯一的限制在于进行研发的联合体内必须拥有来自欧盟成员国或联合国家的参与者。

(二)四个专项均有各自的参与条件及相关内容

1. 合作计划

对于第三国而言,有两种方式可以参与 FP7:

(1)全部主题领域向第三国开放,参与条件:①至少有三个欧盟成员国共同参与;②除第 1 条的基本条件外,所有第三国均可参加;③国际合作伙伴国家原则上可获得经费支持;④工业国家参与的项目在必要的情况下可获得经费支持。

(2)每个主题均有各自特定的国际合作活动(specific international cooperation actions),参与条件:①每个主题领域中均有针对国际合作伙伴国家的项目招标;②至少应来自四个不同国家;③国际合作伙伴国家可以获得经费支持。

2. 原始创新计划

原始创新计划的目的是加强欧洲在关键技术和知识前沿领域的研究,与跨国团队相比,该计划更加支持个体研究团队,鼓励其他国家的个体研究人员加盟欧洲领航团队,以丰富在欧洲开展的研究内容。

3. 人力资源计划

该计划以与第三国科学家合作的方式加强研究,通过研究人员的流动建立持久的联系。

4. 研究能力建设计划

国际合作在不同的专项计划中通过主题领域进行国际合作行动协调,研究能力计划则成为协调行动的载体。

二、申请程序

项目招标刊登在欧盟官方杂志上,可以从欧盟科研信息网(www. cordis. lu)上查找。准备申请至少有三名合作者(独立的法人机构),来自至少三个不同的国家(包括中国),合作者具有互补性(大学、研究机构、公司企业、其他有关部门

或联合机构)，其中一个合作方为协调人。每个招标都有相关的信息手册，内容包括招标的目的、需满足的条件、需填写的材料等。信息手册(包括申请者指南、工作计划、项目招标和评估手册)可以从欧盟科研信息网的网站上下载。对于大部分的招标来说，申请必须涉及两个欧盟成员国的至少两个组织。申请必须按招标中的具体说明送到位于布鲁塞尔的欧盟总部。需要注意的是，申请必须在截止日期前送达。合同洽谈被批准的申请需要合作团体与欧盟委员会签署一份合同。合同各方之间意见需要一致(特别是知识产权方面)，因此合作各方内部签订相应的协议是必要的。

(一)申请 FP7 对于具体项目的资助

申请 FP7 对于具体项目的资助是通过数轮招标进行的。在 FP7 运行的 7 年中，欧盟会不时就不同主题和内容发布新的招标通知，截标时间也会因项目的不同而各异。申请者可首先登录网址 http://cordis . europa. eu/fp7/de/index. cfm 查看有关招标的最新动向，然后寻找合作伙伴，撰写项目申请书，最后在招标截止日期前将申请书送抵位于布鲁塞尔的欧盟总部。

(二)寻找合作伙伴

寻找合作伙伴需登录 http://www. e 首席执行官. org. cn 或登录 http://cordis. europa. eu/en/home. html，点击“European Union Research funding”，选择“find a partner”，在“enter search term(s)”处输入关键词，即相关合作领域。

寻找合作伙伴要注意以下事项：①已经签订合同的，一定要保存好合同书，合作项目完成后要经常保持联系；②需要寻找合作伙伴并签订合同的，首先要写好本人简介，同时积极主动登录 http://cordis. europa. eu/en/home. html，寻找合作伙伴。

(三)撰写申请书

在撰写申请书的构思过程中注意的事项有：①项目议题要有创新性；②明白自己的优势和自己在项目中的分工；③清楚自己的目标是什么，与 FP7 有多大的相关性；④准备好必要的文件。具体事宜需登录 http://cordis. europa. eu/en/home. html。

在撰写申请书的过程中注意的事项有：①明确目标，确定申报项目主题；②针对自己在项目中的分工来介绍自己的专长和优势，明确自己的责任和义务；③至少要有三个独立的合作伙伴，必须是成员国或者同盟国；④有清晰的融资方案，包括预算和联合融资；⑤使用标准地道的英语；⑥正文阐述清楚，结构清晰，

行文流畅;⑦最好有索引,精简的段落突出关键章节,有图解和概念解释;⑧附件必须与项目主题密切相关。

三、评审标准

参加 FP7 项目评审的每份申请均由三名专家分别评定,评定依据:①项目与招标的范围和目的是否符合;②科学与技术的质量;③预期结果与其可扩散性;④可行性;⑤需要的人力、资源和经费;⑥申请人执行计划的能力;⑦合作伙伴间分工是否平衡。在 FP7 的评审中,将把科学与技术的质量、项目的影响与作用、执行计划的能力作为最重要的评审标准。

评审的打分标准:①优秀(excellent):完全符合要求;②优(very good):科技内容与质量优秀,但目的与招标有一定的差距或计划需作修改(评委将写明如何修改);③良(good):科技内容及质量良好,但与招标指南有较大的差距,也许会不成功;④一般(average):内容较好,但不考虑资助(评委写出缺点,并说明不资助的理由)。

第五节　管 理 模 式

欧盟框架计划管理体系发展较为完备,形成了一整套管理方法和理念,其项目计划管理具有以下几个核心要素:第一,明确界定目标群体和受益群体;第二,明确安排、协调、管理财务工作;第三,建立监督和评估体系;第四,确保产出大于投入。从欧盟项目实践来看,欧盟框架计划的管理模式可以分为以下五种管理方法构成的管理体系。

一、项目构建法

从管理学的角度看,项目是一次性的一组活动,它具有确定的启动和截止时间。项目管理是一种现代计划手段,是使项目活动按时间进行、不突破预算和符合规范的管理活动。在一般意义的项目中,项目工作通常是由项目团队实施的,团队成员来自不同的工作领域,对项目主任负责,项目主任协调各部门参与项目活动。完成项目目标之后,团队解散,团队成员转移到其他项目或返回原工作领域。FP7 中以项目为基础的合作(PBA),是一种服务于受资助国家发展战略的合作方式,它要求资助方必须尊重受资助国家的发展战略,以受资助国家为主导,通过双方协调,完成报表呈递、预算调整、财务管理和政府采购等一系列项目管理必经的程序。其最重要的特点是主动采用受资助国家的社会体系,包括文化

理念和习俗惯例。这就使合作奠定在良好的互谅基础上,为互利共赢奠定了思想和社会基础,提高了项目的可操作性。

致力于使欧盟成为“以知识为基础、世界上最具竞争力的经济体”的“里斯本战略”,是欧盟 15 国领导人 2000 年 3 月在里斯本特别首脑会议上达成的十年经济发展规划,是欧洲高等教育一体化进程中的重要里程碑,被誉为事关欧盟男女老幼的“真正的革命”。为实现“里斯本战略”的目标,欧盟提出了由研究、教育与创新构成的“知识三角”,继而推出了致力于研究与技术进步的 FP7。根据“里斯本战略”的倡议,欧盟在关注内部合作的同时,也将目光投向全球。国际合作项目是欧盟研究项目的重要组成部分,旨在加强世界对欧洲的认同和理解,是在尊重不同文化与信仰基础上的合作。欧盟项目便是基于这一目的展开的合作,而合作的方式就是“项目”,因此被称为项目构建法,即通过项目的方式推进合作,加强了解。项目以“宗旨”为起点,针对相应地区或国家进行“本土化”,通过一系列项目管理运作,最大化地实现思想层面的沟通和交流。

二、逻辑框架法

逻辑框架是在 FP7 项目管理中运用的重要分析工具,它概括了项目计划的各项重要内容,如总体目标和具体目标、预期成果、实现条件、评估指标等。逻辑框架常用于基金会组织、非政府组织(NGO)及政府合作机构的项目管理中,通常被看作一种“思维助手”,使复杂的项目信息富有条理,实现较好的目标管理。“目标—指标—依据—前提—风险”的逻辑关系,包含了预测和脚本两种计划工具。图 5.1 反映了项目计划的基本过程。

图 5.1　项目计划基本过程

从某种意义上讲,逻辑框架是对项目团队预测能力及其有效性的考查,是基于已有环境、资源和条件做出的一种承诺,反映了项目团队对课题设想、研究方法、实践活动、宣传力度、发展前景等方面的把握程度,是组织计划工作的重要内容。要求列出项目可能遇到的风险,这实际上是将脚本计划纳入了预测当中。脚本是对未来可能发生的突发事件采取的应对方案。脚本计划的目的不是预测未来,而是针对各种风险行为或潜在状况制定对策,从而降低管理的不确定性。由于随机事件很难预测,因此要创造各种信息渠道,提高项目团队的应急反应能力。

三、行动预测法

预算是一种数字性的计划活动，是用以对特定活动进行资源分配的管理工具和技术，由于其强制性地在组织内推行财务纪律和结构，因此是重要的管理活动。行动预算从资金使用角度体现项目的实施步骤和预算安排。行动计划确定之后，要投入相应的资金，以保证行动的顺利运行。FP7 项目在申请指南中对合理与不合理费用进行了严格划分，对固定员工薪酬、作者稿费、汇率贬损等支出做出明确规定，并将行动预算的支出项分为六类：人员薪酬、交通费、设备供给、办公耗材、其他服务费和管理费。

预算是项目申报能否通过的重要依据以及项目评估时的关键内容。各研究机构的欧洲研究中心需要单独记账，进行近乎“全程监督”式的财务管理。在项目执行的过程中，如果实际支出与预算内容不符，同一预算线中的相同支出项目数字偏差不超过 15% 时，可以通过口头方式告知管理办公室，如果预算线调整幅度超过 15% ，则须通过书面报告的方式向管理办公室提出申请，等待管理办公室报请学术委员会和指导委员会审批后再执行。这一规定提高了欧盟项目管理的科学化和严谨性，但也在一定程度上影响了项目管理和运作的效率。

四、标杆比较法

标杆比较是寻求具有杰出绩效的竞争对手或非竞争对手最佳实践的管理途径。项目团队可以通过分析、借鉴优秀团队经验的方式改进自身。标杆比较过程一般包括四个部分：建立标杆比较执行团队、收集分析内外部数据、识别绩效差距、调整实施行动计划，最终实现达到或超越最佳实践的目的。

欧盟项目管理办公室在 2004—2008 年项目实施过程中，举办圆桌会议 8 场，为 17 个欧洲研究中心提供了交流管理经验、查找自身不足、调整项目进程的机会，使“主动监控”伴随项目全过程。同时，欧盟项目注重学术与财务双重评估，对学术活动的评估注重质量、效果和方式，对财务预算执行的评估则通过对审计报告和财务报告的严格审查实现。在圆桌会议上，中心主任和管理人员之间可以就各自感兴趣的话题和无法解决的难题进行交流、咨询，使最佳实践能够在相互比较和借鉴中融会贯通。

五、循环管理法

循环管理是指用“生命循环（life cycle）”的思路描述项目任务、人员分工、岗位职责、决策选择等项目管理过程。以循环管理的角度分析一个研究项目的发展过程，可以分为规划、论证、成文、执行、评审五个环节。

项目评审所肯定的内容将成为科研成果向社会转化的重要内容,通过学术宣传、出版刊物、门户网站、主题研讨、建立网络等形式,确立一种长期有效的成果转换机制,促使项目管理实现可持续发展和螺旋式上升。在项目的一个生命循环过程结束之后,通过主动自查,使项目研究内容由浅入深、由简入繁,使项目成果为下一个项目的新选题或新角度奠定基础,有助于实现欧盟与其他国家和地区可持续的合作关系。

第六节　实施情况

FP7 从 2007 年启动至 2011 年累计投资271.75亿欧元,占总投资的53.8%,其中合作、原始创新等四大专项累计投资也超过投资总额的一半,但合作专项中纳米科学、纳米技术、材料和新制造技术,交通(包括航空)两个子项目累计投资占投资总额比例未过半。

2007—2011 年,FP7 的四大专项计划投资均呈增长趋势,其中增长幅度由大到小依次是合作项目、原始创新项目、人力资源项目和研究能力建设项目(表 5.4)。

表 5.4　2007—2011 年 FP7 计划执行情况

项目内容	预算总额/亿欧元	2007 年/亿欧元	2008 年/亿欧元	2009 年/亿欧元	2010 年/亿欧元	2011 年/亿欧元	2007—2011 年累计投资/亿欧元	2007—2011 年累计投资占总额比例/%
(一)合作	324.13	36.210 0	31.240 0	32.390 0	36.650 0	38.910 0	175.400 0	54.1
1. 健康	61	7.038 5	5.580 6	6.097 0	6.808 0	6.816 7	32.340 8	53.0
2. 食品、农业、渔业和生物技术	19.35	2.092 2	2.140 8	2.070 3	2.223 2	2.721 7	11.248 2	58.1
3. 信息通信技术	90.5	11.130 0	10.416 0	9.784 9	11.112 0	11.669 0	54.111 9	59.8
4. 纳米科学、纳米技术、材料和新生产技术	34.75	3.992 6	2.299 3	2.830 0	3.265 4	4.466 8	16.854 1	48.5
5. 能源	23.5	2.609 0	2.200 5	2.426 0	2.396 7	2.672 8	12.305 0	52.4
6. 环境(含气候变化)	18.9	2.190 0	2.246 0	2.150 7	2.190 2	2.480 9	11.257 8	59.6
7. 交通(含航空)	41.6	4.694 4	3.329 3	3.682 5	3.516 7	4.072 7	19.295 6	46.4
8. 社会经济科学和人文科学	6.23	0.702 0	0.863 1	0.736 0	0.763 2	0.863 7	3.928 0	63.0

续表

项目内容	预算总额/亿欧元	2007 年/亿欧元	2008 年/亿欧元	2009 年/亿欧元	2010 年/亿欧元	2011 年/亿欧元	2007—2011 年累计投资/亿欧元	2007—2011 年累计投资占总额比例/%
9. 空间	14	0.887 0	1.108 0	1.277 0	2.165 0	2.370 0	7.807 0	55.8
10. 安全	14.3	0.869 0	1.055 7	1.340 3	2.204 7	2.295 4	7.765 1	54.3
(二)原始创新	75.1	2.922 0	5.702 5	7.936 0	11.257 0	13.296 0	41.113 5	54.7
(三)人力资源	47.5	4.395 9	4.831 6	5.151 0	5.476 5	7.723 6	27.578 6	58.1
(四)研究能力建设	40.97	4.259 0	3.107 2	5.561 3	6.341 6	6.876 7	26.145 8	63.8

在 FP7 的实施过程中，欧洲其他国家科技计划或跨国合作研究计划也充分利用了 FP7 的资金支持，如欧洲卫星导航计划（含伽利略计划）在 2007—2013 年期间的投资为 34 亿欧元，其中有 4 亿欧元来自 FP7 的资金资助；德国高技术战略计划的一个重要出发点就是与欧盟的相关战略计划相衔接，尤其是 FP7，这体现德国战略规划既是欧盟战略的一部分，同时又突显了德国的实力与特色。

第七节　对我国开展相关工作的启示

通过对 FP7 的分析和研究，有以下几点启示值得我们深入学习和借鉴。

一、要加强对重点项目的连续资助支持

FP7 运行过程中的连续保障机制这一特点较为显著。突出表现在经费预算编制方面，在继承并发扬以往框架计划的优势基础上，充分保证了计划执行和经费支持的连续性。我国在制定相关科技发展规划时要更加注重对重点布局项目的连续资助支持，以实现自主创新能力持续增强。

二、要更加注重前沿领域的前瞻布局和青年人才的培养

当今世界科技创新正呈现群体性突破态势，从 FP7 资助重点来看，纳米科技、生命科学和信息技术等可能成为新一轮的科技创新热点和重点。要结合我国现有基础和条件，进一步加强前瞻部署和研究，力争从一开始就关注和参与其中。同时，要更加重视对青年科学家和研究人员的培养，从各方面加大对他们的

资助、支持,包括基金资助项目的设立、人才奖励政策的出台等,鼓励他们自由探索,开发更多的自主创新课题和成果。

三、要进一步加大对中小企业的支持力度

中小企业发展问题是一个长期的话题,建议学习 FP7 的做法与经验,一方面,设立专项计划,专门针对中小企业的特点和需求,提供非一般科研项目的财政资助,加强企业创新主体的培育;另一方面,在各类应用技术开发和产业化资助计划中,注重吸引中小企业的参与,鼓励和支持产学研用相结合,开展联合研究,组建产业技术创新联盟。此外,建议创新财政投入方式,从支持研发向支持研发和提供市场并举转变,从无偿资助研发向无偿资助研发和研发后补贴并举转变。

四、要不断加大软投入

从某种意义而言,制度创新重于技术创新,科技创新方面的软投入具有重要作用。要加强软实力建设,如加强对项目的管理投入,包括组织协调工作、评估分析工作、监控验收审计以及会议活动等;加强软科学研究,研究分析科技政策、制度建设和科技管理问题等,学习研究发达国家和地区在科技管理方面的成功经验与做法,研究分析科技创新的发展趋势等,强化软科学研究成果的开发和利用。

五、进一步支持本土机构和科学家开展国际合作

随着研发全球化的发展,加强国际科技合作与交流显得尤为重要,应充分把握和利用 FP7 加大预算投入等契机,并以此为平台,更加积极主动地组织本土机构和科学家参与国际科技合作计划,更好地跟踪世界科技发展趋势,利用国际科技资源,提升自主创新能力。

参 考 文 献

[1]秦涛. 从欧盟第七框架计划看全球科技投入趋势及对我国的启示[J]. 中国科技论坛, 2005(5):124-126.

第六章

欧洲伽利略计划运行管理研究

伽利略计划是欧盟于2002年3月26日正式批准,由欧洲共同体(简称欧共体)发起并提供主要资金,旨在建立一个由国际组织控制,欧洲自主、独立的多模式民用全球卫星导航服务系统,与欧洲航天局一起合作研发的一项卫星无线导航战略科研计划,其目标是至2008年建成一个由欧盟运行、管理并控制的,基于民用的全球导航卫星系统。该系统是第一个专为民用目的设计的覆盖全球的卫星无线导航定位系统,是由非军方控制和管理、第一个在欧盟级别上的公私合营项目、第一个在项目开发过程中实施商业运作的全球卫星导航系统。该系统的精确度、可靠性及安全性均要优于目前美国的全球定位系统,将为世界上所有用户提供服务。该计划总预算为33.5亿欧元,主要的实施者是欧盟和欧洲航天局,实行招投标体制,吸纳有关研究机构和企业参与。该项计划的实施将涉及空间、电子、信息、通信、精密仪器及大型设备制造等高新技术的众多领域,其总体设计思路有四大特点:自成独立体系、能与其他的全球导航维系系统兼容、具备先进性和竞争能力、公开进行国际合作。

第一节 提出背景

在伽利略计划提出前,世界上只有美国全球定位系统和俄罗斯GLONASS两大卫星导航定位系统,且均由军方出资和管理。美国全球定位系统于1973年开始研制,1978年2月发射第一颗试验卫星,到1994年3月发射第24颗工作卫星,1995年宣布达到全运行工作能力。美国全球定位系统在1990—1991年的第一次海湾战争中展示出相对于传统定位系统更为精确和便捷的优势,同时在1991年后美国不再对民用全球定位系统出口进行许可证限制。俄罗斯GLONASS系统于1976年启动项目,1990年系统第一阶段的测试计划完成,空间

星座已有10颗卫星，每天至少能提供15小时的二维定位覆盖。全球卫星导航系统从军用领域向民用领域应用的拓展，是进一步发展和壮大航天工业的新机遇。

一、逐步摆脱对美国全球定位系统的依赖，构建具有独立自主的全球卫星导航系统

不管在军事还是在民用上，在缺少自主的全球卫星导航系统的前提下，欧洲的空间信息技术的发展和交通管理基础设施的建设将更加依赖美国的全球定位系统的导航、定位和授时服务。在一些紧急情况下，美国限制其全球定位系统使用或者在重大行动中屏蔽全球定位系统信号等，这将给欧洲整个经济、军事活动带来很大的影响。因此，启动伽利略计划是为了让欧洲拥有独立自主导航的能力，减少及消除因对美国依赖所产生的风险。

二、提高欧洲航天工业的研发水平和竞争能力，推动航天工业和欧洲共同市场的发展

1992年9月，欧共体委员会提出了卫星导航系统对空间拓展的重要性，以及欧共体目前存在的薄弱环节、挑战、欧洲航天工业的能力等。在对上述情况进行分析后，欧共体制定了鼓励和支持地球观测应用的发展、建立环境研究监测的欧洲运作系统，以及增强卫星数据的使用，制定适用的法规条款和欧共体研发计划，欧洲航天局及成员国空间计划协作互补，鼓励航天工业合并和壮大，提高国际影响力，鼓励扩展稳定的国际合作等。发展全球卫星导航系统虽然需要对空间技术和基础设施的研发及投资，但它能促进相关航天、电子信息、通信、精密仪器及大型设备制造等工业的发展，同时在航空运输、道路运输、海上运输、农业、渔业、环境保护、安全等民用领域有着广泛的应用前景。计划的成功实施与运行可以促进欧洲航天工业和卫星导航应用服务产业，创造更多全新的就业机会和社会经济效益，进一步推动欧洲共同市场的发展。

空中客车客机、阿里亚娜火箭等重大科学技术系统多方合作研发和商业化上的经验，使得欧盟在开发伽利略系统时有了很好的基础；同时，欧盟还可以借鉴美国和俄罗斯全球卫星导航系统多年发展的经验和教训，搭建服务更为完善、技术标准更高的欧洲全球卫星导航系统。

第二节 主要内容

在20世纪90年代初，欧洲已产生并提出了建设全球导航卫星系统的构想。

1993—1994 年,欧盟各国交通部长批准了统一的卫星导航策略,该策略认为应当建立国际控制下的民用导航卫星系统,现有的全球定位系统和 GLONASS 系统只能作为辅助导航系统。1996 年,欧洲议会和欧盟交通部长会议制定了有关建设欧洲联运交通网的共同纲领,首次提出了建立欧洲自主的定位和导航系统,这为日后伽利略计划的出台奠定了基础。

1998 年 1 月 29 日,欧盟委员会向欧洲议会和欧盟交通部长会议提交了名为《建立一个欧洲联运定位和导航网:欧洲全球卫星导航系统发展战略》的报告。3 月 17 日,欧盟交通部长会议通过了此报告,并委托欧洲委员会研究和拟定欧洲全球导航卫星系统发展计划。从 1994 年起,历经 5 年的反复论证和分析评估,欧盟于 1999 年 2 月 10 日在《GALILEO——欧洲参与新一代卫星导航服务》的报告中,首次提出了比较可行的欧洲全球卫星导航定位系统计划——伽利略计划。

据此,欧洲全球卫星导航系统计划分为两个阶段实施:第一阶段是建立一个能与美国全球定位系统和俄罗斯 GLONASS 兼容的第一代全球卫星导航系统 GNSS - 1,作为欧洲地球同步导航增强服务(EGNOS)系统。该系统已于 2004 年进入试运行。第二阶段是建立一个完全独立于全球定位系统和 GLONASS 的第二代全球卫星导航系统 GNSS - 2,即“伽利略”计划。其总体战略目标是建立一个高效、经济、民用的全球卫星导航定位系统,使其具备欧洲乃至世界交通运输业可以信赖的高度安全性,并确保未来的系统安全由欧洲控制和管理。欧洲地球同步导航增强服务是欧洲建立的用于提高现行卫星导航系统(美国全球定位系统和俄罗斯 GLONASS 系统)定位精度和可靠性的广域差分增强系统。它将克服地面布设差分信息发布站的庞大建设和维护费用等问题,满足众多领域对高精度、高可靠性的导航需求,同时也为伽利略计划的实施及将来伽利略卫星导航系统的广域差分服务做前期准备。

伽利略卫星导航系统包括以下组成部分:30 颗卫星(27 颗卫星和 3 颗备用卫星),2 个伽利略控制中心,5 个遥测、跟踪和控制站,9 个任务上行链路站和 30 个伽利略传感器站。

一、计划阶段划分及时间安排

在《GALILEO——欧洲参与新一代卫星导航服务》中,将伽利略计划的总体实施方案分为四个阶段。

第一阶段:定义阶段(1999—2001)。主要进行系统的框架定义、经济效益分析、方案确定以及其他准备工作。

第二阶段:研发和验证阶段(2002—2005)。为开发和在轨验证阶段,将完成系统的整体结构(包括空间段、地面段以及用户段)、卫星和地面设施设计,并最

终确定系统的可行性。

第三阶段:部署阶段(2006—2007)。主要完成卫星的研制、发射、布网;地面站的架设、安装调试以及系统的整体调试。

第四阶段:运行阶段(2008—)。该阶段是商业运营阶段,通过整个系统的业务运行与维护,向用户提供增值服务。

2008 年,伽利略计划仅完成了第一阶段的任务,第二阶段的研发工作完全拖期,经过项目管理改革和调整后,对伽利略项目后三个阶段的时间节点进行了重新安排。研发和验证阶段延长至 2011 年,部署阶段调整为 2009 到 2019 年,运营阶段调整为 2014 年到 2024 年。其中,运营阶段分为了 2014—2015 年形成初始运行能力(initial operational capacity,IOC),2014—2019 年形成首次提供服务能力,2019—2020 年形成完全运行能力(full operational capacity,FOC),2019—2024 年实现提供全部服务。但项目是否都能如期完成,主要取决于项目期间的财政资金拨付、系统所存在的技术问题和系统所关联的工业产品的性能等因素。

伽利略计划定义阶段主要研究内容包括:

(1)伽利略系统总体结构定义。该阶段从全局角度解决伽利略计划的任务需求、整体运行机制和系统说明,同时还包括为伽利略产业化阶段设计的与其他应用活动的合理理由等,以确保系统的整体系统结构设计能够相互协调和连贯。

(2)伽利略系统空间段及相关地面段定义。包括伽利略系统的卫星星座和相应的地面控制跟踪系统。

(3)多模式用户导航服务。提出伽利略用户服务的一些最基本、最重要的特性,以便能够和各种不同的用户提交的需求相适应,通过案例分析对商业运行环境和服务系统运营规则进行解释、说明,以确保伽利略卫星导航系统的顺利运行。

(4)欧洲地球同步导航增强服务和伽利略卫星导航系统的无缝集成。从技术、经济、运营和制度方面实现从欧洲地球同步导航增强服务到伽利略卫星导航系统的无缝连接和集成。

(5)标准化服务平台。建立一个为各种连续的标准化活动服务的平台,直到伽利略卫星导航系统的正式运行阶段。

(6)伽利略搜索和救援系统。研究如何通过伽利略卫星提供搜索和救援服务。

在 2001 年,欧洲航天局启动了伽利略计划完善定义阶段的研究,主要任务包括任务需求的进一步完善、伽利略卫星导航系统服务的支持性研究和公私合营的加强研究。该局还启动了四个示范项目,主要为 GADEROS 项目、GALLANT 项目、INSTANT 项目及 NAUPLIOS 项目。GADEROS 项目是针对铁路运行系统的运用示范,目标是验证卫星导航系统与欧洲列车控制系统(ETCS)兼容的可行

性，研发一种通用测试平台，验证应用卫星导航系统支持交通监控中心的可行性。GALLANT项目是利用伽利略计划先进的驾驶援助系统改善交通运输安全，目标是将伽利略和驾驶援助系统设备一体化，从而对驾驶员避免交通事故和保障交通运行提供强大的支持。INSTANT项目主要集中在两种不同的环境（海洋、陆地）以及在不同的陆地环境（城市、城镇）进行示范，发展一种集群移动结构，结合地理信息系统、移动通信、个人终端等信息技术，集中于管理大规模的突发事件，支持陆地、海洋的应急与安全服务。NAUPLIOS项目示范伽利略定位和SAR服务对海上货物运输及危险物品的监控、改善沿岸区域船只识别的安全导航系统、利用伽利略系统，通过一个模拟主要功能的任务控制中心，建立欧洲海上安全机构。

二、伽利略系统的服务模式

（一）公开免费服务项目（OAS）

它是用于大规模的导航应用服务，如车辆导航系统和移动电话上的定位系统、时间服务。公开服务将能提供与全球定位系统有关的所有的信号质量和功能。公开服务分为两种，一种是单一频率，一种是多个频率。在接收机上使用单一频率或用多个频率，这取决于用户。

（二）区域安全服务（regional safety service，RSS）

这一服务将在一个区域层次上提供完好的信号性能，它也是一种“有控制的接入服务”。部分区域安全服务可以是加密的，如果这种服务有商业前途的话。

（三）导航通信相关服务（navigation communication related service，NRS）

这一服务可将数以百万的移动用户的短信息传送给少数服务供应商，也可将短且有选择性目的地的数据信息信号从服务供应商传送给地域很分散的移动用户。这些信号除定位导航信息外，还包括个人的、商业的、安全的和生命安全方面的信息。导航通信相关服务到目前为止，所需结构和范围的定义还不如导航定位那样清晰。如果它能成功，将是伽利略卫星导航系统与全球定位系统和GLONASS相比的竞争优势所在。

（四）区域增强服务

这一服务本身是为了增强全球定位系统及GLONASS所进行的区域增强服务。伽利略卫星导航系统将继承这一系统，有了它，伽利略卫星导航系统的区域安全服务能力将大大提高。

(五)本地区域增强服务(local area augmentation service)

这一服务将提供在米及厘米级水平上的实时动力服务。伽利略运营公司将不提供此类服务。

(六)政府接入服务(public regulated service)

预期这一服务将是加密的,具有自己特定的频率,与全球定位系统的 Y 码一样,但只用于民用。

第三节 投资构成

在 2000 年提出的伽利略计划的总体预算中,对各阶段的预算和资金来源进行了估算和说明(表 6.1)。在定义阶段,预算为8 000万欧元,资金来源为公共财政,包含欧盟资金和框架计划;在研发和验证阶段,预算为 11 亿欧元,资金来源为公共财政,包含欧盟资金、泛欧网络项目(Trans - European Network,TEN - T)、框架计划、欧洲航天局资金;部署阶段预算为21.5亿欧元,主要用于卫星研制、地面设施、卫星发射、设备安装等,资金来源为公共部门和私营部门,其中私营部门为 15 亿欧元;运营阶段每年的运营成本预算为2.2亿欧元,将从企业运营利润中支付。预计可能的投资者包括服务提供商、接收机(芯片)设备制造商、空间和地面段基础设施提供者,以及包括银行、风险投资公司的参与。运营公司的行为完全是商业行为,他们可以进行竞标以获得系统的经营权以及伽利略系统的应用开发,包括系统的应用推广、接收机的研制开发工作等。

表 6.1 伽利略计划总体预算表

(单位:百万欧元)

阶段	定义阶段	研发和验证阶段	部署阶段	运营(每年)		
年份	2000 年以前	2001—2005 年	2006—2007 年	2010 年	2015 年	2020 年
定义	80					
系统、工程和管理		160	130			
卫星和发射		320	1 320			
地面部分		480	380			
欧洲地球同步导航增强服务整体			50			
用户部分和技术支持		70	60			

续表

阶段	定义阶段	研发和验证阶段	部署阶段	运营(每年)		
运营费用(包括2008年以后的维护费用)		70	210	220	220	220

在欧洲审计局 2009 年公布的 1999—2007 年伽利略计划研发和验证阶段资金流中可以看出，截止到 2007 年，伽利略计划研发和验证阶段的费用共计为19.4亿欧元，其中欧洲航天局成员国为9.02亿欧元，欧盟委员会为9.46亿欧元，其他资金(中国、以色列、比利时)为9 200万欧元。欧洲航天局成员国资金中的8.52亿欧元通过 GlileoSat 项目和先进卫星通信系统研究(advanced research in telecommunication systems, ARTES)项目拨付给欧洲航天局用于基础设施开发，5 000万欧元拨付给伽利略联合执行体；欧盟资金中的1.96亿欧元通过泛欧网络项目拨付给欧洲航天局，7.5亿欧元通过泛欧网络项目和 FP6 拨付给伽利略联合执行体；其他资金进入伽利略联合执行体。伽利略联合执行体资金总计为9.82亿欧元，其中6.68亿欧元拨付给欧洲航天局，1.1亿欧元通过 FP6 用于研发，1.14亿欧元用于自身的运营和活动。欧洲航天局的资金总计为17.16亿欧元，全部用于基础设施开发。

2007—2013 年伽利略计划和欧洲地球同步导航增强服务项目的资金预算为 34 亿欧元，此外还将有挪威资金注入。其中，伽利略开发阶段为 6 亿欧元、部署阶段为 24 亿欧元、欧洲地球同步导航增强服务运营为 4 亿欧元。在伽利略部署阶段的 24 亿欧元分配中，9.74亿欧元用于空间基础设施，900 万欧元用于站点建设，8 500万欧元用于系统工程化，1.94亿欧元用于运营，2.65亿欧元用于欧洲航天局，另外还有8.81亿欧元尚未分配。在资金预算中包含了突发预算，主要针对预算风险的优先或者实际发生的风险来提供资金，主要针对卫星的发射失败和在轨损坏、发射服务合同终止、某些所选的站点的完好性、地面基础设施缺少冗余、系统设计或集成缺陷等。

全球卫星导航系统的运营成本包括基础设施的管理、服务的管理和有限服务寿命的部件(卫星的设计服务寿命为 12 年，地面基础设施的服务寿命更短)的替换和更新、系统的不断改进等。系统年运营成本约为 8 亿欧元，其中伽利略卫星导航系统运营成本为5.9亿欧元，欧洲地球同步导航增强服务系统为1.1亿欧元，其他成本为 1 亿欧元。伽利略卫星导航系统运营成本主要由以下几个方面构成：基础设施成本为 2 亿欧元，管理成本为5 000万欧元，技术性研发成本为1.1亿欧元，服务提供成本为1.5亿欧元。

第四节 管理及运行

在伽利略计划的执行层面,欧盟委员会主要在伽利略卫星导航系统的研发阶段对整个系统进行决策,包括对系统总体结构、经济收益和用户需求的研究,并负责政治领域和高层次的任务需求。欧洲航天局负责系统方案的制定、实施并提供各种技术,在运行阶段对整个系统进行监控。伽利略计划在不同阶段,成立不同的管理组织:在定义阶段,成立了伽利略筹划指导委员会(Galileo Steering Committee);在研发和验证阶段,成立伽利略联合执行体(Galileo Joint Undertaking,GJU),作为项目管理机构;在部署阶段,成立了欧洲全球导航卫星系统监督机构。

2008年,在成立了欧洲全球卫星导航系统项目委员会后,欧洲议会和欧洲理事会对项目所涉及的政治和政策进行监管;欧洲全球卫星导航系统项目委员会代表成员国对项目进行监管,对所有重要细节提供总体指导;欧盟委员会对欧洲理事会和欧洲议会直接负责,对项目实行全面管理(图6.1)。

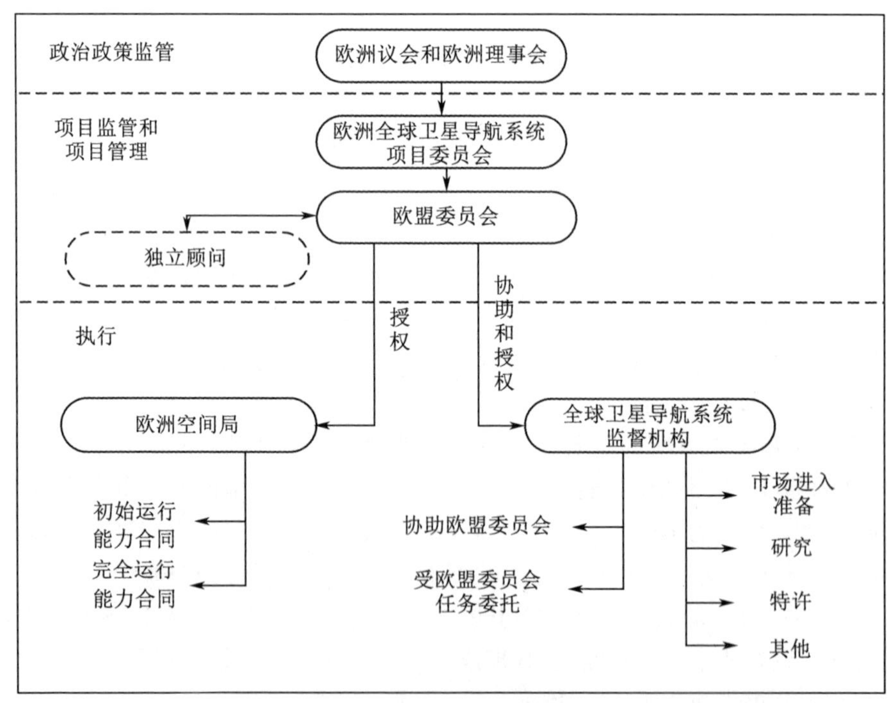

图6.1 伽利略计划管理框架

一、伽利略筹划指导委员会

伽利略计划的定义阶段，由欧盟委员会和欧洲航天局分别通过伽利略筹划指导委员会下的项目管理会（Programme Management Board，PMB）、伽利略项目办公室（Galileo Programme Office，GPO）和伽利略临时保障组织（Galileo Interim Support Stucture）进行管理和协调。

二、伽利略联合执行体

伽利略联合执行体是伽利略计划开发阶段的项目管理机构（图 6.2）。2002 年 3 月 26 日，欧盟理事会讨论通过了成立伽利略联合执行体的协议（欧共体条约 171 条，在有效执行共同体研究、科技开发和验证项目的需要下，共同体可以建立联合执行体或者其他组织）。2002 年 5 月，伽利略联合执行体成立（EC NO876/2002）。2003 年 6 月 10 日，欧洲航天局和欧盟委员会被确定为伽利略联合执行体的创始成员，同时作为伽利略联合执行体管理董事会和执行委员会的成员。2003 年 6 月 17 日，伽利略联合执行体正式成立，管理伽利略计划的开发和验证阶段。2006 年底，伽利略联合执行体使命结束。

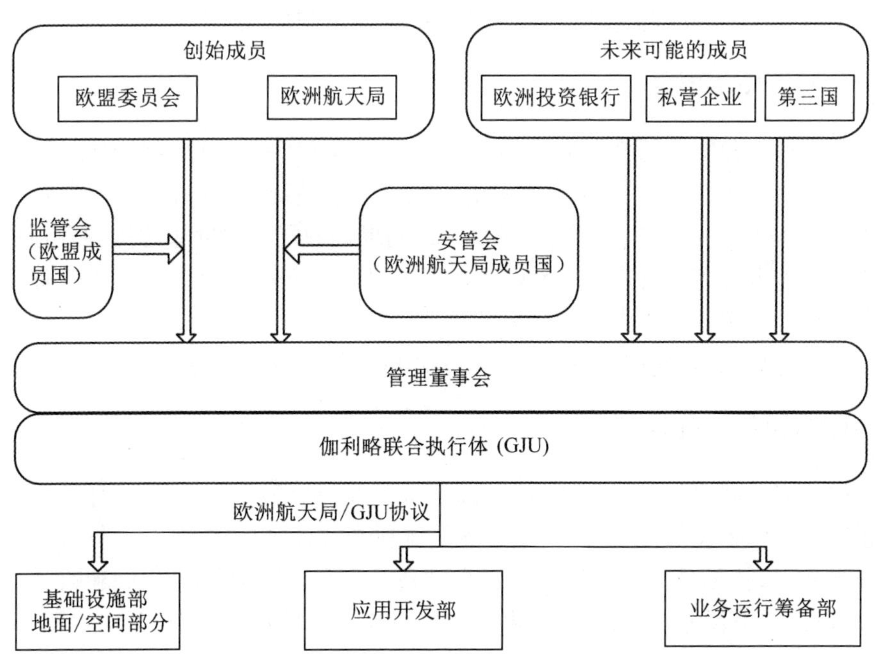

图 6.2　伽利略联合执行体管理组织

伽利略联合执行体是独立的法人实体,主要负责伽利略卫星导航系统空间段和地面段在研发阶段的实施,并为该阶段提供它所能支配的资金。根据欧洲航天局与伽利略联合执行体达成的协议,将按规定的程序以及非歧视性、透明性和任务公平分配的原则对伽利略计划进行管理。伽利略联合执行体的主要职责是:

(1)负责伽利略计划研发与校验阶段的实施以及经费的协调和管理;

(2)为伽利略计划业务运行阶段寻找运营商并筹集流动资金;

(3)通过 FP6 等支持和组织有关研究和开发工作,如区域系统、用户接收机以及各种应用等;

(4)负责欧洲地球同步导航增强服务系统的集成;

(5)管理和拥有伽利略计划开发阶段中创造或转移的全部有形和无形资产的所有权。

伽利略联合执行体管理董事会的成员包括创始成员(欧盟和欧洲航天局)、欧洲投资银行、私营企业及第三国。欧盟和欧洲航天局是主要的资金来源,在董事会中各拥有 40% 表决权。任何新成员的加入,包括第三国成员的加入均应提交欧盟理事会批准,由管理董事会表决(75%)同意后,经伽利略联合执行体上报欧盟委员会,欧盟委员会向欧盟理事会批准新成员的加入。

(一)管理董事会

管理董事会由伽利略联合执行体的成员组成,至少要包括创始成员。欧盟委员会和欧洲航天局享有相同份额的表决权,任何情况下,其各自表决总数不得低于 40%。其他成员的表决权的份额与他们提供的资金数量成比例。管理董事会决定重大事宜需进行表决,至少 75% 表决权同意方可通过。其主要职责为负责伽利略计划实施过程中做出必要的决定,对伽利略计划的执行进行总体监督,决定有关计划、经费使用、预算,任命伽利略联合执行体主任等。

(二)执行委员会

执行委员会由 3 个代表组成,除欧盟委员会、欧洲航天局外,还有管理董事会指定的私营企业的代表(该企业必须是伽利略联合执行体的成员、管理董事会的成员)。执行委员会协助管理董事会准备其决议,特别负责:就伽利略计划的进度,以定期报告方式,向管理董事会提出建议;就计划成本估计和起草预算,包括理事起草的员工建立方案,向管理董事会提出建议;根据管理董事会制定的合同授予规则,比准投标程序及合同授予程序;协助伽利略联合执行体主任完成管理董事会交办的工作。

(三)主任、业务部

伽利略联合执行体主任是伽利略联合执行体的法定代表,必须保证全职从事伽利略联合执行体的管理工作。他主要向管理董事会负责,主持伽利略联合执行体的日常工作,包括修改年度工作计划、制定经费预算、报告经费预算和使用等。伽利略联合执行体下设三个部门:伽利略计划系统基础设施部、应用发展部和伽利略系统业务运行的筹备管理部。

伽利略计划实施过程中的监督管理机构包括:

(1)监督管理委员会。保障信息的充分流动,以及伽利略计划开发阶段成员国对该计划的有效政治控制。其成员国包括欧共体各成员国的代表,以及伽利略联合执行体管理董事会的代表。监督管理委员会的主席应由持有欧共体理事会主席职位的成员国代表担任。

(2)安全管理委员会。负责解决与伽利略系统有关的安全问题。其成员应包括欧盟各成员国的代表以及委员会的代表。

三、欧洲全球卫星导航系统监督机构

2004 年 6 月 12 日,欧洲卫星无线电导航计划管理结构建立,成立了名为欧洲全球卫星导航系统监督机构(European GNSS Supervisory Authority)的欧共体机构。2007 年 1 月 1 日,欧洲全球卫星导航系统监督机构接管了伽利略联合执行体。欧洲全球卫星导航系统监督机构的主要职责有:欧洲卫星导航计划的管理、资金使用的控制、管理相关研发活动、确保特许权持有者遵守合同、负责系统运营所需使用频率的权利、零部件的认证和安全、伽利略和欧洲地球同步导航增强服务计划中产生的有形或无形资产的所有者。

欧洲全球卫星导航系统监督机构由管理委员会、执行理事、科学和技术委员会及系统安全委员会组成。

管理委员会由各成员国委派的 1 名代表和欧洲委员会委派的 1 名代表组成。代表的任期为 5 年,可连任。第三国的代表可申请加入。管理委员会的任务为任命执行理事、制订工作计划、执行欧盟委员会决策、完成年度预算中规定的任务、制定年度报告等。

科学与技术委员会由管理委员会设立,从成员国和欧洲委员会提交的公认专家候选人中任命其主席和成员,并允许第三国代表参与。该委员会主要任务:对欧洲全球卫星导航系统计划的技术咨询及建议的判断、提出系统升级的建议、卫星无线电导航领域发展。

系统安全委员会由管理委员会设立,由各成员国的 1 名代表和欧洲委员会

的 1 名代表组成，代表均为公认的安全专家。秘书长/高级代表（SG/HR）的代表作为观察员出席委员会会议。

除此之外，还建立了伽利略机构间平台（Galileo Interinstitutional Panel），监测项目进程和确保欧洲委员会、欧洲议会和欧洲理事会间的密切合作，协调项目所应对的挑战。平台由不同议会成员组成，定期报告项目的进展情况。平台由 7 个代表组成，3 个来自欧盟理事会，3 个来自欧洲议会，1 个来自欧盟委员会。其职责为推动欧洲全球卫星导航系统计划的执行，特别是有关欧洲航天局以及采购与合同协议的执行；在不损害相关条约的前提下与第三国的国际协议；卫星导航市场的准备；管理决定的有效性；项目工作的年度回顾。

2008 年 6 月 9 日，为进一步落实欧洲卫星导航计划，就计划的公共管理和融资定义的新框架，制定了在欧盟、欧洲全球卫星导航系统监督机构和欧洲航天局之间的职责划分的原则，授予了欧盟委员会项目管理的职责。

四、欧洲全球卫星导航系统局

2010 年，欧盟理事会将欧洲全球卫星导航系统监督机构改名为欧洲全球卫星导航系统局。欧洲全球卫星导航系统局由管理委员会、欧洲全球卫星导航系统安全鉴定委员会和执行理事组成。

管理委员会的成员由各成员国委派的各 1 名代表、欧洲委员会委派的 5 名代表和欧洲议会委派的 1 名无投票权代表组成。代表的任期为 5 年，可连任。高级代表和欧洲航天局委派的各 1 名代表可作为观察员被邀请参加管理委员会会议。主席和副主席在代表中选出。

执行理事在管理委员会的监督下进行管理，执行理事由管理委员会委派和免职（获得 3/4 成员的通过后），由管理委员会在欧洲委员会提交的至少 3 个候选人的名单中进行公开竞争，来选出执行理事。执行理事的任期为 5 年，可连任。

欧洲全球卫星导航系统安全鉴定委员会尽管设在欧洲全球卫星导航系统局内部，但它为一个独立的实体，可独立地做出决定。对于欧洲全球卫星导航系统，在欧洲理事会和欧洲委员会所应用的相关安全法规下，安全鉴定委员会作为官方的安全鉴定。安全鉴定委员会由各成员国、欧洲委员会和高级代表委派的各 1 名代表组成。欧洲航天局委派的代表可作为观察员被邀请参加安全鉴定委员会会议。管理委员会定期听取安全鉴定委员会的工作进展报告。

安全鉴定委员会负责对安全鉴定战略和卫星发射、不同配置和不同服务的系统运营授权、地面站及坐落在第三国的传感器站点的授权，以及生产含有公共规则服务技术和零部件接收器的鉴定认可。

第五节　支持政策

1994年12月提出的《欧洲促进全球卫星导航系统的发展》中提出：①建立一个民用的全球卫星导航系统，来达到欧共体的目标；②欧洲大陆人口和商品流动及运输安全；③《增长、竞争、就业白皮书》中展望了欧洲在卫星定位和导航领域的需要；④欧共体建立在交通、通信和能源基础设施等方面的跨欧洲网络（trans－european network）；⑤增强私营部门应对信息技术领域的挑战。提升欧洲工业的竞争力水平，以能够参与到全球卫星导航系统的运用和用户设备的市场中。

该文件中还定义了所有潜在用户的需求和描述各种可能性所产生的影响；完善现有使用Inmarsat Ⅲ卫星的系统和发展必需的增强技术；开展民用全球卫星导航系统（GNSS－2）设计和组织所需的准备工作，与GNSS－1兼容；在考虑成本收益评估的基础上，研究私人部门融资的潜在可能；与国家的计划相结合；与国际民航组织、国际海事组织、欧洲民航管理局、欧洲航天局、电信运营商、欧洲气象卫星组织等相关组织紧密合作。

1992年9月，欧共体委员会提出的“欧共体和空间：挑战、机遇和新行动”（The European Community and Space：Challenges，Opportunities and New Actions）中，对空间拓展的重要性、目前的薄弱环节、存在的挑战、欧洲航天工业的能力等进行分析后，制定了鼓励、支持地球观测应用的发展和建立环境研究监测的欧洲运作系统，以及增强卫星数据的使用、制定适用的法规条款、欧共体研发计划和欧洲航天局及成员国空间计划协作互补、鼓励航天工业合并和壮大，提高国际影响力、鼓励扩展稳定的国际合作等目标。

1994年6月的《卫星导航服务：欧洲途径》中提出将导航卫星作为跨欧洲网络的一部分，在《增长、竞争、就业白皮书》中提出了一系列计划，包括卫星的多模式定位系统是陆海空管理和未来欧洲无线电导航重要组成部分。

2000年12月，欧盟启动了FP5下的一个项目“伽利略系统的目标”，是伽利略计划用户需求的进一步完善，由来自欧洲50多个公司的专家组成的产业化合作伙伴执行这项工作。在2002年启动的FP6中，有1亿欧元的经费主要支持伽利略计划的研究与开发，有关组织管理工作由伽利略计划联合执行体负责。

第六节 实施效果

一、在研发和验证阶段试验卫星运转良好

在研发和验证阶段，Giove－A 和 Giove－B 两颗试验卫星运行良好，这为验证运营使用卫星的技术和确保国际组织分配伽利略计划频率的使用提供了坚实的基础。此外，先前的四颗卫星组成的星群也在完成中，欧洲航天局在 2011 年成功发射了首批的两颗。陆地基础设施的建造也在同步开展，包括在不同国家和地区（比利时、法国、意大利、德国、西班牙、荷兰、英国、新喀里多尼亚、留尼旺岛、法属圭亚那、塔希提岛、瑞典、美国、南极洲）的地点选择及建造。

二、项目采购工作有序进行

研发阶段工作分为 6 个项目包，每一个都有不同的公共采购程序。公共采购程序包括几百个公司，涵盖大多数成员国。欧盟委员会会遵守规章规定，使欧盟工业网络获得更多的机会参与到项目中。紧密交织的工业网络和更多的科学团体通过欧盟参与到卫星无线电导航和下游市场的活动中来。2010 年，授予了包括系统工程支持、卫星生产（初步订造了 14 颗）、发射（发射 10 颗卫星，另外的发射为选择性发射）和运营的四个项目包，总价值约为 12.5 亿欧元。有关地面基础设施的两个项目包和附加设备设施的合同也在 2011 年授予。

三、公共规范服务工作已列入议程

在有关项目公共规范服务的开展上，向欧洲议会和欧洲理事会提交集中于安全事项的服务的详细规定已列入欧盟委员会议事日程，决议是否能够顺利通过是提供服务的必要开端。欧盟委员会联合欧洲全球卫星导航系统局也开展了测试和验证程序及机制的试点项目。

第七节 经验教训

一、经验总结

（一）双源策略合同管理方式降低了项目风险，又增加了灵活性

2007 年伽利略计划进行了关键的改革，欧盟理事会和欧洲议会决定终止公

私合作谈判，重申应在完全公共部门融资和风险管理的基础上建立欧洲卫星无线电导航系统，并强调其战略重要性和经济附加值。为了降低风险并增加灵活性，欧盟委员会采取了双源策略，规定任何一家公司不能成为超过两类合同的主承包商，而每种产品都必须有两家不同的供应商等。这些措施都将为控制伽利略计划的预算起到很好的作用，同时也扩大了高科技战略的辐射作用。

（二）制定清晰的管理和财务框架，保证项目在当前阶段的有效管理

2008 年，欧盟委员会接管了伽利略和欧洲地球同步导航增强服务项目。在接管后的 3 年里，项目取得了重大进展。这得益于为项目制定了一个清晰的管理和财务框架，以保证项目在当前阶段的有效管理。欧盟委员会负责项目管理和系统安全的所有问题。欧洲航天局和欧洲全球导航卫星系统局作为重要工业项目管理者的角色引导建立公共战略空间基础设施。此外，还制定了包括主要行动、估计预算和相应时间表等在内的战略框架，来实现规章的目标。通过欧洲全球导航卫星系统项目委员会、欧洲系统安全专家组等机构的参与，项目涉及的各成员国在项目管理上更加紧密。欧洲航天局的角色更加明确，是欧盟内部不可替代的技术专家，并与欧盟签署了伽利略计划部署阶段工业界工作的开展以及解决欧洲地球同步导航增强服务基础设施老旧和系统持续更新两个协议。对欧洲全球卫星导航系统局的行为框架进行了明确，系统的安全鉴定和安全中心的管理等重要任务有了稳固的基础。

二、相关不足及教训

（一）公私合营模式的选择缺少详细充分论证

伽利略计划拟采用公私合营运作模式。这是由于在系统建设初期，政府的公共投资对项目的研究开发和部署非常重要。但这一项目具有巨大的商业价值，没有必要在所在阶段都由政府部门投资，企业在项目发展到一定阶段时介入是必要的。这种机制将使项目风险在公共部门和私营部门之间形成一个合理的分配，同时将让私有产业部门根据项目市场的大小确定未来的利润流。政府部门与私人参与者将以特许权协议为基础进行合作。与以往私人企业参与公共基础设施建设的方式不同，政府与私有部门的合作始于项目的确认和可行性研究阶段，并贯穿于项目的全过程，双方共同对项目的整个周期负责。这种运作方式在项目的有效管理、经费合理运用、业务质量保证、风险共同分担和资金短缺问题的解决等方面具有积极的作用。作为在欧盟级别上第一个重要的公私合营项目，对于公私合营模式的选择，伽利略计划的准备和构思并不充分，因此导致了

在项目进展中公私合营谈判的延误和失败。

实施公私合营模式的项目在欧盟成员国和其他国家已有相当多的经验可借鉴,最佳实践的公私合营经验包括以下因素:①充分准备:公共部门对项目需求的清晰定义、评估私营部门的能力、评估潜在的利益、研究满足需求的可选择路径、研究合适的风险分担、考虑可承受性和可能的资金价值、构建商业案例等。公私合营清晰模式的选择应优先于合适的风险评估。②充足的时间:其他组织的经验表明勾画一个稳健的公私合营途径和公共部门的定位需要一年以上的时间,而且这些公私合营项目比伽利略计划简单得多。③符合项目要求的管理资源:管理公私合营项目需要一个专业的团队。④维持有效的竞争态势。⑤定期对公私合营项目进展进行回顾,确保持续提供资金价值。欧盟委员会在伽利略计划公私合营模式的准备阶段并未很好地遵行这些最佳实践方案。

1. 欧盟委员会对项目的准备不够充分

尽管欧盟委员会对公私合营模式开展了多项研究,但是并没有对传统公共采购进行研究,也没有建立一个公共部门比较标准(公共部门比较标准是对项目在使用传统采购方式下的成本估算,这将用于帮助衡量私营资金是否比传统采购能提供更好的资金价值)。此外,欧盟委员会也没有预先研究在公共和私营部门间如何划分实际风险,公私合营在项目的什么阶段或者伽利略计划中的哪个环节最有可能获得成功,以及不同公私合营模式所能带来的收益(欧盟委员会仅对合资和特许权两种模式进行了研究)等。

对于公有部门和私营部门的投资,欧盟委员会选择了特许权的公私合营模式。欧盟委员会的文件定义了特许权的特点,并阐述了在准备阶段需要克服的风险和困难,如收益的不确定性(市场风险)、技术风险、开发和部署阶段之间的相互依赖(设计风险)和在航天制造部门的工业集中度等,但欧盟委员会并没有清晰地评估这些风险是如何影响项目的可行性的,以及公共部门如何有效地解决风险。

2. 时间计划安排不够合理

在一个不到10年就需形成运营能力的时间表下,欧盟委员会并没有给伽利略联合执行体充足的时间进行特许权方式的定义工作(伽利略联合执行体在开始运营后的不到8个月发布了第一个投标文件),一些投标方也表示在竞争性对话阶段准备合理商业计划的时间不够充分。因此,伽利略联合执行体最初的投标文件并没有设置详细的目标,也未能提出特许权模式中存在的风险。这导致了在工业界投标书中没有包含明确的定价和约定承诺。同时,对投标方的条件和限定范围认定不充分,不能形成对比和评估的基础。因此,伽利略联合执行体对进入投标方的对比评估没有一个清晰的评估准则。

3. 项目管理存在经验不足等问题

伽利略联合执行体是一个全新的组织，但也是新的组成团队、新的项目领导者、在特许权谈判中没有经验的组织，而且外部顾问团队在2004年9月前也未组织起来。由于在组织中缺少符合项目要求的管理资源，导致了伽利略联合执行体在整个项目管理中的混乱以及经验不足带来的管理问题。

4. 定期回顾很有必要

为确保可持续提供资金价值，公共部门需要在公私合营项目过程中开展定期回顾。尽管伽利略联合执行体对特许权所确定的几个风险和问题在2004年10月、2005年2月和2005年6月进行了评估，但是对项目总体进展的报告并不充分。因此，依赖于伽利略联合执行体管理的成员国在项目开展过程中，对所需要改善的各种行为活动并没有得到充分的信息。

5. 公私合营模式的选择至关重要

特许权形式的公私合营与其他现有的公私合营形式有较大的不同。传统的公私合营基础设施项目主要为隧道、道路等，最有可比性的公私合营，是Paradigm/Skynet（英国国防通信系统），但是与伽利略计划有许多不同之处，如较低的技术风险、英国国防部阐明了收益来源的极限基线、可获得的现有运营记录以及由具有公私合营经验的单一保证人领导等。具体表现：①伽利略计划技术风险等级高。伽利略卫星导航系统由30颗地球中轨道卫星组成，使用了许多新的系统（如新型原子钟等），但这些并未在太空中试验过。②收益预期难以预测，全球定位系统免费开放信号源，收益模式仍在定义。③伽利略特许权开始于系统设计和公共部门部分基础设施建设之后而不是之前，虽然特许权形式接近于设计—建造—融资—运营（DBFO），但是伽利略计划公私合营对私营特许权持有方却又明显不同，希望提交建造、融资和运营由公有部门设计和移交的新系统。

市场风险、设计风险和第三方责任制度是阻碍由公有向私人移交的特许权谈判的三个主要因素。①市场风险转移。根据已认可的市场开发设想基线，需要确信能获得的市场收益。但是，不确定的市场，未来遥远的收益预期和公共部门在市场开发中预期的主要角色很难将其风险转移到私人部门。②设计风险转移。需要确保设计（欧洲航天局在开发和验证阶段开展）不可能导致不完善或执行较差系统（特许权持有方在运营期间的责任）等内在问题。这些风险难以转移，不仅是由于伽利略计划的技术复杂性和运营阶段特许权持有方预期的产出，而且还来自责任的分割（欧洲航天局负责设计和开发，许可权持有方负责部署、运营和维护）。③第三方责任制度，对涉及伽利略计划失败的合同外责任，并没有提供详细的法律或保险模式。

（二）未能制定出清晰的项目目标和战略愿景

在伽利略计划项目实施过程中，欧盟委员会作为项目的主要管理者，并未遵行一些管理原则，导致管理上的混乱。

1. 未设定清晰的、实际的和可接受的项目目标

伽利略计划设定了多个目标，但欧盟委员会并没有将项目的目标实现的优先等级划分清楚，这导致项目参与方预期的多样化。例如，除了政治、经济和技术动机外，一些成员国把伽利略计划看成巩固欧洲航天工业的途径之一，一些成员国把系统可能运用在国防上作为同等重要的目标。

2. 未定义适当的战略和实现战略的手段

欧盟委员会没有为欧洲地球同步导航增强服务和伽利略计划制定一个长期战略愿景（如两个计划之间的互补性、未来欧洲地球同步导航增强服务和伽利略卫星导航系统应用或者系统优先实现的模式等），而是集中于短期的目标和决策。这主要体现在缺少欧洲地球同步导航增强服务和伽利略计划的路线图。未来欧洲地球同步导航增强服务和伽利略卫星导航系统应用、系统实现优先等级（首先实现服务类型）、欧洲地球同步导航增强服务非民用航空市场的开发等的模式一直到2008年底才决定。作为欧洲卫星导航政策的一部分，欧盟委员会计划将欧洲地球同步导航增强服务和伽利略计划整合为一个单一的机体——欧洲卫星导航计划。但由于先期和其他欧洲地球同步导航增强服务股东签署协议，以及对制度框架的复杂性考虑不足，欧盟委员会与欧洲地球同步导航增强服务就框架协议谈判出现问题。

（三）预算体系的不完善导致项目风险引发的成本不可控

按照其他研发活动的经验，在实施空间项目时，普遍都需考虑突发性预算，且根据项目复杂性、创新活动广度和未知领域深度的实际情况，预留占总预算的10%～40%的突发性预算。伽利略项目研发和验证预算体系并不完善，体系中没有包含任何明确的突发预算或准备金。例如，由于对项目安全需求考虑，所产生的1 000个变化要求对技术基线和随后开展的开发工作产生了重大的影响。因此，作为额外成本，欧盟委员会拨付给伽利略联合执行体1.2亿欧元安全需求资金。相比之下，在欧洲航天局承担的研发验证阶段活动的预算中（占整个研发验证阶段一半以上的预算），规定预算的20%为突发补贴，也就是说，如果成本超支累计没有超过所承担项目预算的20%，则不允许参与项目的成员国从中退出。

(四)对现有系统和新研系统两者间管理框架复杂性考虑不足,导致两者整合过程不畅

对在开发验证阶段开展技术开发活动的欧洲航天局/伽利略联合执行体协议不够详细,这导致在合同定价(欧洲航天局采用“合理收益”原则作为工业政策的一部分)、所有权转移、报告制度和执行(如在认证、数据交互、高精度定位服务等相关变更通知的执行和投资)上缺少相关清晰的规定。同时,协议也没有清晰定位不同参与方的角色。而在欧洲航天局和欧洲气象卫星应用组织的卫星开发协议中,欧洲航天局负责项目航天部分的开发,欧洲气象卫星应用组织负责整个系统。在细节上,对财务债务、工业定价、欧洲航天局成本和保证财务债务界限的程序、管理边界及批准程序的运用、构建清晰的沟通渠道、对计划最初没有包含事项的处理的清晰程序、实物和知识产权的所有权等进行了详细的描述。

(五)项目风险考虑不足

欧盟委员会对伽利略项目所存在的技术风险、市场风险、时间风险、相关责任风险考虑不足,导致项目的延期和成本的超支。在技术风险上,仍需要验证和规范卫星导航所使用的前沿技术;在市场风险上,没有考虑由于应该避免的技术性能次于承诺在世界范围内使用方的负面影响的技术,这导致了基础设备未被使用;在时间风险上,没有考虑任何执行的延误带来的危机和可能产生的成本;在相关责任风险上,两个欧洲系统的基础设施的去留将引起使用者或第三方直接或间接的损失。没有制定一个合适的法律框架来确保欧洲卫星导航系统的利益受损方和所有者及运营者之间利益的平衡。

第七章 英国技术预见计划运行管理研究

技术预见(technology foresight,TF)起源于美国,其本意是"系统地研究科学、技术、经济和社会在未来的长期发展状况,以选择那些能给经济和社会带来最大化利益的技术"。英国技术预见专家本·马丁在总结了日本先后7次成功的预见活动的基础上,为"技术预见"下了相当严格的定义:所谓技术预见,是对未来较长时期内的科学、技术、经济和社会发展进行系统研究,其目标是要确定具有战略性的研究领域,以及选择那些对经济和社会利益具有最大化贡献的通用技术。有专家认为,技术预见已经发展到第三代。第一代即在20世纪70年代到80年代后期开展的,由技术发展的内部动力驱动的技术预测;第二代是把技术与市场结合起来,在20世纪90年代初流行;第三代预见纳入社会维度,是技术与社会经济发展的结合,从20世纪90年代后期开始到现在。

技术预见作为科学决策的重要前提,已经引起世界各国的广泛关注,从其发展历程来看,美国是技术预见的先驱者,同样也是开发技术预见方法论的开创者;日本目前也已经组织了多次这样的活动,他们在这一领域已经积累了丰富的经验,其体制化程度已经相当高了,它不仅对日本的科技、经济、社会及文化的发展产生了深远影响,而且对其他国家也产生了良好的示范效应,在全球技术预见史上占有极其重要的地位。法国、德国、英国、美国等主要发达国家及韩国、以色列、印度、泰国等新兴工业化国家和发展中国家也普遍开展了通过技术预见来选择国家关键技术的研究;我国国家科学技术部、中国科学院、各省(市)包括上海、广东、广西、天津、湖北等地都开展了技术预见的研究工作。

英国的技术预见活动虽然起步相对较晚,但是由于吸取了其他国家的成功经验,同时又把"本土化"进行得比较彻底,在经过前面几轮的摸索后现已步入正轨,目前在推动全球性技术预见活动中也起到了推波助澜的作用。

本章介绍的主要内容是英国技术预见计划的情况,主要通过对其项目背景、组织管理模式、实施情况和取得的成就与经验教训等方面内容的介绍,提出这些

经验与教训对我国举行这类活动的引导和帮助。

第一节 提出背景

英国的技术预见计划始于1993年,是当时英国国内科技、经济需求与国际科技发展形势双重推动的结果,现在已经成为英国科技工作的重大战略举措,是政府制定科技政策和确定优先支持领域的重要依据,并得到了社会各个部门的积极响应。虽然英国的技术预见活动起步较晚,但从一开始实施就比较注重理论研究,预见的层次和水平都比较高,并且紧紧围绕如何促进科技基础与财富创造、生活质量之间的相互关系,挑选出优先领域并打造"预见文化",因而形成了一些自己的特点,取得了显著的社会效益。

英国技术预见计划的早期准备工作在20世纪80年代就开始了。1983年英国学者本·马丁和艾文提出通过全民参与讨论来制定国家科技政策的想法,即希望用设定一种规范的程序和手段,充分利用集体智慧,经过全民讨论而达成共识来改变过去由少数人决定未来科技政策的作法,从而实现把现在的投资塑造成更美好的未来。该想法直到1992年首相梅杰上台才付诸实施。梅杰首相一上台就开始对英国科技政策做出一系列的调整,例如,加强政府在科技发展中的作用,缩短基础研究战线、支持工业技术创新、加速工程技术人员的培养等。由新任命的科技部部长——前科学大臣沃尔德格雷夫主持,于1993年5月26日发布了题为《运用我们的潜力:科学、工程和技术战略》的科技政策白皮书,这是英国20年来第一个国家科技战略报告,是引导英国科技走向21世纪的纲领性文件,标志着政府对科学技术的支持方式发生了根本性的变化。

这份白皮书指出了英国长期以来注重科学研究而忽视工程技术研究、科技成果众多却无法从中获取经济利益的现象,同时也提出了英国科技发展的新战略。这些新战略包括:继续保持和发展英国杰出的科学技术能力;在科学、工程和工业界之间建立更好的伙伴关系;最大限度地发掘英国的科技潜力来为英国经济服务、为国家创造财富、为提高人民生活质量而做出贡献。该白皮书还正式提出了实施技术预见计划的工作设想,并将其作为科技发展的关键举措之一。

第二节 主要内容

英国的技术预见计划是由政府发起的,用以展望未来的远景,以便引导现今

的决策活动。其目的是展望未来，确定将来可能的需求、威胁与机遇，并在当前就采取行动以确保人民与组织处于有利的环境，同时有效地应对环境的变化，确保国民和社会处于有利的地位，获得未来在知识驱动下的经济的持续竞争优势，增加国民财富和提高人民生活质量。

英国的技术预见计划由英国科技办公室（the Office of Science and Technology，OST）负责，并成立了技术预见指导小组（Steering Group），指导小组的主席由英国首席科技顾问、英国科技办公室主任担任。小组中来自各大学、工业界、政府部门和科研机构的成员全部是由内阁科技部长亲自任命的。目前，该计划的前两轮已经结束，第三轮正在进行中，由于英国的技术预见活动经历了一个从启蒙到蓬勃发展的过程，所以每一轮都是不同的，且各具特色。

一、第一轮（1994—1999 年）

（一）实施背景

1993 年，英国政府设立了科技预见促进委员会，负责各个尖端科技项目未来发展方向的评估并开始制定和实施预见计划，希望通过该计划的实施对科技发展及经济发展进行监控，并争取使其成为英国科技政策及规划的重要指南。然而由于初期的预见计划的发展目标不够明确，加上许多地方还不够成熟，尤其是受到了一些政策或政治因素的影响，使得 1993 年的技术预见工作实际上进展不大。到了 1994 年，面对英国科技在七大工业国（美国、日本、法国、英国、德国、加拿大、意大利）中的地位降低、国内经济状况难以令人满意的情况，英国才掀起了对政府的科学、工程和技术政策进行大范围的检讨活动，最终决定实施较具规模的第一轮技术预见计划。

（二）指导思想

第一轮指导思想：基于调查未来的技术和市场的发展以获得财富创造。其具体目标为从可持续发展的角度提出创造财富和提高生活水平的前景；创建思考未来市场和开发突破部门及学科界限的科学与技术的文化；建立连接商业、学术界、义务团体和政府的合作网络；明确市场驱动力、机遇和挑战以及现在需采取的步骤以确保英国在未来的领先地位。可以看出，第一轮技术预见计划强调技术和市场互动的发展模式。

（三）预见领域

在 1993 年最早宣布的预见计划中，政府打算集中在9 个通用技术领域进行。

然而,这个计划在预见筹备阶段受到广泛批评。于是政府放弃了原来的计划,而采用市场导向的途径,即领域和领域专家组的选择根据英国的工业基础和商业基础来确定。在选择专家时,采取了共同提名(即由专家确认专家)的方法。科技办公室通过向全国各领域专家征询及专家的推荐后,建立了参与预见过程的大范围的专家库,并从中选出一批专家,组建了领域专家组。每个专家组负责一个领域的预见活动,平均15~20人,其中包括3人组成的秘书处,最初以英国国内经济部门的构成划分为15个领域,1997年增为16个。第一轮的领域专家组见表7.1。

表7.1　第一轮技术预见计划的领域专家组

最初的小组(15个)	调整后的小组(16个)
农业、自然资源和环境	农业、园艺和林产(分)
	自然资源与环境(分)
化学	化学
建筑	建筑
国防和航空	国防和航空
能源	能源
金融服务	金融服务
饮食	饮食
健康和生命科学	健康和生命科学
通信	IT、电子学和通信(合)
IT和电子学	
休闲与学习	休闲与学习
制造、生产和商业过程	制造、生产和商业过程
	海洋工程(新的专家组)
材料	材料
零售和分销	零售和分销
运输	运输

注:(分)指该小组是从最初的某个小组划分出来的;(合)指该小组由最初的两个或多个小组合并组成。

资料来源:UNIDO Technology Foresight Manual。

(四)组织结构

英国的预见计划最早是由首相发起的,其政策方向由内阁办公室把握,具体事项和组织工作是由科技办公室负责的,其组织结构相对简单,第一轮技术预见计划组织结构如图 7.1 所示。

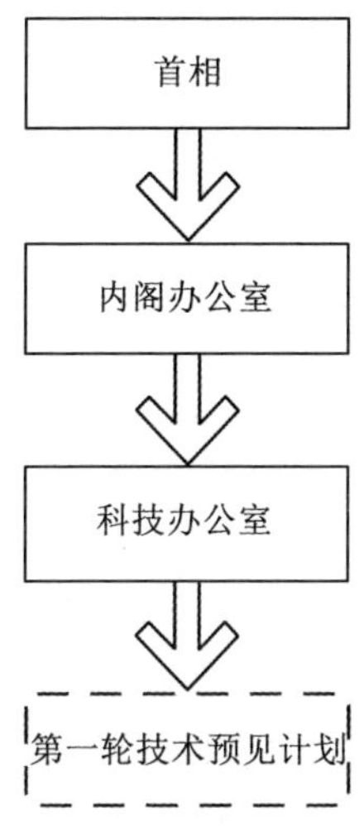

图 7.1　第一轮技术预见计划组织结构

(五)预见内容及方法

技术预见的目标是为了创造更多的国民财富和提高国民生活质量。第一轮预见活动主要围绕以下重要问题展开:在未来的 10 年或 20 年,社会、经济和市场的趋势可能会是什么?哪些科学研究与试验发展(R&D)领域及科学、工程和技术的基础领域能够应对这些将来的趋势?公共资金怎样使用才能最好地保持支持国家财富创造和提高生活质量的创新的科学基础?应该考虑什么规则、技能、教育设施和其他因素?

第一轮技术预见的方法并未统一规定,参与的人数达 1 万以上,其市场及经济变化趋势的预见深度为未来 10 ~ 20 年。领域专家组通过市场分析、情景分析、分组讨论、调查、区域性研讨会以及全国性的“德尔菲”调查,汇集了大量的市场和技术评论。经过进一步的分析和咨询,技术预见各小组根据调查的结果相继出版了各自领域的研究报告,并于 1995 年以总题目《通过伙伴关系促进进步》汇集发表,提出了大约 360 条建议,包括增加特殊的科技计划、确定将来的技能需要和政策与规则的变化等。

（六）优先领域

确定优先领域是技术预见计划的一项重要工作，这项工作主要由指导小组在各个领域小组提交报告的基础上来完成。指导小组确定优先领域的标准及考虑的因素包括以下六个方面。

1. 新的市场或技术机遇所带来的经济和社会效益

主要考虑下列因素：市场的规模和增长，技术成就对市场地位的重要影响，增长的灵活性、功能、能力和成效，较低的维修费用，降低的电力消费，未满足需求的地区对生产率的贡献，改善健康和延长平均寿命，改善环境和减少污染，提高安全性，增强社会凝聚力。

2. 科学的、工程的、技术的机遇

主要考虑下列因素：研究领域的丰硕成果和可能的突破，目前技术在发展轨迹中的位置，研究领域的渗透、分化及一般特征，研究与开发项目成功的可能性。

3. 应用技术获取经济和社会利益的能力

主要考虑下列因素：工业实力和竞争力，工业容量（包括关键人群），质量提高与顾客满意度，新技术的应用率，自然资源的优势与劣势，从别处获取技术的可能性，社会文化方面的优势和限制因素，政府政策和法律框架，中小企业的形成速度，产业的财政支持力度。

4. 科学、工程、技术有望取得领导地位的实力

主要考虑下列因素：强大的科技能力，科技的广度和质量，目前和未来的技能，足够的科学基础设施，固定资产设备，多渠道的资金来源。

5. 对新的科学、工程、技术进行投资的成本

6. 新技术转化为生产力的时间

这些标准可归纳为两个基本的方面，即关注度与可行性，如图 7.2 所示。根据这些标准，由指导小组确定各个领域及项目的优先顺序，按重要性程度分三个层次：

（1）关键领域：这些领域最有希望取得突破并对英国未来发展至关重要。

（2）中间领域：这些领域被极力推荐，需要进一步强调它的技术地位及其与研究发展的联系。

（3）新兴领域：这些领域需要把握市场机遇，瞄准世界前沿，应给予高度关注。

1995 年预见指导小组在分报告的基础上，完成了一份总结报告，题目也叫《通过伙伴关系促进进步》，明确了 6 个全面的战略主题，即新材料——合成和工艺；从基因到新的生物体、工艺和产品；达到管理的精确性和控制作用；利用未来的通信和计算机技术；更清洁的世界；新技术的影响和社会变革。同时，指导小组依据所有领域专家组的报告从关注度及可行性两个方面进行考虑，提炼出了

27 项科学技术的优先领域(图 7.3),其中 11 项是对英国未来发至关重要的关键领域(key priority area),其余 16 项分别是 11 项中间领域和 5 项新兴领域。

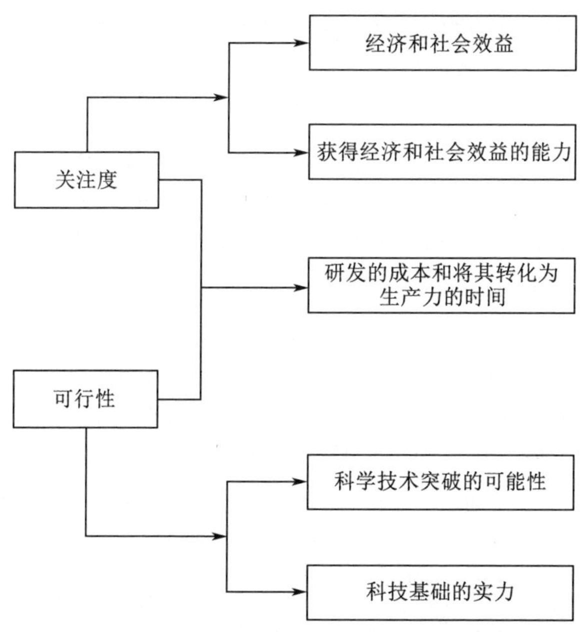

图 7.2　优先项标准

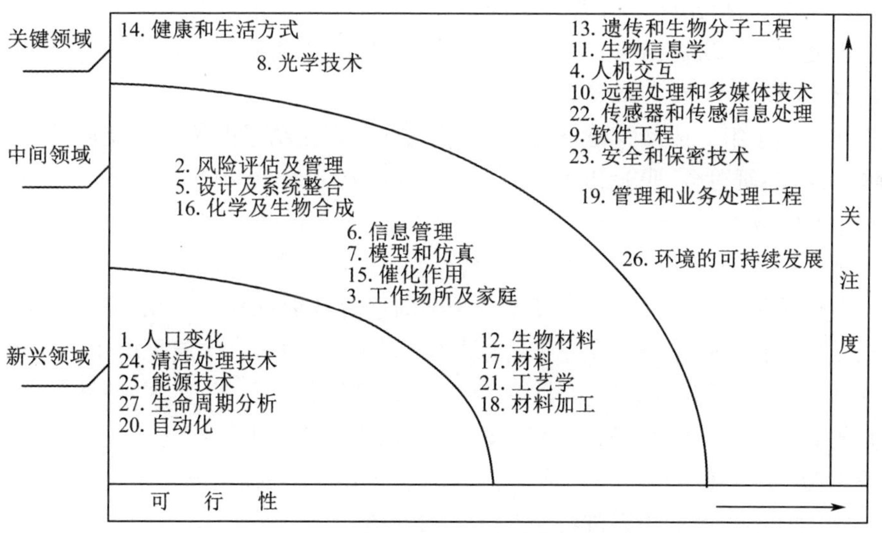

图 7.3　科技优先领域关注度和可行性评估

资料来源:The UK Technology Foresight Programme。

(七)实施及修正

根据英国研究人员的看法,第一轮技术预见可以分为三个阶段,即预见准备阶段、预见的主体阶段和预见结果的落实阶段,其具体实施过程如图 7.4 所示。

1993 年 5 月,《运用我们的潜力:科学、工程和技术战略白皮书》发表之后,第一轮技术预见计划准备阶段即开始。9 月,技术预见指导小组成立。这一阶段,由曼彻斯特大学工程科学技术政策研究所(Policy Research in Engineering, Science and Technology, the University of Manchester, PREST)统一组织筹划,对第一轮技术预见进行了总体框架设计,并以英国国内经济部门的构成确定了领域专家组。

1994 年初,领域专家组第一次会议明确了工作范围和日程,英国技术预见计划开始实施。领域专家组通过分小组、区域会议和大规模的调查,汇聚了大量的市场和技术评论。所有这些信息都是领域专家组确认本领域技术机会的基础。经过进一步的分析和咨询,每个领域的专家评议组发布了研究报告。报告首先分析本领域的范围、特征、对国内生产总值的贡献等,确认了本领域的主要发展趋势、驱动力、障碍和挑战,分析了一系列可能的发展情景。接着,考察了对财富创造或提高生活质量有贡献的技术机会,并从机会中确定优先选题的清单,并相应地提出了主要的实施建议。然后,指导小组确定从不同领域出现的普遍的主题和优先选题,提出整个调查领域的优先主题,并在分报告的基础上,预见指导小组也完成了一份总结报告。指导小组的报告,除了明确了战略主题、确定了优先领域,还提出了 60 多条建议。

在指导小组完成其总报告后,技术预见进入预见结果的传播和实施阶段,主要通过媒体、研讨会、职业和商业学会传播。在 1994 年至 1999 年期间,英国举办了超过 600 场次的与预见有关的活动,发布了 13 万份研究报告。预见的结果直接对预见过程的相关者产生了重要影响,包括研究理事会和大学。

由于预见计划的核心是在英国各个部门培育和促进预见文化,但是,企业长期缺乏预见意识是影响预见成果传播和实施的一个障碍。政府采取了一系列措施,鼓励企业接受预见文化。其中一个措施是把"技术预见"改为"预见"。其目的是提高企业参与的水平,不仅使技术、研发和工程的主任参与,而且使公司的决策者参与。与此同时,各领域专家组依据执行的经验提出修正报告,并和不同的组织或其他领域的小组进行相互交流和合作。

第一轮技术预见打破了以前存在于不同部门之间的障碍,创造了财富,并在实施中不断完善,为第二轮预见计划的提出奠定了基础。

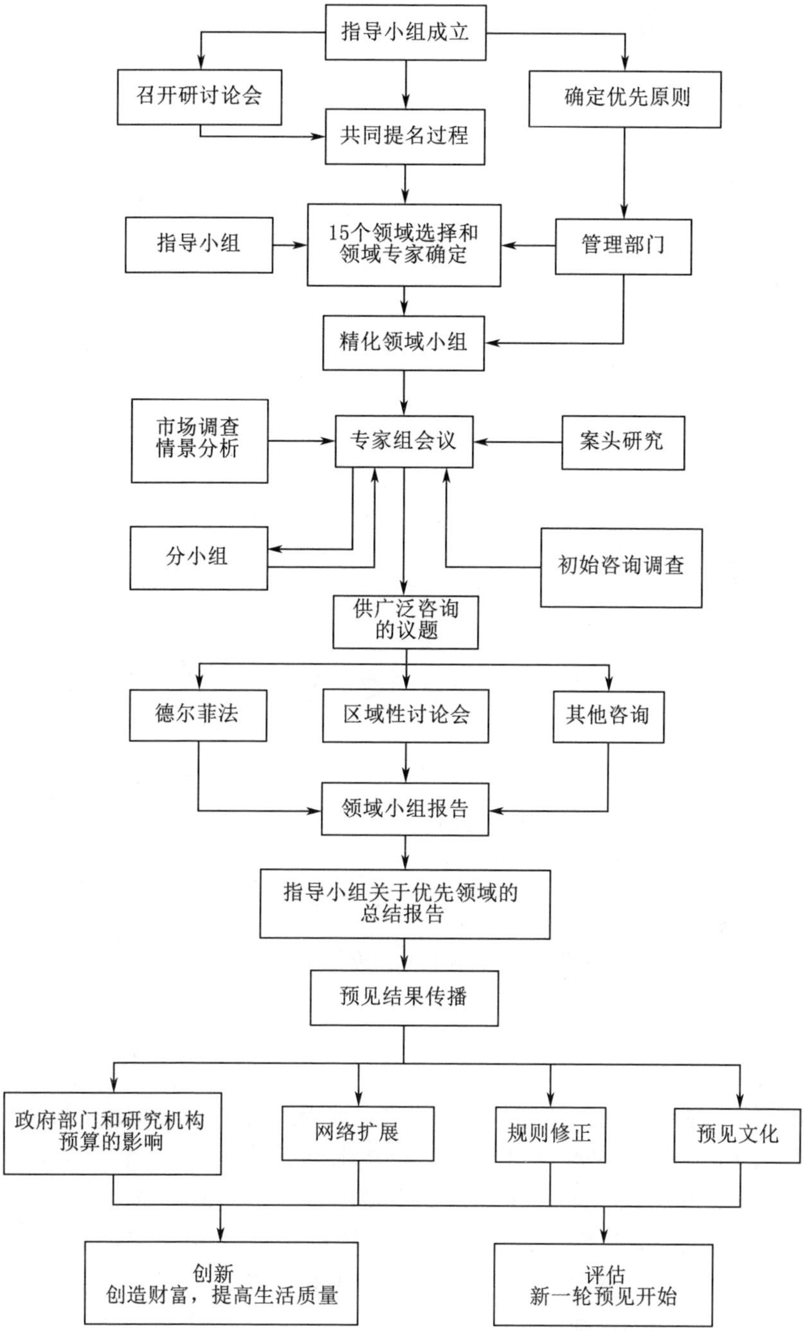

指导小组成立

召开研讨论会

确定优先原则

共同提名过程

指导小组

15个领域选择和领域专家确定

管理部门

精化领域小组

市场调查
情景分析

专家组会议

案头研究

分小组

初始咨询调查

供广泛咨询的议题

德尔菲法

区域性讨论会

其他咨询

领域小组报告

指导小组关于优先领域的总结报告

预见结果传播

政府部门和研究机构预算的影响

网络扩展

规则修正

预见文化

创新
创造财富，提高生活质量

评估
新一轮预见开始

图 7.4 第一轮技术预见计划实施流程图

二、第二轮(1999—2001 年)

(一)组织结构

在第二轮中科技办公室转到了贸工部名下工作,其原位置被绩效和创新部门所取代,后者评估出来的战略远景是科技办公室进行技术预见活动所需重要的参考资料。在科技办公室活动的同时,贸工部也成立了自己的创新小组,对 21 世纪科技创新战略的实施情况进行跟踪。第二轮技术预见计划组织结构如图 7.5所示。

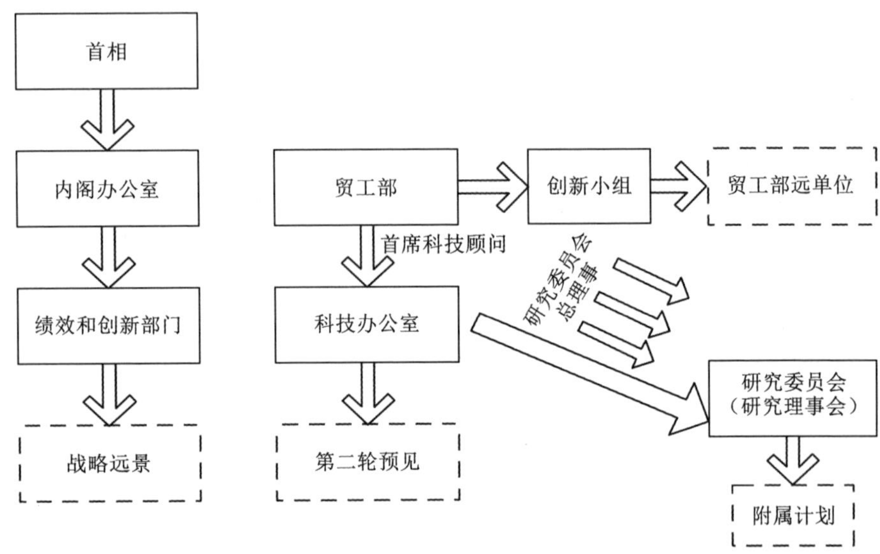

图 7.5　第二轮技术预见计划组织结构

(二)实施背景

由于第一轮技术预见计划的成果获得了肯定,英国政府决定在第一轮技术预见计划的基础上于 1999 年开展第二轮技术预见计划。与前保守党政府技术驱动型的技术预见不同的是,工党政府支持的预见是在面临更广阔的社会经济背景下开始的,政府在第二轮预见计划中把创造财富转向了提高生活质量。1999 年4 月,英国第二轮预见计划开始,最明显的变化是政府正式删去了“技术”一词,只简单地称之为“预见计划”。

(三)指导思想

第二轮指导思想:识别在未来20年可能的社会、经济、环境、市场的发展趋势;为满足未来预见之需求,在研发、基础科学、工程学和工艺领域的可选择的发展途径;为保证国家的繁荣和人民的生活质量,应用于科学创造的公众资金的最佳使用。具体目标为:确认重要的市场机会和威胁,确认新出现的能力,突出政策领域、规则,注重教育和培训,确认行动的领域。

(四)预见领域

在第二轮预见中,领域专家组仍是计划的核心,领域预见关注与工商活动紧密相关领域的问题,与上轮预见保持着连续性,但是领域的数目减少到10个。重新确定的行业领域则更倾向于应用导向方面的研究,例如,以前是健康和生命科学专家组,新一轮成为保健专家组。第二轮预见的显著特点是增加了3个主题小组(thematic panels),以主题开展的预见活动重点在于分析和把握那些对未来社会和经济发展会起一定影响作用的具有普遍性的问题和持久性的主题,把研究放在更广阔的社会经济背景中考虑。

第二轮预见还增加了两个支撑性主题:教育、技能和培训以及可持续发展。这意味着,所有的行业小组和主题小组都必须考虑其所在领域的教育、技能和培训问题,考虑其所在领域提出的建议对可持续发展的影响。支撑性主题强化了英国科技部门主导的预见研究与其他政府部门之间的合作,提高了预见的影响和执行效果。

此外,为了负责处理临时性任务或重要关键问题等细节方面的问题,第二轮预见中成立了特别任务组(task forces),绝大多数的特别任务组是由领域或主题小组建立,相对于长期存在的专家组来说,特别任务组通常是短期的,存在时间随工作任务的需要相应增减。第二轮预见计划的小组结构见表7.2。

表7.2　第二轮预见计划小组

领域专家组(10个)	主题小组
建筑环境与运输	人口老龄化
化学	预防犯罪
国防与航天系统	2020年的制造业
能源与自然环境	支撑性主题
金融服务	教育、技能和培训

续表

领域专家组(10 个)	主题小组
食物链与工业作物	可持续发展
保健	
信息、通信和媒体	特别任务组(task forces) 据称成立过大约 50 个特别任务组,例如: 未来能源、环境评价、纳米技术、零售物流等。
材料	
零售与客户服务	

资料来源:UNIDO Technology Foresight Manual。

(五)预见内容及方法

由于有了第一轮的经验及组织框架,第二轮预见计划吸引了更多个人及团体参与其中,它更加强调教育及社会因素参与的重要性,其预见的内容已不是单纯的技术领域,而是涉及了经济与社会发展的各个主要方面,被认为是第三代技术预见。第二轮预见的方法也有了很大变动,即从第一轮技术预见主要使用德尔菲法发展到采用了依托知识库(Knowledge Pool),并且以领域专家组为主干,以特别任务组保证研究的深入程度,以联合行动项目加强各领域组之间的横向流动的方式,使用专家组讨论、情景分析和座谈会等相结合的多种方法综合的模式,使得预见组专家们有了更新的认识,将未来的预见集中在某几个主题领域,以符合本国的国情,在最大程度上扩大预见的成果。

(六)实施及修正

第二轮预见计划要求各预见小组把许多相关活动组织到一起,每项活动都要确定优先领域、付诸行动并同其他活动交流互动。预见报告草稿在最终发布以前也要通过广泛发布的形式组织讨论和评议以便于进一步检查、分析和选择。2000 年 11 月,第二轮预见计划进入实施阶段。预见组和参与者与产业界、学术界、志愿者组织及政府一起把预见意见落实到行动上。2000 年 12 月,专家组提交最终报告之后,预见指导小组完成了总体报告。

第二轮预见的时间安排计划是 1999 年至 2004 年,但是当其进行到 2001 年时,科技办公室的决策层突然发现预见活动中出现了一些问题(如某些报告因为提出的意见是政治上所无法接受的),部分报告受到了英国科学大臣的公开批评;与此同时,由于开展的预测项目范围太广、覆盖面积过大、参与其中的组织鱼龙混杂、使得预见报告的质量参差不齐,其中最好的报告可以达到顶尖水平,而

其余大部分却都相当的粗糙,整体水平偏低。内阁办公室和科技办公室面对这一情况,在分析了各方面的信息后决定停止这一轮的预见活动,并总结出了以下结论:预见计划的方向应集中在那些能够最大程度为增加国家财富、发展科技实力做出贡献和给现实带来巨大影响的领域,这就要把社会经济的因素作为环境的一个部分来考虑,把行动的目标集中在较小范围内,要通过对资源的优化配置和集中利用来实现这种影响力。

经过对这一事件的深刻反省,英国政府从中找到了问题的关键,提出了一些新的构想,并准备将其投入到新一轮的预见计划中去。

三、第三轮(2002 年至今)

(一)实施背景

2000 年,英国科学部长宣布对新一轮技术预见计划展开评论,使其能建立在前两轮成功的基础上,确保新一轮预见能充分应对未来的挑战。评论的主要结论是新一轮的技术预见计划需要把目标重新聚焦在科学和技术上,更加灵活地考虑新的发展,更清楚地集中在能带来附加值的最好资源上。英国第三轮技术预见计划于 2002 年 4 月正式启动,它仍是科技办公室举行的重要探索性实践活动。

(二)指导思想

第三轮技术预见计划的目的是提高科学和技术在政府及社会中的应用效果。由于认识到这样的挑战可能来自新科技的推动作用和市场的需求因素,为了平衡这两种不同类型的挑战,英国政府希望在任何时候都能够有 3 ~4 个正在开展的预见项目,并且让这些项目处在发展的不同阶段。计划将按照这种模式长期运行下去,不再按每一轮 5 年分阶段的方式进行。

(三)组织结构

与之前两轮的预见相比,第三轮最明显的变化就是要求政府(包括苏格兰、爱尔兰和威尔士)及其所有部门也投入到了活动中来,而第二轮中绩效和创新部门转变成了相关的战略机构,贸工部的创新单位也升级成了远景讨论会。第三轮技术预见组织结构如图 7.6 所示。

(四)预见内容及方法

第三轮技术预见计划重新进行了架构,其规模与前两轮相比变小了,取消了协同项目的组织模式,转而希望预见项目针对不同类型的问题采用不同的方式

来处理；不再提供全面优势领域的选择，而是强调集中于那些有机会获得重大突破或发展的技术领域，要求每个项目都应该分析英国和世界科学技术的发展趋势，为资助机构、工商业、政府和其他部门组织提供行动建议。

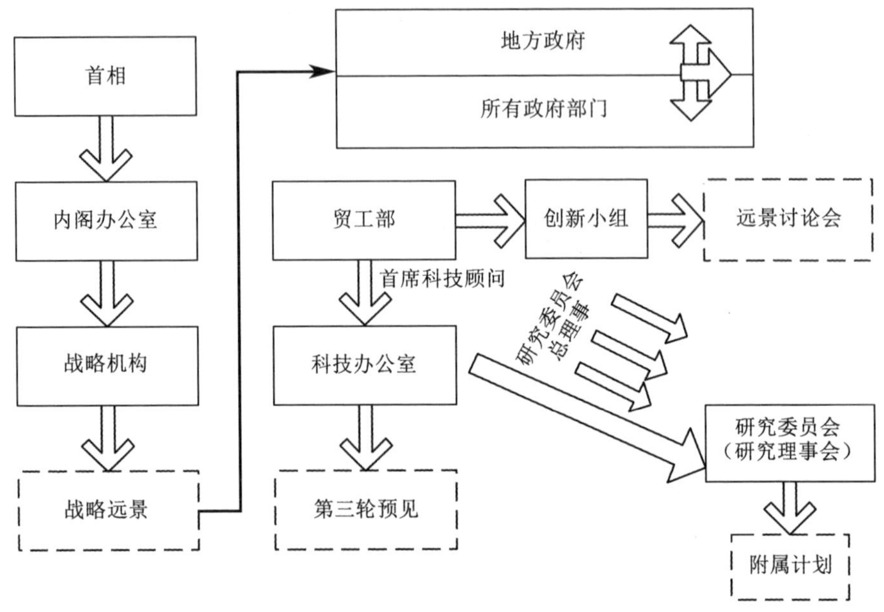

图 7.6　第三轮技术预见计划组织结构

第三轮预见在保持合作途径的同时，以滚动项目和各种灵活的组织形式来取代常设专题小组，也就是说技术预见计划涉及的领域和主题并不是一下子就确定下来的，而是成熟一个开展一个。预见方法主要采取头脑风暴法提出每个项目主题中优先发展的清单。第三轮预见相继开展的项目有认知系统、洪灾与海岸防护等，具体预见项目见表 7.3。

表 7.3　第三轮技术预见计划各年度项目情况

项目名称	完成时间
认知系统	2003 年 11 月
洪灾与海岸防御	2004 年 4 月
电磁频谱的开发与使用	2004 年 4 月
计算机信用体系和犯罪的预防	2004 年 6 月
脑科学、吸毒与毒品	2005 年 7 月

续表

项目名称	完成时间
智能基础设施系统	2006 年 1 月
传染病的检测与鉴定	2006 年 4 月
解决肥胖:我们未来的选择	2007 年 10 月
精神财富与心理健康	2008 年 10 月
低碳生活	2008 年 11 月
将来如何利用土地	2010 年 2 月
全球的粮食与农产品	2011 年 1 月
全球的气候变化	2011 年 7 月
全球环境变化和移民	正在进行中的项目
未来金融市场的电子交易	正在进行中的项目

资料来源:www. bis. gov. uk/foresight。

第三节 投资构成

英国政府及研究机构充分参考技术预见的建议,拟定政策及经费分配。第一轮技术预见计划时,政府于 1996 年出资3 000万英镑举办预见竞赛,鼓励合作进行研究与开发,这个活动共吸引企业单位对应投资6 200万英镑。然而实际上由于有了企业和私人团体的自筹资金,英国在技术预见上的投入远远不止这个数,据统计,在早期的 39 个项目上的研究费用达到了1.52亿英镑,而投资到确定了的优先领域中的金额则达到了3.5亿英镑。

到了第二轮,由于参与的团体非常广泛,与预见利益相关的企业界和各资金会的投入占了很大的比例。虽然在第三轮参与者的数量大大减少,但这种投资模式却保留了下来,不同的是第三轮中每个项目都有很多官方和非官方的高级股东团体(High Level Stakeholder Group),如"未来的粮食与农产品"项目中有环境、食物与农业事务部、未来发展部、牛津饥荒救济委员会等 30 个英国国内外股东团体。科技部每年都能获得一大笔财政拨款(数亿英镑)用以投入到预见项目确定了的优势领域中去,例如,在"传染病检测与鉴定"这个项目中,科技部为了执行预见结果而投入了5 500万英镑;此外,科技部也利用预见结果的影响力来增加政府在某一方面的开支,如在 2008—2011 年间,预见计划一共为"解决肥胖"项目制定的行动方案争取了3.72亿英镑的国家财政拨款。

第四节　管理模式和运行机制

一、基本思路

技术预见计划首先要针对社会经济、环境、科技和政策等要素在将来一段时间内的变化趋势，然后分析这种趋势会给全球尤其是给英国带来什么样的机遇与挑战、带来何种利益与威胁；之后，明确这种挑战的具体内容并找出应对的方法，再付诸行动为将来英国的财富增长和人民生活质量的提高提供保障。其具体技术路径如图 7.7 所示，逻辑模型如图 7.8 所示。

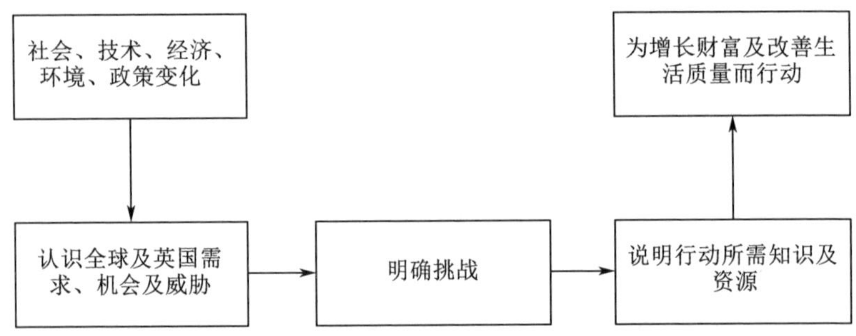

图 7.7　技术预见计划技术路径

二、预见组织体系

英国技术预见计划总体上由科技办公室负责管理，由政府首席科学顾问担任主席的技术预见指导小组负责指导。其组织体系一般以相对独立、分工明确的小组形式为基础。在三轮计划中，成立的主要小组及职能如下：

第一层次是技术预见指导小组，共 20 多人，成员由政府首席科学顾问任命，由政府部门、产业界、科学界、教育界和一些志愿组织的资深人士组成。指导小组的任务是明确技术预见的领域和方向，组织、落实、监督和指导各领域专家小组的工作。

第二层次是技术预见领域专家组，成员来自产业界、学术界、志愿组织、政府部门、研究机构和其他公共机构，主要以领域为基础进行工作。领域专家组的任务是识别未来的潮流、市场的动力、进步中的障碍以及未来所要遇到的机遇与挑战，并为行动提出建议。

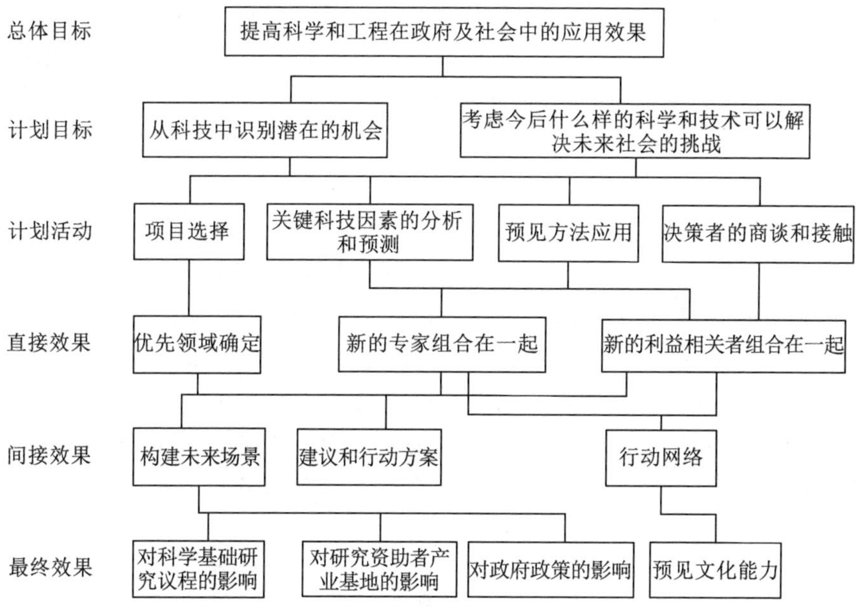

图 7.8　技术预见计划逻辑模型

第三层次是专门或特别任务小组，主要是针对主题或领域小组的特定需要而设立的支持小组。一般每个领域小组都有数个专门小组，具体负责深入了解某些特定议题的细节内容。行业小组人员的任期一般为 5 年；专门小组工作时间较短，通过定期地召集会议不断更新自己的观点，或随着项目的进展和需要建立新的专门小组。小组成员是通过各方面的组织提名来任命的，各小组应在总体框架内制定自己的工作日程，并要制定能够评估其作用的标准。其活动方式一般以相对较小的战略团体并且致力于某个特定问题的专门小组的形式进行。专门小组可以包括小组以外的人员，这是一种扩大参与者范围，使技术预见具有更大包容性的方法。在许多情况下，各相关专门小组会围绕共同感兴趣的主题（专题层次或领域层次）进行协作。

在第一轮技术预见过程中，为了在跨部门间的高层协调预见计划，于 1998 年成立了预见计划部长协调组。因此，第一轮的组织体系主要由科技办公室、技术预见指导小组、部长级协调小组和领域专家组四个层次组成。在计划的进行中，领域专家的成员是在变化的，成员从大学和工业界扩展到政府、慈善机构和市民代表，负责的事项范围也在扩大。

由于第一轮预见咨询的对象太窄，为了扩大预见计划的参与范围，第二轮预见的指导小组主席仍由首席科学顾问担任，但是成员范围有所扩大，同时领域专

家组也有着类似的变化。与第一轮以共同提名方式选择的专家不同的是,第二轮的参与者中很多人需要面对许多他们还不熟悉的议题和概念。为了加速学习过程,政府提出了建立知识库(technology pool)来支持预见专家组的工作。知识库是一个专业化管理的有关未来的战略前景、观点和信息的图书馆。知识库的工作主要是举行有关研讨会和其他活动,为参与者提供进行讨论和发表观点的机会。知识库不仅充当信息库的功能,还是一个讨论、交流和咨询的平台。在各专家小组通过知识库开展工作的情况下,为了方便专业机构和其他组织能够为预见活动贡献出他们的知识和技术,设计了一项新的机制——联合行动计划(associate programme)。通过这种机制,可以有效地向外部组织授权,在达成一致的条款之下,作为科技办公室的伙伴开展预见活动。联合行动项目的承担者主要是一些职业的研究机构和技术组织。他们在全国性预见项目的框架内就一个特殊领域的未来进行研究并将结论发布在技术预见网站上。第二轮预见组织体系如图7.9所示。

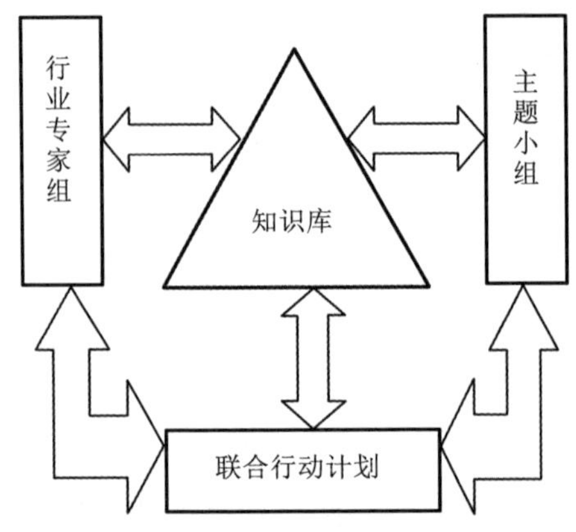

图7.9 第二轮预见组织体系

第三轮改变了第二轮的架构,采用流动的形式进行技术预见,预见组织为每个预见项目成立专门的项目组(project team),该组成员全都由科学家组成。这些项目组都有预见未来技术趋势的技能和经验,能够吸取外部专家网络的信息和知识。2005年,预见计划组为完善预见组的架构而成立了宏观扫描中心,它的工作包括系统地考察某一领域将来的威胁与机遇和未来可能的发展情形,为政府制定远期策略进行有事实依据的分析与思考。宏观扫描在工作上与预见计划是互补的,当前者致力于预见需要高科技支持的尖端领域时,该中心则集中于所有国家政策中的小型项目的战略远景,通常考虑新兴的事物,通过大范围地收集资料,多方位地认定一个在未来影响力较持久或可以取得突破的领域。该中心

除了在为政府制定未来战略与政策中起到重要作用外，同时也致力于提升政府所有部门对这些未来政策的执行力。该中心的具体工作包括如下几项：

(1)参与预见。宏观扫描中心所承担的预见项目通常是短期的，其预见深度一般在未来10~15年，并通过这些项目为政府的数个部门制定政策提供帮助。该中心完成的项目有未来的科技创新、世界贸易方案和气候的不确定性等。

(2)建立未来分析师网络。未来分析师网络为对预见感兴趣的人建立了一个交流和引进新技术的平台，它吸引了来自英国内外的学术界、工业界、无政府组织和政府人员的参与，发布了许多用途广泛的未来科技与策略推进有关的工具包和指导性说明信息。

(3)SIGMA扫描。提供了广大的公众资源和与英国未来50年内有关的约250个综合事项，关于未来研究论文的覆盖面包括了整个社会、科技、政治、经济和环境方面，是一个在线的搜索工具。

三、技术预见实施过程

技术预见的过程是一个逐步推进的系统过程，它主要包括组织架构的建立、活动的实施(准备、实施、分析以及评估)等环节。

英国技术预见计划的实施方式主要是召开各种形式的小组讨论会，并以技术预见小组的活动为中心开展工作。技术预见小组的活动大致分为五个主要阶段：

(1)计划与准备。这一阶段的目的是确定适合小组工作的活动目标和范围，确定在技术预见过程中应向谁咨询，如何去做，需要的资料与时间，以及成果的内容和表达形式。

(2)确立(识别)问题。这一阶段明确可能影响你的行业的问题，并把这些问题表述清楚，使大家对这些问题及其潜在意义有清晰的认识。

(3)确定优先项目。在确定可能塑造(影响)你的行业的长期前景的关键因素以后，研究确定将使你的行业的未来变得更好的最有意义的行动和项目。

(4)检验优先项目。这一阶段将对上一阶段提出的那些优先项目建议进行检验，提高和保障这些项目建议的可靠性以适应未来的发展，满足相关组织及成员的需求。

(5)散发(传播)预见的结果。继续强调从经验中学习，并在未来的行动中完善与发展。

四、预见评估体系

相比日本，英国对于预见的评估缺乏一个统一的、体系化的评估方法，至今为止,英国还没有真正开展过一次预见评估,但是英国对于预见评估体系的探索早已进行。

在第一轮技术预见活动时,并没有形成对于预见可靠、统一的评估方法,仅把评估看作技术预见结束的标志。尽管部分英国政府部门也对预见的结果或过程进行了一些小范围的调查,但是并没有统一的组织得出对第一次技术预见的官方评估。第二轮预见时,政府考虑到了评估的重要性,并要求专家起草了初步的预见评估体系。该体系的核心在于将预见评估分成两大部分,即预见过程评估和预见影响评估。同时,英国将主要的评估对象限定在五大部门,即政府、科研、教育、产业和公众团体。但是此评估体系过于理想化,其评估周期过长,牵扯范围太广,有太多的不可评估因素。因而最终该评估体系被否决了。

第五节　支 持 政 策

一、具体支持政策

技术预见是科技创新的指导性纲领,其宗旨是把握科技创新的方向,把精力和经费集中于那些有希望创造最大价值的科研开发领域。1993 年之后英国发布的多篇科技政策白皮书中均提及要大力发展科技创新,寻求开拓创新的新思路。1998 年英国政府白皮书《建设知识经济,挑战竞争的未来》、2000 年白皮书《卓越和机会——21 世纪科技创新政策》、2001 年白皮书《变化世界中我们的机会》、2002 年白皮书《为创新投资——科学、工程与技术的发展战略》等都提到了支持技术预见与科技创新的新政策,总的说来有如下几点:

(1)加强政府在科技发展中、政府科研投资对经济的影响和作用,要鼓励企业增加研发投资、吸引外国投资和构建国际关系,支持地区的创新活动,促进高风险的研究,加强对企业与大学合作行动的支持。

(2)调整研究理事会的职能,更多地在促进跨学科研究方面加强合作以改进“同行评议评价”体系的效率,建立“预见竞赛基金”(后更名为“预见 LINK 奖”)把握创新方向,提高公共科研对技术创新和英国生产力的影响。

(3)努力保持大学科研的优势,保障资助大学科研的“匹配支持体系”的健康运作,给予大学所需要的灵活性,对新的优先重点和新的研究领域的研发做出最大支持,以新的考核办法来替代原来的“科研评价考核”标准。

(4)进一步发挥医学研究对经济的贡献率,同时不能忽视其对公众健康带来的益处,为了改进健康领域研发工作的管理和实施而将医学研究理事与国家卫

生部合并，建立联合卫生研究组。

(5)加强科技教学和人才培养。由于近年来英国基础教育中理科生比例偏低且有逐年下降的趋势，会对后期高等教育和未来科学研究造成不利影响，英国政府在“2004—2014年科学与技术创新投资框架”的文件中提出了改进措施：①要让科学教育成为学校的重点；②从2008年开始，要求14岁的所有学生在取得理科最低限度的分数后，要学习三门理科课程才能获得“中等教育理科普通文凭”；③继续吸引理科大学的毕业生到中学里教授物理和化学；④发展和主导继续培训计划，给予非理科专业的教师化学或物理的速成文凭，该文凭应当是他们获得更丰富的专业知识和教学所需要的教学方法。

二、科学界对政策的反应

对于新政策英国学术界做出的反应非常迅速，但褒贬不一。总体认为，英国政府确定了对科学和技术创新的长远考虑，并于2014年使政府和私人研发投资总额达到国民生产总值的2.5%，为促进企业与大学合作，促使科学界更多考虑工业界的需求留下很大的发展空间；皇家学会表示对政府增加中学理科学生人数感到特别受鼓舞，但是英国研发方面的一些人士也提出了强烈的抗议，他们认为财政大臣试图利用英国的公共科研来补偿工业研发投资的停滞甚至下滑，以此来体现科研工作对经济的影响力。而“粒子物理与天文学研究理事会”和中央实验室理事会研究理事会(其主席很晚才看到政府的文件)的态度则相对中立。他们支持政府改进研究理事会效率的愿望，但没有正式宣布合并的可能性。他们要求各自的学术界，特别是“粒子物理与天文学研究理事会”积极参加政府开展的预见咨询活动。虽然即使“粒子物理与天文学研究理事会”反应积极，但其前主席伊恩·哈利迪却对此表示了“惊讶”，他在《研究半月谈》杂志上提醒说，“粒子物理与天文学研究理事会”指望小额经费支持新的思想，显然要比资助大型科研装置更加重要，在他看来，将经费的分配权赋予两个不同的机构，会有让大型设备和国家实验室的良好运行战略脱节的危险。

至于医学研究理事会则赞同创建“卫生部－医学研究理事会”联合研究基金，英国大学联盟——英国大学的联合组织也赞成创建这一联合基金，但“招收托管金”基金会指出，10亿英镑的基金将低于目前医学研究理事会和卫生部经费相加的13亿镑。总的来说，英国的科研界还是满意卫生部的研发资金的指示方向的，认为其中相当一部分有时会被国家卫生服务处的“托管金”所耗尽而不能真正发挥作用。但是，就像皇家学会一样，许多单位非常关注政府关于健康研究的经费由一个新的统一机构负责的计划，因为他们不希望英国的医学和生物学研究采用多层管理模式。

“科研评价考核”改革的问题引起许多反应。譬如,英国大学联盟认为在没有有效的替代办法之前不能将其废除。皇家学会指出,建立在指标基础上的标准也许在实验科学方面行得通,但对于大型设备、数学和人文科学则肯定不行。像许多其他研发机构一样,皇家学会不希望评价工作建立在引文比率和影响因子的基础上,因为实践证明这些指标是不完备的。

第六节　实 施 效 果

一、第一轮实施效果

英国的第一轮技术预见计划无疑是成功的,在利用其他国家成功经验的基础上结合本国特点,作为预见启蒙阶段而进行的探索性活动,却引起了社会各界积极的响应,吸引了广大社会群体的参与和大量公共资金的注入,尤其是科学界和工业界,表现得非常活跃。许多专业协会、贸易组织及研究机构基于预见报告纷纷活动,制定出自己相应的计划。政府单位及科研机构也参考预见的建议,拟定政策及经费分配方法。1996 年科技办公室提出围绕技术预见计划的实施启动一项新的计划——“预见挑战”(foresight challenge)计划,资助大学、研究机构和工业在预见计划确定的优先领域内开展合作研究。实施了许久的“联系”计划也重新发布,开始把资助完全集中于预见的优先范围内。

第一轮预见活动创造了工业、政府和大学之间的新型伙伴和网络关系,不但产生了大量关于未来的指导性的信息、被看作是一种引导未来的工具,而且它从根本上改变了英国过去薄弱的地方,在风格上形成了自身的特色,成为很多其他国家学习的样板。

二、第二轮实施效果

由于有了第一轮的经验及组织框架,第二轮技术预见计划又吸引了更多社会团体的参与。通过广泛的交流和系统的研究后确定了在未来 20 年中社会、经济、环境、市场可能的发展趋势;为满足未来预见的需求,在研发、基础科学、工程学和工艺等领域挑选出了可选择的发展途径;为保证国家的繁荣和提高人民的生活质量,提出了将公众资金应用于科学创造的最佳使用方案。预见活动也促成了许多跨领域的交流及计划。例如,促成国防研究者与金融企业的合作,化学家与地图厂商之间的合作计划。在英国预见小组的总结中,指出未来的改进之处,要扩大参与性、包容性、互动性和一致性,并引入全球性的观点。其中,特别

值得一提的是确保高质量的方法——公开辩论预见小组的理念与初期的报告。一般而言，所有的参与者均可看到评论。这样的分析过程使小组成果的报告在最后定稿发行前增加不少的价值。

尽管由于一些原因这一轮的预见活动提前停止了，但大部分专家组和特别任务组都完成了他们各自的工作，也有部分活动以某些形式继续保存了下来，例如，贸工部和国防部共同成立了一个新的“国防与航天系统”小组，而原料小组则继续由原料协会来运作，节碳基金会则能够更加专注地为能源与自然环境小组完成自己的活动提供支持。有迹象表明一些协作项目也有延续，就像内政部组织的犯罪与安全小组等。这也体现了一种公平的原则，第二轮的终止是整体性的，但是那些表现出色的小组被保留了下来以继续做其他方面的研究，这种集中式的预见方式使得预见研究的方向性更容易把握，也对第三轮预见计划的组织工作给出了一些启示。

三、第三轮实施效果

第三轮技术预见计划前期发表的 15 份有分量的预见报告中，较早一批完成的报告已经开始对当前的发展产生了影响，见表 7.4。

表 7.4　部分项目的实施效果

项目名称	完成时间	预见深度	实施效果
洪灾与海岸防御	2004 年	—	为应对英伦三岛的洪水危机和海水腐蚀而争取到每年 3 亿英镑拨款
			与美国工程兵团等合作，就美国东、西海岸和墨西哥湾的海岸危机问题制定了相关应对政策
			指引了一项应对太湖流域水患的中英合作计划，加强了两国科研方面的合作
传染病的检测与鉴定	2006 年	—	帮助非洲传染病探测、鉴定与监控技术框架联盟的发展，为东非传染病监控中心的建立做出了贡献
解决肥胖	2007 年	到 2050 年	为英国制订了控制肥胖的计划，提出了“健康体重”的标准和“健康生活”的概念及保持体形的方法
			在此项目影响下，英国皇家内科医师协会发表了保持身材、防止超重和减肥的专业性指导书

续表

项目名称	完成时间	预见深度	实施效果
精神财富与心理健康	2008 年	往后 20 年	2010 年政府出台了英国历史上第一个理健康策略,制定了第一个正确处理心理健康和社会财富的 5 年规划
			提高了心理健康的标准,普遍提高了政府各个部门和社会各层次对心理健康的重视程度
			学术界开始加大这方面的研究力度,发表了很多研究成果和指导建议
			协同外交部和欧洲 20 多个国家开展"国际实业和机遇:老年人精神财富的开启和利用"论坛
			中国建立了将此计划应用于国家教育政策的研究小组,并为探索中英两国青少年学习困难和社交退缩行为问题而展开研究
低碳生活	2008 年	到 2050 年	协助英国能源研究理事会对如何减少生活中的能源消耗展开研究
			推动了英国能源及气候变化部、建筑学及建筑环境委员会和可持续发展委员会联合发表了低碳宣言

资料来源:http://www.bis.gov.uk/Foresight/our - impact。

虽然英国的技术预见活动起步较晚,但从一开始实施就比较注重理论研究,预见的层次和水平都比较高,并且紧紧围绕如何促进科技基础与财富创造、生活质量之间的相互关系,挑选出优先领域并打造"预见文化",因而形成了一些自己的特点,取得了显著的社会效益。

第七节　经验教训

一、经验总结

从英国技术预见计划发展的历程中我们可以看出,技术预见计划是英国最大的科技活动之一,具有政府主导、需求定位、专家运作、社会参与、重在应用的

特点。与其他国家相比,英国的技术预见计划独具一格,一是在整个国家创新系统中进行的,并成为其中制度化的活动,而不是仅在高层战略层操作或限于某一领域;二是在实践中,预见从技术定向和关注市场发展到关注更广泛的社会发展和生活质量。

由于之前英国没有过类似的实践,很多内容都是通过参考其他国家的经验来制定自己的运作模式和管理组织方法,所以在第一轮技术预见计划开始时遇到了很多麻烦,例如,专家组没有获得足够的技术支持,各专家组之间也缺乏必要的交流,导致本来就不充足的技术资源利用率更加低下。前期准备不充分,后期实施便显得仓促,时间较紧迫,让德尔菲调查在使用过程中遇到了些挫折。那些由政府组织的专家组与来自社会各界的非专家组之间缺乏深入沟通的渠道,而且没有足够的商界代表参与到此次计划中,这样就让有些本质上属于社会问题的事件没有得到根本的解决方案,仅是在理论层次上给出了一些技术性的方法,为将来留下了很大隐患。同时,因为在计划开始时就没有充分考虑到如何将预见成果转化为现实,所以在第一轮结束后这些预见建议执行和落实的力度也不足。

到了第二轮时,虽然针对第一轮技术预见计划的不足做出了相应的调整和改变,但这也没有彻底解决问题;同时,由于第二轮参与者的规模比第一轮大得多,被预测的领域也扩散到了更广的空间上,参与预见的组织来自社会各阶层,水平差异很大,报告的质量就难以得到保证,而且各方面的报告在对未来的所期望的趋势上缺乏一致性,让整体预见的方向性难以把握,还消耗了政府过多的精力和资源;再者,由于涉及的层面太过于广泛,科技办公室想要掌控局势的发展似乎已经有些力不从心,所以第二轮被迫提前结束了。

吸取第二轮的经验教训,第三轮不再确定宏观的优先性领域,取消了协同组织的管理模式,转而以由政府任命有经验的科学家成立技术预见专题小组,对某一领域进行深入的研究与预测;要求在每一时刻都有 3 ~ 4 个处于不同阶段的预测项目在进行并长期运行下去,不再按每一轮 5 年分阶段的模式进行预测计划。

英国的技术预见计划现在已经成为英国科技工作的重大战略举措,成为政府制定科技政策和确定优先支持领域的重要依据,并得到社会各个部门的积极响应。

二、对中国的启示

技术预见在我国推行已经有多年,从国家到地方,都开始关注技术预见的工作,并把技术预见研究作为科技规划乃至科技管理的重要支撑工具。借鉴英国的技术预见经验,中国的技术预见还应在以下方面进一步完善。

(一)建立一套适合中国国情的预见体系

从英国技术预见发展的历程中我们可以得出,进行中国的技术预见和科技自主创新能力必须立足于认识中国国情,着眼把握我国重大战略历史机遇、建设和谐社会的历史使命。一方面,中国人口众多、人均资源拥有量相对不足和社会经济发展不平衡,客观上需要发挥科学的支撑作用,实现全面建设小康社会的目标;另一方面,我国科技创新能力相对于发达国家还处于中等偏下水平,客观上需要加大科技投入,把握世界科技发展趋势和国家发展对科技战略的需求,积极培育科技自主创新能力,实现我国科技跨越式发展,以保障经济社会快速发展和国家安全的需求,技术预见能为系统配置国内外资源,解决我国人口、就业、资源环境问题。改革开放以来,中国经济高速增长主要归因于劳动、资本和全要素生产率的提高和体制改革的影响,但这也造成了资源的过度消耗和环境恶化,社会矛盾的加深。为此,中国共产党的"十六大"报告提出走新型工业化道路,即科技含量高、经济效益好、资源消耗低、环境污染少和人力资源优势得到充分发挥。其根本就是科技创新,需要不同利益共同体就科学、技术、经济、环境和社会对远期未来发展图景达成共识,选择可能产生最大经济与社会效益的战略研究领域和通用新技术,提高企业技术能力。

(二)在全社会培育一种关注未来的预见文化

技术预见所倡导的理念之一是沟通与协商,通过社会公众参与、高层专家的审核和论证来提升技术预见质量,形成最后的预见报告,传播预见成果。技术预见是一项庞大的社会系统工程,必须有合理的制度来保障,要遵循沟通、理解、协作和承诺的原则,精心组织,同时技术预见的过程收益是长期的,应构建关注选择未来的预见文化。然而在我国还没有形成技术预见文化氛围,社会公众,甚至高校学生对其了解少之又少。因此,应树立"技术预见" 观念,让政府、学术机构、企业界和公众都能充分认识到技术预见对经济发展、对技术和社会进步以及对科技资源配置的重要性,在全社会培育一种关注未来的预见文化,促进技术预见理论研究的完善和实践的持续发展。

(三)预见计划的制定与反馈

借鉴英国第一轮技术预见计划的成功经验,同时吸取第二轮技术预见计划提前终止的教训,我国在制定预见计划时,应考虑我国的社会经济情况,预见要集中在那些能够增加国家财富、给科技创新带来巨大影响的领域,把预见的目标集中在较小范围内,通过培训等措施来提高预见参与者的预见水平,保证预见结

果的质量和可用性。同时,建立反馈机制,在预见过程中不断收集各方面的信息,增强互动性,并引入全球性的观点,适时调整计划,在实施中不断完善。只有这样,技术预见才能真正成为一个系统集成不同利益共同体观点和不断修正关于未来技术发展方向选择机制的平台。

(四)将技术预见结果与科技规划制定有机地结合在一起,将技术预见应用于战略规划

在英国的技术预见中,政府在决定投资方向和制定中长期创新政策时,把技术预见结果作为一种重要的参考依据。在一定程度上按照技术预见的研究结果来制定科技政策,并根据本国与外国技术发展趋势预测的对比来安排研发资金的分配,英国的技术预见结果已强烈影响了政府的科技战略决策。目前,我国正处在落实科学发展观、建设创新型国家的进程中,要求经济发展方式加快向可持续的方向转变。通过广泛开展技术预见活动,促进面向可持续发展的技术创新,识别和优先支持一批对国家可持续发展具有长期重要影响的战略技术,形成一批具有自主知识产权的关键技术,从而为国家科技发展和创新提供互动平台,为应对我国可持续发展面临的挑战提供有力支撑,其意义十分重大。

参考文献

[1]杨耀武. 技术预见学概要[M]. 上海:上海科学普及出版社, 2006.

[2]GEORGHIOU L. The UK technology foresight programme [J]. Pergamon, 1996,28(4):359-377.

[3]中国科学院国际合作局. 英国政府提出科技创新的新政策[J]. 国际科学动态, 2006(8):1-7.

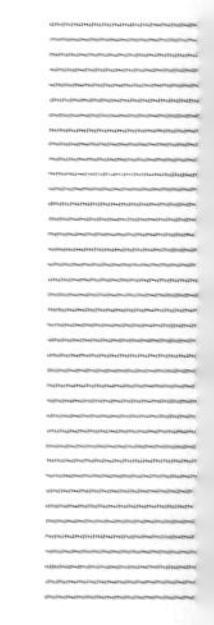

第八章 法国重大技术计划运行管理研究

西方发达国家通过实施军民通用(军民两用)计划,推进国防科技工业和民用工业融合式发展,取得了显著的成效,法国就是典型代表之一。自20世纪60年代以来,法国积极推行多项军民通用性的重大技术计划,积累了丰富的经验,使得法国成为世界科技强国,并在核电、航空、航天、交通运输等领域保持世界领先地位。法国重大技术计划的实施,形成了以国家主导,国有企业和研究机构为主体的独特模式,与我国目前大型科技计划的组织实施有一定的相似性。因此,研究分析法国军民通用重大技术计划的运行管理、组织模式和经验教训,对于我国实施大型军民通用技术计划具有十分重要的借鉴意义。

第一节 提出背景

许多国家都实施过大型研究计划,但法国是实施大型研究计划最为普遍、最为系统的国家之一。法国重大技术计划是法国大型研究计划的独特形式。法国重大技术计划的产生,与历届法国政府的科技政策和管理体制密不可分。法国重大技术计划始于法国对科技革命的入迷和热衷阶段,科技项目的大型化、复杂化趋势促使法国政府加大了对重大科技项目的统筹管理,而科尔伯特主义在法国的再次兴起使得重大技术计划成为法国政府发展科技的必然选择。法国重大技术计划就是在这样的背景下产生的。

一、重大技术计划始于法国对科技革命入迷和热衷阶段

从第二次世界大战到20世纪末,包括法国在内的西方主要工业国家对科技革命的态度大体可以分为四个阶段:

第一个阶段——入迷阶段(从第二次世界大战到1960年)。主要特点:各工

业强国把科学的效能看成是万能的,大部分工业国家制定的科技政策主要目的是用于国防。

第二个阶段——热衷阶段(1961—1970 年)。主要特点:经济学家和系统分析学家参与制定科技政策,并在决策中起主要作用;各工业强国政府把科学研究的目的转向解决经济领域和社会领域中的重大问题,科学研究被当成高价值工具。

第三个阶段——迷惑阶段(20 世纪 70 年代)。各工业强国政府从科技魔法中解脱出来,开始对科学研究的"万能性"产生一定疑惑,科技的投入(科研经费在国民生产总值中所占的比例)停滞不前,甚至出现倒退。在 20 世纪 70 年代,各国更加注重经济增长的幅度和社会效益,注重环境保护以及改善生活质量,而对于国防和国家威望的关切相对削弱了。

第四个阶段——理智阶段(20 世纪 80 年代之后)。各国逐渐认识到科技是国家发展的重要力量,但也不能达到迷信、盲目的程度。

法国重大技术计划的提出,正值法国对科学技术入迷和热衷阶段。1958 年,戴高乐总统上台之后,一直高度重视科技发展,逐步建立了法国高度集权的科技管理体系,这为重大技术计划的提出和实施做好了制度准备。

二、科技项目发展的新趋势对国家科技管理提出了更高的要求

第二次世界大战之后,科学和技术发展日新月异,科学研究和技术开发项目的发展呈现复杂化、大型化的趋势,跨部门、跨学科合作日益增多,要求科技管理加强合作(包括国与国之间的合作),这对各国科技管理部门提出了巨大的挑战,需要创新科技管理的体制机制。

三、科尔伯特主义的再次兴起使得重大技术计划成为法国政府发展科技的必然选择

从第二次世界大战到 20 世纪 70 年代,法国通过建立一种科研和创新的特殊组织模式,应对时代发展对大型技术计划项目组织和管理的挑战。这种组织的建立缘于法国的历史先例和强烈的政治愿望,以及第五共和国对法国科研努力的推动,并带有浓厚的科尔伯特主义色彩。

科尔伯特主义是法国 17 世纪产生的重要政治经济思想,源自法国路易十四时期的财政大臣科尔伯特(Jean - Baptiste Colbert)。科尔伯特主义是一种变形的重商主义,认为法国的财富和经济应该服务于国家,借用重商主义的思想,认为国家有必要干涉绝大部分资源的使用;同时为了积累财富,国家在国际贸易中应尽可能保持最大顺差。

第二次世界大战之后,尤其是戴高乐总统上任之后,科尔伯特主义在法国再次兴起。法国政府主张政府借由公营企业和国立机构(包括科技机构)、政策法规等手段,干预国家经济的发展。在科技领域,法国政府追求独立自主的发展战略,努力将自身打造成为世界科技强国。法国政府对科技发展进行干预,集中有限的资源,可以有效推进科学技术的快速发展,以便在核能、空间、航空、通信等领域实现独立自主的发展目标。科尔伯特主义的主要特征是注重发挥公共科研资助对大型民用和军用研究计划的作用,这种资助制度刻画出法国政府干预主义对技术的控制权利。科尔伯特主义恰好迎合了当时法国政府的这种政治诉求。由此,政府干预下的大型技术计划成为法国政府发展科技的必然选择,法国"重大技术计划"的模式基本形成,并成为第二次世界大战后法国科技政策的显著特征。

第二节 投资构成

一、法国 20 世纪 60 年代至 70 年代末重大技术计划构成

为了使法国的工业在未来的竞争中占有相应的地位,自 20 世纪 60 年代开始,法国政府开始制定国家大型重大技术计划,并参与国际工业研究发展计划。表 8.1 列出了法国 20 世纪 60 至 70 年代末主要重大技术计划。

表 8.1 法国 20 世纪 60 年代至 70 年代末主要重大技术项目

项目	启动时间	备注
协和飞机	1962 年	39 亿欧元(1970—1990)
计算机算法计划(大规模集成电路)	1966 年	80 亿欧元(投入 BULL 公司)
远程通信	1968 年	
民用核能	1968 年	
空中客车	1969 年	30 亿欧元(1971—1997 年所有相关计划)
航天	1973 年	
喷气发动机	1973 年	
高速铁路	1964 年	21 亿欧元 (截至 1981 年首列高速列车投入运行)
迷你通信网络	1978 年	12 亿欧元(投入法国电报电话公司)

二、法国 20 世纪 80 年代重大技术计划构成

1987 年法国政府将国家级科技计划(除国防、航空航天计划以外)和政府部门组织的有关重大专项重新组织,归并为 11 项重大技术计划。这 11 项重大技术计划由研技部统一管理,每项计划均成立一个科学委员会,负责计划执行的组织领导工作。到 20 世纪 90 年代,法国重大技术计划不断减少,有些项目销声匿迹,例如,电信重大专项随着法国电信公司的私有化退出了历史舞台;民用航天和核电领域的项目地位也有所下降。

三、法国 20 世纪 90 年代重大技术计划构成

1991 年开始,法国政府实施了新一轮国家重大技术计划,宗旨是确保法国高技术产业在国际上的领先地位。主要包括航天、核能、航空、电子信息和通信领域等,这些计划的大部分技术是军民两用的。这些计划由政府科研机构和企业共同承担。仅在 1992 年,法国政府对重大技术计划的投资达 357 亿法郎。

四、重大技术计划总体构成

自从 20 世纪 60 年代法国启动重大技术计划开始至今,其内容构成总体保持着较好的延续性。法国重大技术计划集中在空间技术、航空技术、能源技术、信息和通信技术、运输技术(节能环保汽车计划、高速铁路计划等)、环境工程、生物工程(如农业生物计划等)七大领域。法国重大技术计划涉及的领域既包括军用领域,也包括民用领域,不少重大技术计划本身就是军民通用性质的,如航天计划、核电计划、航空计划等。

法国重大技术计划时间跨度较大,主管部门变更频繁,使得各个时期重大技术计划的组织形式不尽相同。本章将通过剖析超音速客机计划、核电计划、阿丽亚娜火箭(Ariane Rocket)计划、高速铁路计划、大型远程客机计划等典型军民通用重大技术计划,分析法国重大技术计划组织、管理和实施情况。

第三节　法国典型重大技术计划

一、核电计划

(一)核电计划背景

20 世纪 70 年代,法国仍是一个电力净进口国。法国能耗的 2/3 依靠进口,

石油消耗占总能耗的3/4。法国本身能源资源匮乏，几乎没有石油资源，天然气与煤的储量也极有限，经济上可行的水力资源也已全部开发完毕。

法国从20世纪50年代中期，就开始研究发展核电的利弊，并积极组织开展核电基础科学研究和应用技术开发，为尽快掌握和发展核电技术做好准备。

20世纪70年代，第一次世界石油危机爆发，使法国调整能源战略——发展核电替代化石能源，以减少对进口能源的过分依赖，保持和提高能源的自给能力和独立性。根据法国能源专家测算，生产同等电力，以煤为原料要占成本的40%，以天然气为原料要占成本的80%，而核电所使用的铀的成本则只有5%。考虑到法国拥有大量的重工业专业技术，但缺少能源资源，法国政府制定庞大的核电发展计划，决定增加本国的核电能力。

（二）法国核工业组织

法国核电计划的成功实施是通过完善的核工业组织实现的。为适应法国核电计划的规模与复杂性，法国组建了完整的核工业组织，由以下部门组成：

（1）一个核电站业主，即法国电力公司。法国全部的核电站均由该公司兴建、运行。建筑工程公司与用户同属于一个组织时，自然对之后的需要有更深的体会，而且能够直接地反馈运行经验。

（2）法马通公司，负责设计并提供交钥匙核蒸汽供应系统（NSSS）及燃料。

（3）阿尔斯通公司，负责设计、制造、投运机房内的主要部件，以及生产核电站常规岛的电气设备与仪表控制系统。

法马通和阿尔斯通两家公司在国际上均享有盛名。它们对自己庞大的分包网进行供货协调，并检查供货质量。

（4）高杰马集团，法国原子能委员会的独有子公司，负责整个燃料循环及有关服务。

（5）一个强大的科研机构，即法国原子能委员会。该机构与法马通公司、法国电力公司、高杰马集团紧密合作，大力开展其广泛的研究与发展计划。法国核安全当局也依靠该机构的专家与检测设备。法国原子能委员会发展并改进燃料循环所使用的工艺。在法国核工业与法国电力公司的配合下，该委员会不断研究、发展压水堆与快堆设计。

（三）核电计划实施情况

截至20世纪90年代末，法国核电计划投入总共约4 000亿法郎（不包括建造期的利息）。投资主体包括政府、法国电力公司以及银行。法国核电计划的投资构成如图8.1所示。法国为发展核电的整个投资规模将近8 000亿法郎。

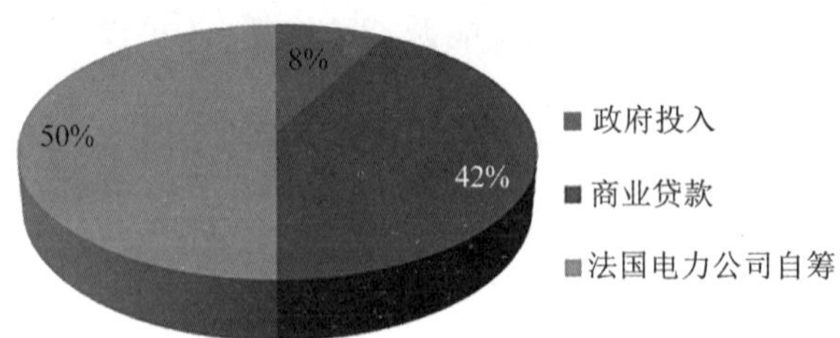

图 8.1　法国核电计划投资构成

法国政府授权法国电力公司为唯一的核电站的业主、运营商以及法国核电计划的总体工程管理单位，主要负责核电站的整体设计、工程和设备采购等，直接组织管理核电设备供应商体系，保证将建设、运行中的经验反馈给设计部门、制造部门，促进设计工作的不断改进，提高核电设备质量，从而保证核电站的安全运转。

（四）核电计划的主要效果

1. 核电计划使得法国能源自主率大大提高

通过多年来核电计划的实施，法国核电占发电量的比例达到 85%，成为继美国之后世界第二核电大国。

2. 法国核电成本低、效益高

法国所有核电站采用同一类技术，投资成本大大降低，每千瓦投资成本仅为 1 000欧元，仅相当于世界核电平均投资水平的一半。法国核电站运行成本也很低，比美国低 40%。2001 年，法国核电成本约为每千瓦时0.03欧元。法国电价在欧洲是最低的，工业电价比欧洲其他国家低 30%。法国也是世界上工业和民用电价最低的国家之一。这使得法国的工业更具竞争力。同时，法国已成为电力出口国，如法国 1993 年的电力出口收入达 140 亿法郎，是法国第七大出口项目。

（五）法国核电计划发展动向

1.《法国核电工业的未来》报告

2010 年，法国总统萨科齐主持召开“核电政策”专门会议，讨论并决定整合法国民用核电产业，以面向未来和世界市场，提高法国在核电领域的国际竞争力。法国总统任命前法国电力公司董事长鲁斯利组成专家小组，对法国核能工业未来 20 年的发展进行深入调研，并给政府提出建议报告。

2010 年 5 月，该专家小组向政府递交了《法国核电工业的未来》报告。报告

认为，法国拥有强大的核电工业，其中，法国电力集团、阿海珐核电集团和阿尔斯通都属于世界工业 500 强企业，核电产业链还牵涉数百家法国中小企业。经过多年的发展，法国在核电工业和技术上取得了巨大成功。

形势的变化与发展要求法国重新整合民用核电工业，提高国际竞争力。过去，法国国家核能委员会、阿海珐集团和法国电力集团主要面对国内市场，每年建造若干座核反应堆，以满足国内电力需求。而如今，法国面对的是全世界，面对大幅增长的世界核电需求，法国核电企业应该适应新的变化，开展联合，布局未来核电工业。

报告提出，从现在起到 2030 年，法国核电产业将面临双重挑战。在国内，法国需要完成数座欧洲压水核反应堆的建设，并保证现有核反应堆安全运营，使核反应堆的运行寿期能够延长并超过 40 年，还要做好核废料的处理等。在国际层面，法国开拓国际市场的任务将更加严峻。

目前，世界核电需求量大幅增加，未来 20 年全球大约有 250 座新的核反应堆诞生，市场竞争将更加激烈。在新的国际博弈中，政府应该在组织法国核电企业“战略联盟”上发挥核心作用，始终将能源战略放在优先位置上。

在法国总统推动下，法国电力公司将成为法国核电产业的龙头老大，并率领法国企业进军国际市场。法国电力集团和阿海珐集团也将在核电领域（从核电燃料供应到核反应堆出口的各个方面）开展战略合作，两集团还将与法国其他核电企业进行合作。法国整合核电产业的序幕已拉开。

2. 日本核危机对法国核电计划的影响

2011 年 3 月，日本发生核电危机之后，法国民众和社会各界对法国核电工业的安全性产生了担忧。法国“绿党”的议员纷纷发出放弃核电计划的呼吁。反核人士也纷纷呼吁政府逐步减少核电开发利用。

当时以萨科齐总统为首的政府高层则坚持，民用核电工业关乎法国的能源独立。2011 年 3 月 14 日，萨科齐在会见执政党议员时明确表态“放弃核电工业毫无可能”。3 月 15 日，法国总理菲永在议会答问时称，日本的核事故等于“判核电死刑”的说法是“荒谬”的。法国将从日本的核事故中“吸取教训”“加强核电站的安全”。菲永强调，法国的核电工业是世界上“最安全”的核电工业之一。法国环境部长在 3 月 15 日宣布，将对法国境内所有核电站进行安全检查。

二、超音速客机计划

法国超音速客机（supersonic transport，SST）计划研制出了世界上少数曾投入商业使用的超音速客机之一——协和飞机（Concorde），由法国宇航（Aérospatiale）和英国飞机公司（British Aircraft Corporation，BAC）联合研制，属于

中程超音速客机。

(一)协和飞机计划背景

20 世纪 50 年代开始,随着亚音速喷气式客机的普及,以及第一种实用化的超音速军用飞机——F100R 超佩刀战斗机的出现,超音速客机在当时被普遍视为未来的发展方向,英国、法国、美国都相继计划研发超音速客机。1956 年,英国政府成立了超音速运输飞机委员会(Supersonic Transport Aircraft Committee, STAC),联合了英国皇家飞机研究院(Royal Aircraft Establishment,RAE)和布里斯托飞机公司(Bristol Aeroplane Company)进行研究,开始探讨开发世界上第一种超音速客机的可行性。到了 1959 年,委员会得出了初步结论,认为超音速客机在技术上是可行的,并建议研究试制两种超音速客机,分别为1.2马赫[①]的短程客机和2.0马赫的中程客机。当时英国的布里斯托飞机公司获得了英国政府巨额资助,并根据委员会的建议,提出了布里斯托 198 计划(Bristol 198)。布里斯托 198 装备有 6 部涡轮喷气发动机、可载 130 名乘客并以超音速进行跨大西洋飞行。但由于这种设计理论质量过高,而且装备 6 部发动机的经济性备受质疑,随后布里斯托飞机公司又推出了布里斯托 198 的缩小版本——布里斯托 223 (Bristol 223),该设计是一种采用三角翼、装备 4 部发动机、巡航速度为 2 马赫、可载客约 100 人,并能够进行跨大西洋飞行的超音速客机。

在英国开展超音速飞机研制工作的同时,法国也提出了类似计划,且进度与英国相当。法国南方飞机公司(Sud Aviation)和达索公司(Dassault Aviation)联合开展研究,提出了超级卡拉维尔(Super - Caravelle)设计方案,这也是一种采用三角翼、巡航速度为2.2 马赫、可载客约70 人的中程超音速客机。以戴高乐总统为首的法国政府大力支持这项计划并提供了资助。

(二)协和飞机计划的实施

1. 与法国签署联合研制协议

至20 世纪60 年代初,设计已初步进入建造原型机的阶段,但由于投资巨大,超音速飞机计划的实施需要国际合作,很快英法两国达成了合作意向。英法两国能够就超音速客机计划达成共识并开展合作,主要是因为两国的设计方案十分接近,在速度、航程、气动布局等方面均有极大的相似性,合作研制有助于平均负担费用。另外,当时波音 707、道格拉斯 DC - 8 迅速占据欧洲民航客机市场的大量份额,法国总统戴高乐不愿意看见欧洲市场被美国飞机制造商垄断,因此也

① 1 马赫 =1 225 千米/时。

鼓励两国合作,加快研发进度,争取在美国的超音速客机出现之前抢占市场。

合作计划并非由两家公司制订,而是由英法政府以国际条约的方式商议。在法国总统戴高乐和英国首相麦克米伦提议下,双方于 1962 年 11 月 28 日正式签订合作计划。计划规定如果任何一方取消合作就必须付出巨额赔偿金(后期研制过程中,英国财政部曾经两次几乎取消合作计划)。此时,英国布里斯托飞机公司和法国南方飞机公司已经分别与其他公司合并为英国飞机公司和法国宇航公司。

2. 获取航空公司支持

协和飞机研制初期,英法双方有意建造一种长程(6 000 千米)和一种短程(4 400千米)的超音速客机,但向潜在客户推销两种机型后发现,航空公司对短程的超音速客机兴趣不大,于是决定取消短程型号。长程型协和飞机取得超过 100 架的意向订单,最初客户包括泛美航空、英国海外航空(BOAC)和法国航空,分别订购 6 架协和飞机。其他订购的航空公司包括巴西泛美航空、美国大陆航空、日本航空、汉莎航空、美国航空、联合航空、印度航空、加拿大航空、布兰尼夫国际航空、新加坡航空、伊朗航空、希腊奥林匹克航空(Olympic Airways)、澳大利亚航空、中国民航、中东航空和环球航空。按照当时最保守的估计,协和飞机的订单数量将在 1975 年上升到 225 架。

3. 研制与试飞

在获得航空公司足够的支持后,英法合作的超音速客机研制计划立即展开实施。按照双方签订的协议,飞机机体研制将由英国飞机公司和法国宇航公司共同进行,工程分配比例为40%和60%;而飞机的发动机由英国劳斯莱斯公司和法国斯纳克玛公司共同进行,工程分配比例分别为60%和40%;飞机总体组装地分别设在英国菲尔顿和法国图卢兹。最初的计划是试制两架原型机,研制费用为 1.5 亿英镑,计划售价为每架约1 500万至1 700万英镑。首架原型机计划在 1966 年年底首飞,并预计在 1969 年取得适航证。至 1966 年,英法双方决定扩大研制规模,增加生产两架预生产机(Pre - production)(生产编号为 101 和 102)和两架供静力试验及金属疲劳试验用的量产机(生产编号为 201 和 202),研制费用增加至 5 亿英镑。

1964 年,英国工党在大选中胜出,哈罗德·威尔逊出任英国首相。面对当时的财政赤字,英国政府有意撤资,退出合作计划,但碍于条款,英国被迫继续投资,但接连取消多个飞机研制项目,包括 AW. 681 短距起降运输机(Armstrong Whitworth AW. 681)、P. 1154 超音速垂直/短距起降战斗机(Hawker Siddeley P. 1154)、TSR - 2 战术打击侦察机等。

两架原型机于 1965 年 2 月开始建造:001 号机由法国宇航在图卢兹建造,而

002 号机则由英国飞机公司在布里斯托的菲尔顿建造。001 号机于 1969 年 3 月 2 日在图卢兹首飞,于同年 10 月 1 日进行首次超音速飞行并持续了 9 分钟,最高速度达到了 1.5 马赫;1970 年 11 月,成功达到了 2.0 马赫。001 号飞机于 1971 年 9 月 4 日飞往南美洲开始巡回展示,这也是协和飞机首次跨大西洋飞行。

002 号机于 1969 年 4 月 9 日首飞,由菲尔顿飞往位于格洛斯特郡的费尔福德空军基地(RAF Fairford)。在 1969 年至 1977 年期间,费尔福德空军基地一直被用作英国生产协和飞机的试验中心。随后,002 号机于 1972 年 6 月 2 日启程飞往中东、远东地区和澳大利亚等地共 12 个国家作巡回展示,总飞行距离达 72 500千米。002 号机在 1973 年首次飞抵美国,并降落于新建的达拉斯 - 沃斯堡国际机场(Dallas Fortworth International Airport)。

进入 1974 年后,英国和法国航空公司开始对协和飞机进行各种示范和飞行测试。协和飞机试飞过程至今仍然保持着多项纪录,原型机、预产机和首架量产机共试飞了5 335小时,其中2 000小时是超音速飞行,试飞总时间远远超过同期同等大小的亚音速民航客机 4 倍之多。

4. 协和飞机的命名

在 1963 年 1 月 13 日,法国总统戴高乐率先将这一超音速客机研制计划以法语命名为“Concorde”(“Concorde”在法语中代表合作、和谐),而英国为了向法国表示对合作的诚意,亦同意采用法语名称,但后来法国否决英国加入欧洲经济共同体,时任英国首相麦美伦改变了主意,认为法国总统戴高乐在飞机的命名上忽视英国,决定将“Concorde”改名为英文“Concord”(“Concord”在英语中亦是和谐、协调的意思)。直到 1967 年 12 月 11 日首架协和飞机在法国图卢兹出厂,飞机命名才尘埃落定,同日英国科技部部长东尼 · 宾特(Tony Benn)宣布英方愿意使用最初的名称,称协和飞机为“Concorde”。

(三)协和飞机的商业应用

1976 年,协和飞机正式投入商业飞行,主要用于执行从伦敦希思罗机场(英国航空)和巴黎戴高乐国际机场(法国航空)往返于纽约肯尼迪国际机场的跨大西洋定期航线。飞机能够在15 000米的高空以2.02倍音速巡航,从巴黎到纽约只需约 3 小时 20 分钟,比普通民航客机节省超过一半时间。1996 年 2 月 7 日,协和飞机从伦敦飞抵纽约仅耗时 2 小时 52 分钟 59 秒,创下了航班飞行的最快纪录。

协和飞机共生产了20 架,其中仅有 16 架投入正式运营。巨大的资金投入和漫长的研发过程使英法两国政府蒙受了巨大的经济损失,而且两国政府还不得不拨款资助英航和法航购买协和飞机。2000 年,协和飞机发生了其营运生涯的

第一次、也是唯一一次灾难性事故——法国航空 4590 号班机空难，旅客对其信心大减，之后的“9 · 11 事件”又使国际民航业陷入危机。受种种因素影响，英航和法航决定协和飞机执行完 2003 年 10 月 27 日的最后一次商业飞行后终止服务，结束其 27 年的商业飞行生涯。协和飞机代表着航空技术史上的一个技术进步，因此即使退役后，协和飞机仍然是航空历史上的一个重要象征。

(四)协和飞机计划的投资情况

协和飞机的巡回展示为其带来超过 70 架的新订单。然而，就在这个时期发生了一些未曾预料的事情，如 1973 年石油危机（协和飞机的耗油量比其他亚音速客机高）、部分订购协和飞机的航空公司出现财政问题、图 -144（Tupolev Tu -144）于 1973 年巴黎航空展表演时坠毁，同时协和飞机本身面临的音爆、起飞噪声、污染等环境问题，使得大量早期签订的意向性订单被取消，到了 1976 年仅余下 4 个国家仍然有购买意向，包括英国、法国、中国及伊朗，而最终只有法国航空和英国航空（英国海外航空的后继者）购买，并且两国政府都分享部分协和飞机营运盈利。以英航为例，协和飞机以政府向英航提供的贷款购入，英国政府则收回协和飞机盈利的 80%，直到 1984 年才停止。

1976 年 1 月，协和飞机正式投入航线飞行时，英法两国政府在超音速客机计划上的总投资已经超过 8 亿英镑，超过最初预算（1.5亿英镑）近 6 倍。1977 年，协和飞机实际价格为2 300万英镑（约4 600万美元），远超过预计的 600 万英镑。

英国飞机公司（后来成为英国宇航）和法国宇航（后来成为欧洲航空防务与航天集团）是协和飞机型号合格证（type certificate）的共同持有人，空中客车工业公司成立后把型号合格证转到其下，并继续为协和飞机提供维护和支援工作。

(五)协和 B 型飞机研制计划的夭折

为满足长时间超音速巡航的需要，协和飞机采用了高效率的涡轮喷气发动机、大容量油箱等。协和飞机也是至今续航能力最强的超音速飞机，单次加油可超音速飞行超过7 000千米。但尽管如此，协和飞机的航程仍然比其他亚音速民航机短得多，以波音 747 -400 为例，其航程可达13 450千米。

1976 年，在协和飞机投入商业飞行 4 个月后，英国飞机公司和法国宇航公司又共同提出了下一代协和飞机的设计方案，称为“协和 B 型”（Concorde B）。协和 B 型的改进重点在于加大航程，包括加大油箱容量，稍微加大机翼面积，增加前缘襟翼以进一步改善起降时的低速性能，发动机方面取消了加力燃烧室，以增大压缩机直径，增加一级低压涡轮代替，并加装噪声消减装置。这种新型发动机的工作效率比既有的奥林匹斯 593 型要高 25%。当时预计协和 B 型飞机的航程

可以比协和飞机延长500海里(约805千米),同时运载能力也有所增加,这使得航空公司能够开拓更多超音速航线。但面对协和飞机惨淡的销售情况,以及第二次石油危机的影响,协和B型计划最终被迫取消,该计划夭折了。

(六)法国新一代超音速客机计划

2005年6月,在巴黎国际航空展上,法国与日本正式签署新一代协和超音速客机研发计划。参与该计划的包括法国和日本的航空航天工业协会,两国的飞机制造厂商以及宇航机构。日方参与企业和机构包括日本飞机开发公司(Japan Aircraft Development Corp.)、日本宇宙航空研究开发机构(Japan Aerospace Exploration Agency)、三菱重工(Mitsubishi Heavy Industries Ltd.)、川崎重工(Kawasaki Heavy Industries Ltd.)、富士重工(Fuji Heavy Industries Ltd.)、石川岛播磨重工(Ishikawajima - Harima Heavy Industries Co.)。根据双方签署的协议,两国将就协和客机噪声大、耗油量大等缺陷进行研究改善,在确保安全性的前提下,早日实现新一代超音速客机的商业化。两国将花3年左右的时间对新一代超音速客机进行基础调研,研发重点将放在机体材料的开发方面,希望研制出一种能抵御高温的高碳复合材料。此外,如何减少引擎产生的噪声也是一大重点课题。两国每年将投入1亿日元(约合750万人民币)支持此项合作研究。

法国之所以选择日本作为合作伙伴,是因为看中了日本在发动机研制方面的优势。日本石川岛播磨重工、三菱重工和川崎重工合作组建的新能源产业技术综合开发机构(New Energy and Industrial Technology Development Organization, NEDO),曾于2003年为协和客机提供过发动机。该发动机可以支持5.5马赫的飞行速度。法国方面对该发动机给予了很高的评价。

由日本航空宇宙工业协会(The Society of Japanese Aerospace Companies, SJAC)与法国航空工业协会联合开发的超音速样机于2005年10月在澳大利亚人烟稀少的伍默拉实验场上空成功试飞。该计划目标是15~20年之后将新一代超音速客机投入商业使用。

三、大型远程客机计划

(一)提出背景

欧洲曾是一个有着清晰国界的大大小小的国家的混合体。每个国家都有自己的工业,满足了本国内部市场的需要并向国外出口部分产品。第二次世界大战之后,欧洲启动了融合进程,出现了所谓的“共同市场”,这在很大程度上有利于商品在欧洲大陆范围内流动。随着时间的推移,欧洲开始出现联合了一些国

家的政治和经济组织。这一切最终催生了一个统一的机构——欧洲联盟(或欧洲共同体),还有欧洲议会和各种金融政治组织。欧洲一体化进程也反映在工业领域,包括航空航天工业。

第二次世界大战结束后,法国航空工业开始改组,并推行国有化,逐渐成长起来。20世纪50年代,法国航空工业开始取得令人瞩目的成就:研制了世界著名的"卡拉维拉"客机、"神秘"和"幻影"战斗机、"云雀"直升机;试飞了各种试验型飞行器,包括采用混合动力装置(涡喷发动机和液体火箭发动机)的"三叉戟Ⅱ"超音速截击机、采用冲压式空气喷气发动机的"兀鹫Ⅱ"试验机等。

20世纪60年代初,当法国和英国开始研制"协和"号超音速客机时,开启了欧洲航空工业融合的最早探索。之后,英法两国直升机制造公司开始联合研制军用和民用轻型多用途直升机("美洲豹""小羚羊""山猫")。其他欧洲国家也相继加入一体化进程,在航空领域出现了一些跨国公司,如英国、德国、意大利成立了帕那维亚飞机公司(Panavia Aircraft GmbH),共同研制"旋风"多用途战斗机。

法国航空工业坚持发展战略:①在军用航空方面,一如既往地秉承其独立自主的发展方针,从材料、元器件等最基础的单元到机身、机翼、电子系统和发动机,立足国内,并借鉴别国经验,以科技为先导,以现代工业为依托;②在民用航空方面,走出国门,走全球化道路。通过转包生产、联合设计、技术支援、技术引进或转让等多种形式的国际合作降低生产成本,创造经济效益,进一步巩固航空工业在国民经济中的支柱产业地位。

20世纪60年代至70年代初,法国航空工业通过兼并重组,核心基本集中在少数几家航空工业集团中。政府主导、高度集中、明确分工、国内合作是这一时期法国航空工业政策的鲜明特点。法国大型远程客机计划就是在上述时代背景下提出的。

(二)组织实施

法国民用飞机领域的代表是空中客车工业公司和达索航空公司。空中客车工业公司是法国大型远程客机计划实施的主体。

1. 空中客车工业公司的成立

在20世纪60年代,欧洲飞机制造商之间的竞争十分激烈,过于分散的欧洲航空工业难以同波音、麦道那样的美国公司竞争。法国、德国等认为,欧洲要在民用飞机市场占有一席之地,就必须进行联合研制,通过克服国家间分歧和有限市场,分担研制费用、共享资源、合作开发市场。于是,在20世纪60年代中期,欧洲启动了航空工业合作的试验性谈判。

空中客车工业公司作为一个欧洲航空公司的联合企业,其创建的初衷是为了同波音和麦道那样的美国公司竞争。1967 年 9 月,法国、德国和英国(英国政府由于资金问题后退出)政府签署谅解备忘录,开始进行空中客车 A300 的研制工作。这是继协和飞机之后欧洲第二个主要的联合研制飞机计划。1968 年确定了详细的技术要求和分工,法国、英国、德国三国的分工比例为37.5%、37.5%、25%。法国负责中机身、飞行控制、主要机载系统和总装,英国负责机翼,德国负责前后机身和机尾。动力装置选定英国罗尔斯·罗伊斯发动机公司的 RB207 发动机。

1970 年 12,空中客车工业公司在法国图卢兹成立,创立国包括法国、德国、西班牙与英国,之后荷兰等国相继加入。空中客车工业公司由欧洲最大的军火供应制造商欧洲宇航防务集团(European Aeronautic Defence and Space Company, EADS)和英宇航系统公司(BAE)拥有。

2. 大型远程客机计划的实施

参加空中客车大型远程客机计划的各成员单位是分散的,要把各成员有机组织起来,最后的飞机产品是一个完整统一体,就需要一套组织管理的章程和措施。从某种意义上讲,建立空中客车工业公司,就是创造出这套行之有效的组织管理的章程和措施。空中客车工业公司的成功就是这套组织管理正确和有效的证明。

2000 年 12 月 19 日,空中客车启动了 A380 飞机项目,并于 2005 年成功首飞。A380 在投入服务后,一举打破美国飞机制造商在远程超大型宽体客机领域统领 35 年的纪录,成为载客量最大的民用科技,创立了人类航空技术发展历史上又一个里程碑。空中客车主要项目发展历程见表 8.2。

表 8.2 空中客车主要项目发展历程

时间	主要事件	时间	主要事件
1969.05	启动 A300 项目	1993.06	A319 项目启动
1970.12	空中客车工业公司成立	1993.10	A330 取证
1972.12	A300 首次试飞	1993.12	首架 A330 交付、A321 取证
1974.05	A300B2 投入使用	1994.01	首架 A321 交付
1975.06	A300B4 投入使用	1994.09	A300 – 600ST 首次试飞
1978.07	A310 项目启动	1995.01	A319 首次试飞
1982.04	A310 首次试飞	1995.09	A300 – 600ST 取证
1983.03	A300 – 300 型项目启动	1996.01	A300 – 600ST

续表

时间	主要事件	时间	主要事件
1983.07	A300-600型首次试飞	1995.11	A330-200启动
1984.03	A320项目启动	1996.04	A319取证、首架A319交付
1985.12	A310-300投入使用	1997.06	A340-500/-600启动
1987.02	A320首次试飞	1999.04	A318启动
1987.06	A330/340启动	2000.12	启动A380项目
1987.12	A300-600R首飞	2001.01	空客公司一体化
1988.02	A320取证	2001.04	A340-600首飞
1988.03	首架A320交付	2002.01	A318首飞
1989.11	A321启动	2002.02	A340-500首飞
1991.10	A340首次试飞	2002.08	A340-600投入运营
1992.11	A330首次试飞	2002.12	A340-500投入运营
1992.12	A340取证	2005.01	A380诞生
1993.01	首架A340交付	2005.04	A380首飞
1993.03	A321首次试飞		

资料来源:空中客车工业公司网站。

(三)实施效果

从1970年空中客车工业公司成立到2000年12月A380飞机项目启动为止,30年中进行了14个型号的研制工作,其中6个新型号,8个改进型号。平均2年启动一个改进型号,5年推出一个新型号。空中客车飞机新型号项目启动至首飞平均时间为41个月(3年5个月),首飞至取证平均时间为9个月,取证至交付平均时间为3个月,项目启动至交付平均时间为55个月(4年7个月)。

2003年,空中客车工业公司飞机交付量首次超过其竞争对手波音公司,其占100座级以上民用飞机市场的份额达到52%,成为世界头号民用飞机制造商。随着A380超大型远程客机投入运营,空中客车提供从100座至500座级全系列飞机,已经成为全球民航制造业的领航者。截至2010年底,空中客车工业公司的工厂里正在批量生产A320窄体客机和A330、A340、A380宽体客机。2010年,空中客车工业公司的营业额将近300亿欧元,已牢固掌握了全球约一半的民用飞机订单。

(四)研究进展

空中客车工业公司研制出了可以载客 280 ~ 350 人的新远程干线飞机 A350XWB。该机用于补充远程航线上的 A330 和 A340 机队。空中客车工业公司设计了 3 种航程超过15 000千米的机型,全都采用 2 台推力为 34 ~42 吨(取决于机型)的罗尔斯 - 罗伊斯 Trent XWB 双路涡喷发动机。

在空中客车的飞机行列中,525 座的远程干线飞机 A380 - 800 占有特殊的位置,该机已于 2006 年 12 月取得合格证。到 2009 年 4 月之前已经售出 200 架并已交付 13 架。2007 年 10 月 15 日,新加坡航空公司获得了第一架超级客机,25 日完成了飞往澳大利亚悉尼的第一个商业航班。

A380 - 800 正式使用一周年后,已经有 9 架飞机在新加坡航空公司、阿联酋航空公司和澳大利亚航空有限公司服役。这些飞机在连接新加坡、悉尼、伦敦、东京、迪拜、纽约、悉尼、墨尔本与洛杉矶的航线上运送旅客超过 70 万名,完成了超过1 600个航班,总飞行时间超过15 000小时。A380 - 800 飞机的使用表明,其运载每名乘客耗油比波音 747 - 400 少 20% 。

空中客车工业公司还启动了 2025—2030 年大型客机的探索性研究。

(五)经验

法国是空中客车大型远程客机计划的核心组织者。法国在组织实施大型远程客机计划中的主要经验可以总结为以下几点。

1. 注重航空工业体系的集中、分工与合作的统一

法国自 1950 年执行第一个航空五年计划开始,首先进行的就是航空工业的集中化和国有化。在政府的积极引导下,法国国有航空公司、私营航空公司实行了兼并重组,到 20 世纪 70 年代,法国航空工业基本集中于法国宇航公司、达索 - 布雷盖飞机公司和斯奈克玛公司三大航空工业集团。这为实施大型远程客机计划奠定了组织基础。在空中客车计划实施过程中,法国注重分工与合作的统一,发挥各参与单位的专业优势。

2. 强化航空科研体系

法国政府历来重视强化航空科研体系,给予了不少政策支持和资金投入,使得研发成效显著。法国航空工业发展委员会前主席邦泰曾说:“研究与发展工作是法国航空工业能够在世界市场上竞争并从中获取利益的主要因素之一。”

3. 渐改创新的型号研制模式

原型机试制是飞机发展和更新换代的重要手段。在这一过程中,航空企业保持了飞机试制、组装与生产能力,设计人员、技术人员的水平能够不断得到提

升，对培养一代又一代航空设计师与工程师很有益处。更重要的是，通过原型机研制，航空新技术有了应用与试验的载体，有助于保持技术上的先进性和探索性。空中客车系列客机取得的成功，最能体现法国的渐改创新思想。从各种型号飞机研制的历程可以看出，渐改创新的型号研制模式在空中客车计划中得以很好应用。A300 是基础型号，A310 与 A300 的总体布局极为相似，机身、发动机、机载设备也保持很高的通用性。A330、A340 项目在 1987 年同时启动，一开始就充分考虑了共用技术和部件，大大降低了开发成本。除发动机数量和与发动机相关的系统外，两种机型之间具有很大的通用性，有 85% 的零部件可以互换。两种机型的高度通用性不仅对空客公司有利，也给用户使用提供了很大便利，可以大大降低维护成本。

4. 独特的国际合作战略

空中客车是法国实施国际合作战略的集中体现。法国当初力主欧洲合作研制大型干线客机，主要目的是打破美国干线客机一统天下的局面。无论从技术、资金、人力上看，还是从市场容量上看，法国根本无法直接同美国竞争。因此，法国紧紧拉住原西德和英国，主要是看重原西德的经济实力和英国在喷气发动机、机翼设计上的特长，同时通过政府干预又能牢牢掌握这两个国家的航空市场。在空中客车计划中，技术与资金都不占优势的法国，却掌握着整个项目的控制权：空中客车总部设在法国，历任首席执行官几乎全是法国人，两条总装线有一条设在法国，多种配套发动机总装线设在法国，销售方面法国也处于主要地位。

四、阿丽亚娜火箭计划

（一）法国空间技术领域计划简介

法国的空间技术是在坚持独立自主的方针和努力加强欧洲范围内合作的基础上逐步发展起来的。法国的空间科学研究和技术开发主要由法国空间研究中心（Centre National d'Etudes Spatiales，CNES）具体组织和协调。自 1965 年，法国用自己独立研制的"钻石"火箭把人造卫星送入太空，成为仅次于美国、苏联的第三空间大国。空间科学与技术、空间工业已成为法国经济的重要支柱之一，始终列于国家重点发展领域，得到了政府大力支持。

法国政府认为空间是一个战略领域，涉及维护国家的主权和独立，需要政府以坚定的行动给予支持。在法国政府的这种战略推动下，法国空间研究中心制定和具体实施了众多双边和多边合作行动的国家空间计划，同时为其参与的欧洲航天局的研究与开发计划和国际空间站计划做出应有的贡献。1999 年，法国

民用空间研究与开发预算为91.35亿法郎。表 8.3 为法国空间领域的主要重大技术计划。

表 8.3 法国空间领域的主要重大技术计划

计划类型	方向	具体内容
应用计划	地球观测计划	在科学方面，借助欧洲航天局的环境卫星(Envisat)和法美两国海洋科学合作研究计划(Jason)开展气候变化跟踪和生物－地球化学的大周期方面的研究； 在军事方面，高分辨率的观察能力是国防空间计划的核心组成部分，重点发展军民两用卫星； 在经济方面，主要用于地图测绘、农作物估产、环境监测与跟踪、自然灾害预防等
	对宇宙的认识	参与欧洲航天局组织实施的空间科学研究计划为主，如参与欧洲航天局的“火星快车计划”(Mars Express Orbiter)；以国家计划及多边合作计划予以补充，重点是小卫星和微型卫星应用
	微重力	重点是在国际空间站开展生命科学和物质科学方面的研究
	无线通信、定位和导航	包括空间通信、数据采集与定位、卫星导航、载人航天等
多功能计划	火箭和发射系统	如阿丽亚娜火箭
	气球	利用气球进行空间科学研究
	多功能轨道平台	法国空间研究中心与法宇航合作开发小型卫星使用的多功能平台
	控制和网络技术手段	
横向计划	轨道和发射系统技术	执行横向计划的目的在于通过技术创新或通过新的方法学来降低空间项目的成本
	系统工程和设计、设计工具	
	项目管理和控制方法、工具	

1997 年，法国政府委托法国经社理事会(Economic and Social Council of France)对法国的空间发展战略进行研究，并提出具体政策性建议。法国政府在充分征求各方面的意见后，制定了法国空间发展战略。法国空间研究中心据此编制了研究与技术开发计划。

（二）阿丽亚娜火箭计划的背景

20 世纪 70 年代，由法国主导推动的“欧洲 2 号”火箭项目被迫终止。当时苏联和美国在火箭发射方面具有垄断地位。出于政治因素，欧洲只能寻求美国的“雷神－德尔塔”（Raytheon－Delta）火箭发射其“交响乐”通信卫星。美国航空航天局在协议中提出了附加条件，包括禁止“交响乐”通信卫星用于商业目的等内容。这一事件使得法国、德国开始重新审视美国在航天发射方面的垄断及其对欧洲应用卫星项目的影响等问题。欧洲发现，在涉及商业利益时不能指望美国，欧洲在航天发射方面应该坚持独立自主，必须要有独立的航天发射能力。

1973 年 7 月 15 日和 31 日，在布鲁塞尔举办了欧洲航天会议，会议决定成立取代欧洲火箭研制机构和欧洲空间研究机构的欧洲航天局。参与国同意为以下三个航天项目提供资金支持：①法国建议的三代替代火箭项目；②德国极力主张的、与美国航空航天局合作的空间实验室项目；③英国最感兴趣的海事轨道试验卫星（MAROTS）项目。参与国同意为海事轨道试验卫星项目提供资金支持，满足了英国的要求，英国因此也改变了对研制“三代替代火箭”的态度。“三代替代火箭”之后更名为“阿丽亚娜 1 火箭”。在 7 月 31 日会议上，欧洲 10 国部长正式批准了阿丽亚娜火箭项目。

（三）组织管理

在筹备组建欧洲航天局期间，研制阿丽亚娜 1 火箭的总负责单位为欧洲空间研究机构。1973 年 12 月 6 日，欧洲空间研究机构将研制阿丽亚娜 1 火箭的责任交由法国空间研究中心。1975 年 5 月 31 日，欧洲航天局成立后即由其负责该项目的全面控制，由阿斯特里姆公司负责火箭及测试实施的开发，法国空间研究中心全面负责生产、运行和营销。

阿丽亚娜 1 火箭的研制任务分为 6 大部分，分别由法国宇航公司、欧洲推进器公司、欧洲液化空气公司和法国马特拉公司等欧洲公司为主完成，其他欧洲公司以分包商形式参与。在安排 6 大承包商负责各自的研制工作的同时，法国指定法国航宇公司负责项目的总体管理、全面系统研究和综合试验。

法国宇航公司是由参与研制法国“钻石”号系列火箭的弹道发动机研制生产公司（the Society for Research and Development of Ballistic Engines，SEREB）、北方航空公司和南方航空公司等于 1970 年合并而成。通过“钻石”号系列火箭的成功研制，法国宇航公司在火箭研制方面积累了大量有益的经验。

阿丽亚娜 1 研制项目的管理模式和原则被证明是成功有效的。在之后的阿丽亚娜研制项目中亦被采用。欧洲航天局参与国的支持与公司的运行管理机制为阿丽亚娜火箭计划实现商业上的成功奠定了坚实的基础。

(四)计划投资

阿丽亚娜1火箭按1973年法郎预算为20.6亿法郎。法国政府决定,如果实际费用超出预算,超出额如不超过预算的35%,则都由法国承担。按照公平汇报的原则,参与国根据所参与的研制和生产内容得到了相应比例的项目。

参与阿丽亚娜1火箭研制项目的国家包括法国、德国、意大利、比利时、西班牙、荷兰、瑞士、瑞典、丹麦、爱尔兰(1978年开始参与)。其中法国出资占59.25%,德国出资占19.60%,其他国家的出资比例均不超过5%。研制阿丽亚娜1火箭的费用在1979年3月实际为45亿法郎,折合约10亿美元。阿丽亚娜5火箭费用最初定为72亿美元,加上20%的不可预见费用,实际上包括可行性论证工作在内总投资达86.8亿美元。阿丽亚娜火箭项目各期参与国出资构成见表8.4。

表8.4 阿丽亚娜火箭项目各期参与国出资比例

国家	阿丽亚娜1火箭	阿丽亚娜2和3火箭	阿丽亚娜4火箭	阿丽亚娜5火箭
法国	59.25%	62.41%	59.30%	46.2%
德国	19.60%	17.28%	18.20%	22.0%
意大利	3.60%	16.29%	6.60%	15.0%
比利时	4.40%	0.84%	4.60%	6.0%
西班牙	2.50%	0.84%	2.00%	3.0%
荷兰	2.20%	0.25%	1.10%	2.1%
瑞典	2.40%	2.09%	1.20%	2.1%
瑞士	2.70%	0	1.80%	2.0%
英国	2.40%	0	4.90%	0
丹麦	0.70%	0	0.20%	0.4%
爱尔兰	0.25%	0	0.10%	0.2%
挪威	0	0	0	0.6%
奥地利	0	0	0	0.4%

1980年3月26日,由11个欧洲航天局参与国的36家公司、13家银行和法国空间研究中心投资组建的阿丽亚娜航天公司成立,公司最大的股东是法国空间研究中心,共拥有34%的股份,法国的股份共占59.25%,德国的股份占

19.60%（表8.5）。

表8.5　欧洲航天局参与国拥有阿丽亚娜航天公司股份比例

国家	1980年3月	1990年5月	1996年6月	2000年5月
法国	59.25%	56.65%	55.54%	57.70%
德国	19.60%	18.65%	18.58%	18.43%
意大利	3.60%	7.12%	8.11%	7.17%
比利时	4.40%	4.33%	4.17%	4.20%
西班牙	2.50%	2.38%	2.47%	2.49%
荷兰	2.20%	2.09%	2.09%	1.97%
瑞典	2.40%	2.28%	2.28%	2.29%
瑞士	2.70%	2.57%	2.56%	2.58%
英国	2.40%	3.02%	3.00%	2.12%
丹麦	0.70%	0.67%	0.66%	0.58%
爱尔兰	0.25%	0.24%	0.24%	0.17%
挪威	0	0	0.30%	0.30%

注：参与国拥有阿丽亚娜航天公司股份的变化原则上反映了各成员国参与阿丽亚娜火箭研制任务的比例。

（五）实施效果

1. 基本情况

经过6年多努力，1979年12月24日阿丽亚娜1火箭首次发射获得成功，但第二次发射失败。第3和第4次连续成功后，1982年1月25日，参与研制的欧洲10国一致同意并宣布阿丽亚娜1火箭的鉴定飞行已完成。欧洲航天局当时的目标比较保守，即每年发射2至4次，其中两次发射欧洲航天局的卫星，另外两次则为其他用户发射卫星。

1984年8月4日，阿丽亚娜3火箭首飞成功，阿丽亚娜1火箭逐步退出。1986年5月31日，在阿丽亚娜1火箭和阿丽亚娜3火箭的基础上研制的阿丽亚娜2火箭首飞失败，给阿丽亚娜火箭计划带来沉重打击。经过16个月的故障调查和重新设计、试验后才恢复发射。直接导致原计划1986年发射的阿丽亚娜3火箭推迟首飞。1988年6月15日，阿丽亚娜4火箭成功首飞，阿丽亚娜2火箭和阿丽亚娜3火箭停止生产。从第23次飞行实现了阿丽亚娜44LP首飞成功到第56次飞行实现了阿丽亚娜42L首飞成功，在约5年的时间里，阿丽亚娜4火箭完成了6个型号的成功飞行。在这6个型号中,除了阿丽亚娜44LP首飞为试验飞行外,其他5个型号的首飞均为商业飞行。阿丽亚娜4火箭首飞后,运载能力不断提升。1991年10月29日,阿丽亚娜44L发射了重达4 259千克的一颗第六代国际通信卫星;1994年7月8日,它将两颗总重为4 617千克的卫星送入地球同步运行轨道;1997年运载能力提升至4 900千克,1998年提升至4 946千克(表8.6、表8.7)。

表8.6　阿丽亚娜4火箭6个型号首次发射时间

型号	首次发射时间	结果	各型号发射次数	阿丽亚娜系列	
				发射次数	失败次数
44LP	1988年6月15日	成功	1	23	4
44L	1989年6月5日	成功	44L:1;44LP:3。合计:4	31	4
40	1990年1月22日	成功	40:1;44L:2;44LP:4。合计:7	35	4
42P	1990年11月20日	成功	42P:1;40:1;44L:5;44LP:5。合计:12	40	5
44P	1991年4月4日	成功	44P:1;42P:1;40:1;44L:6;44LP:6。合计:15	43	5
42L	1993年5月12日	成功	42L:1;44P:2;42P:4;40:2;44L:12;44LP:7。合计:28	56	5

表8.7　阿丽亚娜4火箭各型号载重能力和发射次数情况

型号	最大运载能力/千克	发射次数(成功次数)
A-40	2 800	7(7)
A-42P	2 960	15(14)
A-42L	3 490	13(13)
A-44P	3 460	15(15)
A-44L	4 900	40(39)
A-44LP	4 330	26(25)

2. 阿丽亚娜5火箭发射情况

阿丽亚娜5火箭是继阿丽亚娜4火箭之后推出的一种大型运载火箭,是目

前世界最先进的运载火箭之一。其历年成功发射情况见表 8.8。

表 8.8 阿丽亚娜 5 火箭发射情况

发射日期	发射航班	火箭规格	发射卫星
2011.08.06	203	ECA	ASTRA 1N、BSAT 3c
2011.05.20	202	ECA	ST-2、GSAT-8
2011.04.22	201	ECA	Yahsat 1A、Intelsat New Dawn
2011.02.16	200	ES	ATV-2 "Johannes Kepler"
2010.12.29	199	ECA	Koreasat 6、HispaSat-1E
2010.11.26	198	ECA	Intelsat 17、HYLAS 1
2010.10.28	197	ECA	Eutelsat W3B、BSAT-3b
2010.08.04	196	ECA	Nilesat 201、RASCOM-QAF 1R
2010.06.26	195	ECA	Arabsat-5A、COMS-1
2010.05.21	194	ECA	Astra 3B、COMSATBw-2
2009.12.18	193	GS	Helios 2B
2009.10.29	192	ECA	NSS-12、Thor 6
2009.10.01	191	ECA	Amazonas 2、COMSATBw-1
2009.08.21	190	ECA	JCSAT-12、Optus D3
2009.07.01	189	ECA	TerreStar-1
2009.05.14	188	ECA	赫歇尔空间天文台/普朗克卫星
2009.02.12	187	ECA	Hot Bird™ 10、NSS-9、Spirale A、Spirale B
2008.12.20	186	ECA	Hot Bird™ 9、W2M
2008.08.14	185	ECA	SuperBird-7、AMC 21
2008.07.07	184	ECA	ProtoStar Ⅰ、Badr-6
2008.06.12	183	ECA	天网卫星计划 5C、Turksat 3A
2008.04.18	182	ECA	Star One C2、Vinasat-1
2008.03.09	181	ES	自动运载飞船
2007.12.21	180	GS	RASCOM-QAF1、Horizons-2
2007.11.14	179	ECA	天网卫星计划 5B、Star One C1

续表 1

发射日期	发射航班	火箭规格	发射卫星
2007.10.05	178	GS	Intelsat 11、Optus D2
2007.08.14	177	ECA	Spaceway 3、BSAT 3a
2007.05.04	176	ECA	ASTRA - 1L 通信卫星、GALAXY - 17 通信卫星
2007.03.11	175	ECA	Skynet 5A 军事通信卫星、INSAT 4B 民用通信卫星
2006.08.12	174	ECA	WildBlue - 1、AMC - 18
2006.10.13	173	ECA	DIRECTV 9S Optus D1 LDREX - 2
2006.08.11	172	ECA	JCSAT - 10 Syracuse 3B
2006.05.27	171	ECA	Satmex 6 Thaicom 5
2006.03.12	170	ECA	Hot Bird™ 7A Spainsat
2005.12.21	169	G +	MSG - 2INSAT 4A
2005.11.16	167	ECA	Spaceway 2Telkom 2
2005.10.13	168	G +	Sycause 3A、Galaxy 15
2005.08.11	166	G +	THAICOM 4
2005.02.12	164	ECA	XTAR - EUR、Sloshsat、Maqsat B2
2004.12.18	165	G +	Helios 11A - Essaim - Parasol - Nanosat
2004.07.17	163	G +	Anik F2
2003.09.27	162	G	INSAT - 3C、e - BIRD、SMART - 1
2003.09.04	160	G	INSAT - 3A & GALAXY Ⅻ
2003.06.11	161	G	Optus and BSAT - 2c
2003.03.02	158	G +	Rosetta
2002.12.11	157	ECA	Hotbird 7 Eutelsat、Stentor CNES
2002.08.27	155	G	Atlantic Bird 1 & MSG 1
2002.06.29	153	G	Stellat 5 & N Star C
2002.02.28	145	G	Envisat
2001.07.12	142	G	ARTEMIS + BSAT 2B About Artemis
2001.03.08	140	G	Eurobird/BSAT - 2a

续表 2

发射日期	发射航班	火箭规格	发射卫星
2000.12.19	138	G	Astra 2D、GE－8/Aurora Ⅲ ＋ LDREX
2000.11.15	135	G	PAS 1R（＋ Amsat P3D、STRV 1D）
2000.09.14	130	G	Astra 2B、GE－7
2000.03.21	128	G	AsiaStar Insat 3B
1999.12.10	119	G	XMM 太空望远镜
1998.10.21	112	G	MaqSat 3、ARD

3. 政治与经济收益

阿丽亚娜火箭计划的成功取得了较好的政治收益和经济收益。

在政治方面，阿丽亚娜火箭进入市场，打破了美国在西方世界火箭发射服务市场长达近 20 年的垄断，引入了国际竞争，使得欧洲国家摆脱了借用美国火箭发射卫星所带来的政治影响。

在经济方面：阿丽亚娜火箭项目成为欧洲工业界合作的主要驱动力之一，约 100 家欧洲公司，12 500名员工参与了阿丽亚娜火箭的研制和生产，其中约6 500人参与了火箭的研制。按 1997 年经济条件计算，阿丽亚娜 1 火箭、阿丽亚娜 2 火箭和阿丽亚娜 3 火箭从 1973 年至 1986 年的研制经费综合为 28 亿欧洲记账单位（ECU）；阿丽亚娜 4 火箭从 1982 年到 1988 年的研制费用综合为 15 亿欧洲记账单位。到 1999 年底，由欧洲航天局和其他欧洲国家机构花费在阿丽亚娜1～4火箭上的费用总计为56.25亿欧洲记账单位，而欧洲工业界受到的用于阿丽亚娜 1～4 火箭生产和发射的总金额为177.79亿欧洲记账单位，平均收入和支出的比例为3.18。阿丽亚娜航天公司在商业上取得了巨大成功，并进入良性循环，经济实力不断壮大，成为发射服务市场上具有引导和带动作用的公司。

（六）研究进展

2009 年 5 月 27 日，法国原子能委员会、法国武器装备总署和法国国家航天研究中心三家机构共同向法国总理递交了一份报告，建议政府从现在开始着手研制阿丽亚娜 5 火箭的升级版——阿丽亚娜 6 火箭，并主张提议欧洲航天局将新型火箭的先期研究工作纳入其 2011 年的工作计划。该报告指出，鉴于阿丽亚娜 5 火箭的设计使用期限已经过半，当务之急是启动新型火箭的研制，力争使其在 2020 年至 2025 年间升空，最终取代阿丽亚娜 5 火箭执行航天发射任务。

五、高速铁路计划

(一)背景

1964 年,日本建成世界上第一条高速铁路——东京至大阪高速铁路。几十年来,高速铁路从无到有,迅速发展。世界高速铁路的发展可以划分为三个不同阶段,即 20 世纪 60 年代至 80 年代末的第一次建设高潮,90 年代初期形成的第二次建设高潮,以及 90 年代中期以后形成的第三次建设高潮。法国高速铁路计划就是在世界高速铁路第一次建设高潮之初提出的。

法国高速列车被称为 TGV(Traina Grande Vitesse),法文意为“超高速列车”。法国国营铁路公司(Société Nationale des Chemins de Fer FranCis,SNCF)从 1950 年开始开展高速铁路技术研究,1955 年研制的样车试车,创造了当时世界最高纪录——时速 331 千米。

(二)主要构成

1990 年 6 月,时任法国运输部长米歇尔·德雷巴尔正式介绍了法国高速铁路联网规划,法国高速铁路计划的总投资规模约为1 800亿法郎(按 1989 年价格计算),其中设备经费约 250 亿法郎。1990 年提出的法国高速铁路计划主要包括以下内容。

1. 西南部阿坤廷地区超高速列车计划

该项计划指巴黎至波尔多(Bordeaux)的西班牙边界一线。由图尔(Tours)至波尔多为 360 千米的新线。由波尔多向南至达克斯(Dax)的运营速度为 220 千米/时;由达克斯至塔布(Tarbe)和由达克斯至亨戴(Hendaye)的时速为 160 千米/时。由巴黎至波尔多的运行时间由原来的 4 小时零 8 分钟缩短为 2 小时零 6 分钟,至八荣纳(Bayonne)则只需 3 小时 27 分钟。该计划费用达 170 亿法郎,其中 9 亿法郎为设备费用,法国国营铁路公司的利润率为9.5%。

2. 中部奥弗涅地区超高速列车计划

该计划指由巴黎的奥特利兹(Austerlitz)站始发向南至法国中部的纳韦尔(Nevers)和克勒蒙菲朗(Clernont - Ferrand)。在巴黎奥特利兹至奥尔良已有线上的布列蒂尼(Bretigny)以南和巴黎东南至纳韦尔—克勒蒙菲朗现有线上的吉昂(Gien)以北,有 100 千米的新线(单线);现有线路 140 千米,运行时速可达 200 ~ 220 千米。由巴黎至克勒蒙菲朗的行程约为 2 小时 30 分钟。该计划可使干线运输量增长三分之一,客运量达到 390 万人。该计划总费用达 60 亿法郎,其中 13 亿法郎为设备费用,法国国营铁路公司的利润率为3.1%。

3. 西部布列塔尼超高速列车计划

该项计划包括勒芒(Le Mans)与雷恩(Rennes)之间的156千米新线。由巴黎至布勒斯特(Brest)用时3小时14分钟,至坎佩尔(Quimper)仅用时3小时22分钟,至雷恩为1小时26分钟。年运输量超过1 200万人,增加三分之一。该计划总费用约为65亿法郎,其中8亿法郎为设备费用,法国国营铁路公司的利润率为7.4%。

4. 南方超高速列车计划

该项计划指在阿坤廷超高速列车计划的基础上将法国南方各大城市以高速列车贯通,包括南方—比利牛斯山地区、朗格多克(Languedoc)—鲁西龙(Rossillon)超高速列车,以及蓝色海岸(指地中海岸)各省超高速列车。该线约为110千米,在图卢兹(Toulouse)与卡尔卡松(Carcassone)之间的运行速度为220千米/小时。该计划使得由波尔多至图卢兹仅需1小时,至马赛(Marseille)为2小时55分钟,至西班牙的巴塞罗那(Barcelone)为3小时零2分钟。由图卢兹至尼斯(Nice)约2小时53分钟,至里昂为2小时26分钟。年运量超过500万人,约增长40%。该计划总费用为65亿法郎,其中9亿法郎为设备费用。法国国营铁路公司的利润率为3.4%。

5. 巴黎地区南部超高速列车贯通线计划

修建49千米线路,运行速度为270千米/时,使巴黎东南超高速列车线与大西洋沿岸超高速列车线贯通。巴黎地区南部线路的贯通使得超高速列车年周转量由126亿人千米增至134亿人千米。这项计划的费用约为33亿法郎,其中2亿法郎为设备费用,法国国营铁路公司的利润率为8.2%。

6. 阿尔卑斯山以北地区的超高速列车计划

该计划指由里昂经尚贝里(Chambery)至意大利都灵(Turin)方向的高速线。在法国境内有189千米的新线,在瑟尼斯山(Mont - Cenis)建有54千米的隧道。这项计划是欧洲高速铁路网的重要组成部分。由里昂至都灵仅需1小时30分钟,而由巴黎至米兰将只需4小时15分钟。客运量增长了7.5%,每年约有1 400万人乘用此线。瑟尼斯山的隧道还可用于货运,运输吨数提高一倍。这项计划的总费用约为270法郎,其中55亿法郎为设备费用,法国国营铁路公司的利润率为5.6%。

7. 中部里摩日超高速列车计划

该项计划指由巴黎至法国中部的里摩日(Limoges)和布里夫(Birve),包括135千米的单线新线,运行时速可达200~220千米。由巴黎至里摩日和布里夫的行程时间分别为2小时零7分钟和3小时零6分钟。年运量达400万人,增长20%。该计划所需费用为65亿法郎,其中14亿法郎为设备费用,法国国营铁路

公司的利润率为2.4%。

8. 蓝色海岸各省超高速列车计划

法国的蓝色海岸是指由尼斯(Nice)至土伦(Toulon)间的地中海地带。该项计划指由瓦朗斯(Valence)至马赛、圣拉菲勒(St. Rap Hael)以及蓝色海岸间的超高速列车,约有 340 千米新线。另外,欧洲高速铁路的南北轴线纵贯法国,连接了英国、比利时、荷兰、卢森堡、巴黎地区、罗纳河—阿尔卑斯山地区,直至蓝色海岸,也可连至朗格多克—鲁西龙和西班牙。由马赛至巴黎仅用 3 小时,至里尔(Lilleh)为 4 小时,由尼斯至里昂为 2 小时 59 分钟。年运量超过2 300万人,增长50%。该计划总费用为200 亿法郎,其中设备费用为20 亿法郎,法国国营铁路公司的利润率为 12%。

9. 朗格多克—鲁西龙超高速列车

该计划指由蓝色海岸各省超高速列车计划中的奥朗器至朗格多克—鲁西龙,以及西班牙边界一线。它与西班牙的高速铁路网相连,包括 320 千米的新线。由巴黎至蒙彼利埃(Montpellier)约 3 小时。客运量约增长 2/3,年运量将达到 950 万人。该计划的总费用约 180 亿法郎,其中设备费用 37 亿法郎,法国国营铁路公司的利润率为7.1%。

10. 南方—比利牛斯山地区超高速列车计划

该计划包括 177 千米的新线,可将图卢兹与波尔多以北的阿坤廷超高速列车连接起来。由巴黎至图卢兹为 2 小时 48 分钟。总运量超过 300 万人,增长45%。该计划所需总费用约 85 亿法郎,法国国营铁路公司的利润率为 5.8%。

11. 诺曼底超高速列车计划

该项计划指由巴黎至法国西北部的鲁昂(Rouen)和伯尔内(Bernay,位于巴黎至冈城(Caen)的现有线路上);在由伯尔内至阿什尔(Acheres)之间修建 169 千米的新线。由巴黎至鲁昂将运行40 分钟,至冈城为 1 小时 25 分钟。年运量为700 万人,增长 30%。这是巴黎至鲁昂短途运输量增长的开端。该计划所需总费用 116 亿法郎,其中 15 亿法郎为设备费用。

12. 北部庇卡底超高速列车计划

该计划指由巴黎经亚眠(Amiens)至忙什海峡海底隧道一线。在蒂洛拉瓦(Tilloloy)—巴黎的 102 千米,与海底隧道之间有 165 千米的新线。这样,由巴黎至伦敦可缩短 17 分钟的行程。由亚眠至图尔为 2 小时零 5 分钟,至里昂为 2 小时 35 分钟。运量超过1 400万人。所需总费用约 63 亿法郎,法国国营铁路公司的利润率为4.8%。

13. 莱茵河—罗纳河沿岸超高速列车计划

该计划指由阿尔萨斯(Alsace)南部至罗纳河—阿尔卑斯山地区,以及巴黎地

区的超高速列车，是欧洲高速铁路网的基本组成部分。该计划建设 425 千米的新线，连接牟罗兹(Mulhouse)、贝尔福(Belfort)、蒙特贝利阿(Montbeliard)、贝藏松(Besancon)、多尔(Dole)，然后南北分线：一路向巴黎方向，另一路向里昂方向。这样，巴黎至牟罗兹的行程时间仅为 3 小时 15 分钟，里昂至斯特拉斯堡 2 小时。年运量超过1 500万人，增长 60%。该计划所需总费用为 220 亿法郎，其中 43 亿法郎为设备费用，法国国营铁路公司的利润率为5.9%。

14. 法国 20 世纪 90 年代新一代高速列车研发计划

20 世纪 90 年代，随着法国高速铁路网络的逐步完善，以及欧洲高速列车计划的逐步推进，法国开始积极研发新一代高速列车。该计划只涉及车辆系统，与新一代列车相关的许多其他活动，诸如线路、架空接触线、信号系统、供电系统等，主要由法国国营铁路公司负责。

1990 年 10 月，由法国阿尔斯通公司提出的法国新一代高速列车研发计划正式立项，得到了包括前研技部、工业部、运输部以及环境与能源控制署的有力支持。这一计划为期 4 年，总预算高达4.55亿法郎，成为 20 世纪 90 年代法国最主要的重大技术计划之一。该研发计划开发的新一代高速列车时速达 360 千米。

(三)组织实施

1. 法国高速铁路计划的组织实施

法国高速铁路计划的组织主要由法国政府(主要是运输部)、法国路网公司(RFF)、法国国营铁路公司组成。法国铁路建设资金来源多元化，历年都有一定的财政资金投入，地方政府对本地区的铁路建设也给予财政支持。根据法国政府与法国路网公司签订的条款，法国铁路网建设的任何投资项目，只有当项目要求者(包括国家或地方等部门)提供的财政援助可以在这项投资的折旧期间避免财务出现不良后果，法国路网公司才能够接受项目建设建议。图 8.2 显示了法国政府与路网公司、营运公司各自的职责和相互之间的关系。法国路网公司是铁路基础设施的所有者和管理者，负责路网的建设与维护、运输能力的分配，并对路网的使用收取费用。作为运营公司，法国国营铁路公司负责铁路的日常运营，也为路网公司运营和维护基础设施。

2. 法国新一代高速列车研发计划的组织

20 世纪 90 年代启动的法国新一代高速列车研发计划，组建了计划领导小组，其主要任务是制定质量标准和进度，负责各工作小组的协调。领导小组由 GEC－阿尔斯通公司运输部的 Jean Claude Raoul 挂帅。

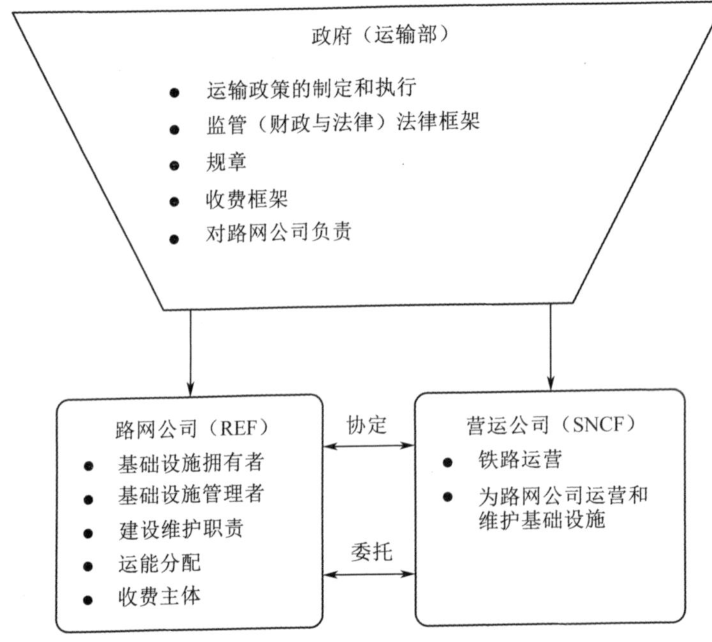

图 8.2 法国政府、路网公司和运营公司关系

GEC－阿尔斯通公司在法国和比利时的 10 个生产工厂承担了计划的研究开发任务，同时他们还吸收了大学、工程师学校和技术中心的 40 多个实验室参加科学领域的研究活动。这些实验室中有的来自美国、加拿大、瑞典等国的高等院校。因此，整个计划实际上由 40～50 个工作小组分头执行。每个小组有自己的预算、明确的研究目标和工作进度。该计划的组织特点是：统一协调、分工到组、按质保量、定期完成。

必须指出的是，本计划只涉及车辆系统，而与新一代列车相关的许多其他活动，诸如线路、道砟、架空接触线、信号系统、供电系统等，主要由法国国营铁路公司负责。

（四）实施效果

法国高速铁路实际运营开始于 1967 年，稍晚于日本。但法国高速铁路不断改进，使超高速列车的速度不断创新高。1981 年，一列由七节车厢组成的超高速列车创下了时速 380 千米的新纪录。法国高速铁路的成功运行，使超高速列车成为法国人日常生活不可缺少的一部分。至 20 世纪 90 年代，法国第一条高速铁路巴黎东南线运行约 10 年时间，每列车的行程相当于地球与月球间距离的 4 倍，在技术上未曾有肇事记录。它对旅客具有很大的吸引力，客运量逐年增长就

是很好的证明。法国第二条高速铁路巴黎—大西洋线的商业运行速度达到300千米/小时，比第一代的270千米/小时增加了30千米，同时不少技术问题得到明显改进。1990年，在该线段上，法国第二代列车的试运行速度创造了时速515.3千米的世界纪录(图8.3)。

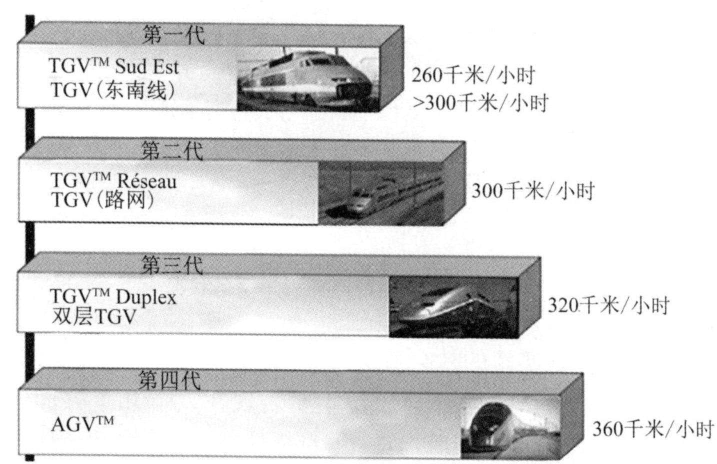

图8.3　法国四代高速列车概况

法国高速铁路从投入运营至1998年5月，共运送5亿人次旅客，约2 000亿人千米。从1980年至1996年，高速列车的客运量增长了90%，占法国铁路干线总运量的55%，并呈现以下趋势：①传统线的客流转向高速线，其中大部分是远程距离的客流；②超高速列车可以将旅客从一个城市的市中心直接运送到另一个城市的市中心，面对这种竞争，其他运输方式逐渐失去优势；③第3种趋势表现在超高速列车所带来的诱发客流：这些旅客以前由于交通工具或时间关系不出门旅行或很少旅行，但超高速列车投入运营后这些旅客就成为超高速列车的新客流。

1. 法国高速铁路计划实施的经济效益

如果没有收益，客流量再大可能也没有太大的意义。法国高速铁路计划中的三大主干线取得了很好的经济效益。东南线超高速列车预期收益率为15%，实际收益率也达到15%，这条线的投资在运营10年后全部收回。大西洋线超高速列车预期收益率为12%，实际收益率也达到12%。北部超高速列车的预期收益率为12%，由于英吉利海峡欧洲隧道开通推迟、法国经济增长缓慢而未能达到。1995年，英吉利海峡铁路货运量停滞不前，营业收入是近10年来最差的，亏损达166亿法郎，致使法国曾一度重新考虑超高速列车发展主体计划。但总体而言，法国超高速列车运行状况较好。图8.4所示为2004年法国超高速列车财务状况。

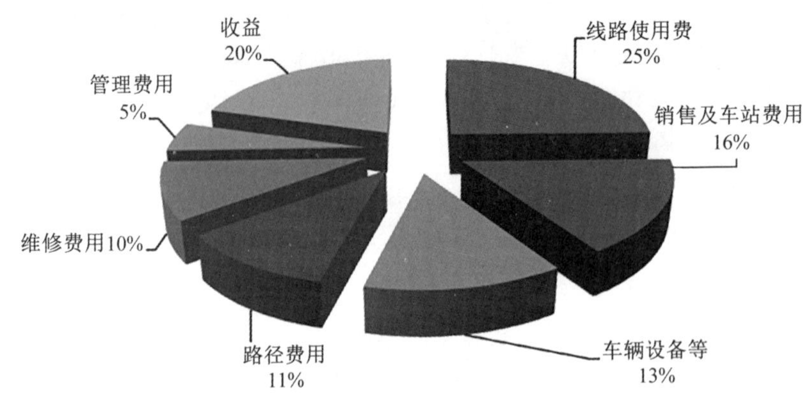

图 8.4　2004 年法国超高速列车财务状况

2. 法国高速铁路计划实施的社会效益

法国高速铁路计划所产生的社会效益主要表现在以下几个方面:①旅客时间节约;②能源消耗小;③减少环境污染;④安全性能高;⑤带动房地产的发展;⑥增加就业机会。

第四节　相关政策

一、法国科技政策及管理体制

法国政府对科技实施管理,并制定专门的科技政策,只有半个多世纪的历史。自第二次世界大战以来,法国历届政府为建立完善的科技管理体系(包括重大技术计划管理体系),付出了很大的努力,经历了尝试探索阶段,也经历了高潮、困惑、恢复、发展等阶段。法国科技政策及管理体制在西方国家中比较独特,对重大技术计划的组织实施产生了深远影响。法国科技政策及管理机制的演变可以分为以下阶段。

(一)尝试阶段

20 世纪 30 年代,法国尚未设立专门制定研究政策和协调组织研究活动的机构,从事研究活动的科研机构都各自为政,处于分散状态。当时,法国政府并不干涉这些机构的研究,只是在财政上给予必要的支持,由不同研究经费管理处分配资助经费。1935 年,法国将负责分配研究经费的各种管理处集中到一个统一

的机构——国家科研管理处。1936 年，法国政府设立“科研国务秘书处”，1938 年，成立“国家应用科学研究中心”，负责协调全国的科研活动。1939 年，国家科研中心（隶属于国家教育部）诞生，负责推动、协调和激励公共部门和私营企业所从事的纯科学研究与应用科学研究。1953 年，设立了“科技研究委员会”，囊括了所有大型科研院所的所长和科技界著名人士。1954 年，孟戴斯·弗朗斯政府设立了“研究国务秘书处”，这是一个部级机构，但该机构随着政府更替，逐渐萎缩并最终解体。

由于种种原因，这一时期，法国科技人员寻求统一法国科技政策，建立科技宏观调控的愿望并没有最终实现。

（二）黄金时代——戴高乐时代（1958—1969 年）

戴高乐于 1958 年 12 月当选为法兰西第五共和国总统，他对科学研究工作给予了极大关注。1958 年，法国创建了“科技研究部际委员会”，直接由总理领导，负责制定和协调科技政策。同时，设立了“科学技术研究咨询委员会”，由 12 名在科研、技术或经济领域有突出成就的专家组成，主要任务是研究科技形势，提供决策咨询，监督科研经费的使用。科学技术研究咨询委员会每年向政府提交一份有关科研成果应用和全国科技形势及发展趋势的报告。1959 年，设立了“科学技术研究总代表处”，用于建立“科学技术研究咨询委员会”与“科技研究部际委员会”之间的联系，并保持着与政府和国家元首的直接联系，其使命包括：①调整各个部所属的科研机构和研究活动；②制定各个研究机构的经费预算；③根据各自的条件，确定优先项目。从此以后，政府可以确定科研经费在国民收入中所占的比例，以及科研预算经费在各个领域和各个部门的分配比例。

戴高乐总统对法国科技的最大贡献就是逐步增加科研经费，为法国科学发展带了春天，创造了法国科学研究的黄金时代，为法国科技进步打下了坚实的基础。

（三）蓬皮杜时代（1969—1974 年）——轻科技重工业

蓬皮杜政府致力于法国的工业化，科学研究的地位相对降低。他建立了一系列以解决工业问题为使命的管理机构，弱化了对科技的领导权。他成立了工业与科学发展部，负责制定全国的科技政策。蓬皮杜政府认为：把工业部和研究部合并为一个部，可以改善国家对这两个领域的管理效能，可以加强工业与研究之间的联系，从而更好地协调二者的关系。蓬皮杜在就任总统时曾说：“没有强大的工业，就没有就业，就没有收入的逐步提高……”

蓬皮杜政府轻科技、重工业的科技政策，与当时世界形势发展及时代背景有

关系。当时法国专家们预测，20 世纪 70 年代，西方国家更加注重经济增长的幅度和社会效益，注重与环境保护有关的问题，尤其是与改善生活质量有关的问题越来越受到重视，而对于国防和国家威望的关切相对较弱。蓬皮杜政府提出：研究发展要刹车，科研部门、科研经费、科研人员的流动要面向一个方向，即面向工业、为工业服务。这样，在这一期间，法国人民生活有很大改善，但科研经费增长却停滞不前。

（四）德斯坦时代（1974—1981 年）

德斯坦执政时期，世界正迎来科学研究的理智时代。德斯坦政府既没有执行戴高乐时代的科技政策，也没有延续蓬皮杜政府重工业、轻科研的政策。德斯坦政府成立了工业与研究部，加强了政府科技政策决策咨询机构的力量，科学技术研究咨询委员会由原来的 12 人增加至 16 人。由总理主持研究工作，由国务秘书具体实施其职责。自第二次世界大战，法国经历了 30 余年的发展，人民生活水平显著提高，30 年的经济增长已使法国成为世界第五大经济国，第四大科技强国。法国所取得的这些成就可以说是戴高乐科技政策的结果，是蓬皮杜工业政策的结果，是德斯坦科技与经济政策相结合的结果，也是法国科技界多年奋斗的结果。

（五）密特朗时代（1981—1995 年）

密特朗出任法国总统后，成立了研究与技术部，部长为国务部长。他提出在科技发展方面的第一大目标，即在 1985 年科技投入达到国民生产总值的2.5%。1982 年法国政府颁布了法国第一部科技法——《科技指导与规划法》，使得科研预算经费每年都有较大幅度的增加。尽管最终没有按期实现2.5%的目标，但密特朗政府在短时间内将法国科研经费投入比例从 1980 年的1.85%提高到 1985 年的2.25%。密特朗政府认为法国的科技投入在国民生产总值的比例低于世界上的科技大国：当时，西德为2.57%，日本为2.47%，美国为2.73%，而法国到 1985 年仅为2.25%。法国研究与技术部、计划部联合成立的研究委员会建议法国的科研经费投入比例目标定在2.6%。当时法国总理法比优斯一心想使法国一跃成为世界第一科技强国，因而抛出了宏伟的目标：在 20 世纪 80 年代末，法国的科技投入要达到国民生产总值的 3%。

1985 年，法国通过了第二部科技法，其主要内容包括：确保科研经费持续稳定增长，修订了科研经费的年增长率，提高到6.2%；继续强调工业研究的重要作用，提高了“研究税收信贷”和项目补贴的比例；优化研究发展的投资结构，加大了企业投入的比例。新法还规定增加科技人员的数量，建立健全了科研项目及

其成果的评价制度。研究税收信贷政策的实施大大促进了企业，尤其是中小企业的研究开发。1989 年，享受此项信贷的企业已达4 000家，贷款额达 20 亿法郎，增长率为 25% 。

1988 年，密特朗政府恢复了研究与技术部（简称研技部）的独立性，任命居里安为部长，他确定了研技部的三大任务为规划前景、开展评价和支持工业研究。研技部的主要科技方针包括编制研究预算、科技人员就业政策，加强研究与工业的联系。为落实这一科技方针，政府决定加强科技研究的力量，确定了国家计划，涉及领域包括：生物工程技术、食品、医学研究、人文科学、技术与生产、电子、国土整治与运输的研究、自然资源、新材料、化学、发展研究等，旨在促进并提高法国工业的竞争力。1989 年法国政府为落实其科技政策，设立“国家研究评价委员会”，对国家研究机构、国家重大研究项目进行评价。

（六）希拉克时代（1995—2007 年）

希拉克当选法国总统之后，在科技领域的基本方针是：加强科学研究和技术创新工作，努力满足国民的物质文化需求，增强法国经济的国际竞争力。进入新的世纪，面对新一轮科技革命浪潮和国际范围内日趋激烈竞争的挑战，法国政府加强政府全面统筹，大幅度地应对调整，采取了如下措施。

1. 规划优先领域的发展

2000 年初，法国在全面评估经济、科技能力与实力的基础上再次确立了有限发展的战略思想，并规划了包括生命科学、航空航天与空间科学、环境与可持续发展、基础科学（数学、物理与化学）、能源、信息与通信技术、微纳米技术以及人文与社会科学等在内的优先发展领域。

2. 制定“企业科技创新计划”

为支持企业科技创新，促进经济发展，法国经济部 2002 年 12 月宣布了法国“企业科技创新计划”，提出对创办不到 8 年的“新兴科技企业”给予政策倾斜，帮助企业提高科研创新能力，力争使法国科技研发资金投入由目前占国内生产总值2. 2% 增加到 2010 年的 3% 。

3. 成立“国家科研署”，加强项目的直接引导

2005 年 2 月 7 日，法国政府成立了国家科研署（ANR）。最初国家科研署是作为公益性集团而成立的，自 2007 年 1 月 1 日起，国家科研署改变了性质，成为政府公共行政管理机构，反映出法国政府确立了以国家科研署作为国家科研资助部门的政策。国家科研署同时面向公共科研机构和企业，扩大所资助科学研究项目的数量，不管项目来自哪个科研部门，通过竞争和同行评议予以资助。科研署是政府在现行体制下，旨在通过资金调控与项目引导，促进公共科研机构与

企业的研发合作,引导和强化科学技术的发展方向,从而加强国家科学技术基础,增强科技发展的后劲。

4. 再次实施集中的工业创新政策

2005 年 8 月 30 日,法国政府正式宣布成立"工业创新署",实施新一轮工业创新政策。其核心目标是在未来 10 至 15 年内集中在诸如清洁汽车、燃料电池、太阳能利用、无污染工厂等十多个领域取得突破性创新,获取这些领域的绝对技术优势和市场优势。这种工业政策的回归,反映了法国政府欲在统筹科技发展方面发挥主导作用。

5. 重新制定"科研规划与指导法",全面规划未来科技发展

2004 年,法国爆发大规模科技人员抗议浪潮,法国政府决定着手研究与制定新的"科技导向和规划法"。在长达近 20 个月的时间内,法国社会相关各界组织过数十场专题或综合辩论,数千名国内外科技经济及社会专家直接参与了研究与论证。这部法律重新命名为"科研规划法",于 2006 年 2 月颁布。新的法律首次提出建立战略思路清晰、机能运转高效的"国家创新系统",核心是通过提高原始创新能力来提高法国的国际竞争力,进一步加强国家统筹发展能力。

二、重大技术计划管理机构

随着法国政府的频繁更替,主管研究发展和科技政策的部门也随之不断发生变化。1981 年以来法国政府历届科技主管部门见表 8.9 所示。法国主要的重大科研项目和技术计划就是由这些部门主管的。

表 8.9 法国政府科技主管部门演变

时期	政府科技主管部门
1981 年 7 月—1982 年 5 月	研究与技术部
1982 年 6 月—1983 年 2 月	科研与工业部
1983 年 3 月—1984 年 7 月	工业与科研部
1984 年 8 月—1986 年 2 月	研究与技术部
1986 年 3 月—1988 年 4 月	国民教育部(下设部长级代表,负责科研与高等教育)
1988 年 5 月—1992 年 3 月	研究与技术部
1992 年 4 月—1993 年 2 月	研究与空间部
1993 年 3 月—1995 年 4 月	高等教育与科研部
1995 年 5 月—1997 年 5 月	国民教育、高等教育与研究部(下设科研国务秘书)
1997 年 6 月—2000 年 2 月	国民教育、研究与技术部

续表

时期	政府科技主管部门
2000 年 3 月—2002 年 5 月	研究部
2002 年 5 月	青年、国民教育与研究部(下设高等教育与研究部长级代表)
2002 年 6 月	青年、国民教育与研究部(下设研究与新技术部长级代表,称为研技部长)

三、政策支持特点

法国科技政策及其相关机制的建立并非一帆风顺。在第五共和国之前,法国科技界就为此做过多次尝试,但直到 1958 年,戴高乐将军上台,才建立了一套科技宏观调控体系,经过蓬皮杜时期的停滞,德斯坦时期的恢复,密特朗时代的发展,希拉克时代的调整,逐步发展起来。表 8.9 中所示的法国科技主管部门的演变,可以从某一个方面反映法国科技政策频繁变化的特点。法国科技政策及宏观调控机制在各个时期都以总统的意志为准则,总统的重视程度对法国宏观科技政策起着举足轻重的作用。

企业研究一直是法国的薄弱环节,这是阻碍法国成为世界头号科技强国的最大绊脚石。在重大技术计划的实施中,政府负担国家科研机构是法国科技体制的一大特点,而国家科研力量高度集中则是法国科技体制的另一大特点。

第五节　组织实施及效果

一、法国重大技术计划组织

(一)组织模式

许多国家都有大型研究计划,但法国是实施大型研究计划(重大技术计划)最为普遍、最为系统的国家。起源于 20 世纪六七十年代的重大技术计划,由法国中央政府控制。每一项大型计划均采取“定做”方式组织实施。这些大型计划强调财政预算的重要性,以及它们对于法国经济和科研产生持续的影响。

法国重大技术计划组织管理模式大体可分为三类:国家主导、国有研究机构及企业主导、市场主导。其中,前两类是法国早期重大技术计划的主要组织管理模式。

1. 国家主导模式

大部分法国重大技术计划都由法国政府干预，只是政策参与和干预的程度不同而已。关系到法国国家战略安全、涉及跨国协作的重大技术计划基本由法国政府主导完成。属于这种组织模式的典型计划包括超音速客机计划、阿丽亚娜火箭计划等。

由法国和英国两国合作的超音速客机计划，充分体现了国家主导重大技术计划的特点。该项合作计划并非由两家公司制订，而是由法国和英国政府以国际条约的方式制定。计划规定如果任何一方取消合作，就必须付出巨额赔偿金。在这样的条约基础上，才保证了协和飞机计划得以正常运作实施。

由法国主导、多国共同参与的阿丽亚娜火箭计划也是政府主导的典型重大技术计划之一。法国的空间科学研究和技术开发主要由法国空间研究中心具体组织和协调。在筹备组建欧洲航天局期间，研制阿丽亚娜火箭的总负责单位为欧洲空间研究机构。1973 年，欧洲空间研究机构将研制阿丽亚娜火箭的责任交由法国空间研究中心完成。1975 年，欧洲航天局成立后即由其总负责，负责项目的全面控制，法国空间研究中心负责研制项目的全面管理。到了 20 世纪 80 年代，政府却逐渐地减少了对空间领域的大型民用研究计划的完全资助。这是由于空间研究计划主要由欧洲航天局赞助。直到目前，这项空间研究计划仍然很重要，该计划十多年来一直占法国公共研究财政预算的 10% 以上。

事实上，由国家主导重大技术计划，并非法国所特有的，在西方的许多大国，都有不少以这种方式开展的大型研究计划。

2. 国有研究机构及企业主导

法国国有研究机构、国有企业主导重大技术计划的情况最为普遍，这种模式在西方国家中显得比较特别。一些重大技术计划依赖于一个或多个国家大型企业的支持，这些国有大型企业或研究机构负责计划的工业开发和跨国应用。前面提到的核电计划、高速铁路计划、大型远程飞机计划等都是国有研究机构、国有企业主导的典型例子。

法国核电计划主要由法国电力公司进行组织，负责核电站的整体设计、工程和设备采购等，直接组织管理核电设备供应商体系，保证将建设、运行中的经验反馈给设计部门、制造部门，促进设计工作不断改进，提高核电设备质量，从而保证核电站安全运转。由法国牵头组建的空中客车工业公司是法国大型远程客机计划实施的主体，空中客车工业公司的成功充分证明了这套组织管理模式的正确和有效。在发展法国高速铁路计划过程中，在法国政府部门统一规划指导下，路网公司和运营公司是计划实施的主体，成为法国重大技术计划成功实施的典范。

3. 市场主导

自 20 世纪 90 年代以来，在私有化浪潮冲击下，法国重大技术计划的组织管理也呈现出市场化特征。以“重大技术计划”为标签的公共干预模式大幅度地缩减。这些计划中有一些已经完全消失了。例如，伴随着法国电信私有化，包括 CNET 在内的“电信”研究计划都搁浅了。还有一些重大技术计划已经降到次要地位。自第二次世界大战后发展起来的政府干预科研的模式已经几乎全部消失（除了少数涉及国家战略安全的领域之外），尝试以市场化手段推进重大技术计划的实施，成为法国重大项目组织管理的新趋势。

法国民用航空领域的发展就是典型的市场化路线。不同于军用航空计划的科研资助体制，在民用航空技术计划中，政府不再资助科研开发，也不提供设备，而只是部分地开展辅助性研究，提供一些补偿性的预付款。法国民用航空工业走上跨国联盟的道路，最终取得成功。

（二）组织管理特点

从法国典型的重大技术计划可以看出，国家主导或国营企业和研究机构主导是其主要特点。这一组织特点体现在两个方面。

1. 在科研体系的构成方面

法国科研体系由四大部分构成：一是公共科研机构，其经费主要来自国家预算和自筹资金；二是大学科研机构，主要从事基础研究；三是企业研究机构；四是民间科研机构，如从事协调、服务的非营利性协会、科学技术研究基金会等。在上述四类研究机构中，国家科研中心和大学科研机构几乎垄断了法国的基础研究工作。而企业研究开发力量主要集中在少数大型企业和集团（如国营铁路公司、国营电力公司和法国典型公司等），其研究与发展经费约占全国企业研究发展经费的三分之二。法国科研体系的构成充分体现出国家在科技发展方面的主导性，民间机构和私营机构所占比例较小，成为国家主导的科技力量的补充。

2. 在技术创新和转移方面

为推动应用科研成果的转移，法国政府采取以下政策措施：一是实行公共研究小组的利润分红。凡属科技型公共研究机构、行政型公共研究机构和高等教育部门的具有公务员身份的研究人员、工程师和教师，用自己的发明、专利、软件、植物新品种等与企业合作开发，取得经济效益的，可分享相当于其原单位从企业收取特许权费、专利费扣除所有直接费用后的税前收益的 25%。二是成立面向企业的研究与创新财团。三是调动私人资本为创新领域投资。四是促进通过专利向创新企业投资。为弥补国立研究机构在科研体系中占主导作用，但技术转移慢的缺点，法国政府成立了法国科技创新与转移有限公司，为科研机构和

企业提供服务。这一举措的优势在于：以私营企业的方式运行，自负盈亏，增强了其责任感和经费管理的透明度等。这些举措都体现了法国在推进科技创新方面，以国家主导、市场为辅的特点。

（三）采用系列化研制模式，注重计划的延续性

从阿丽亚娜火箭计划、高速铁路计划等法国典型重大技术计划的组织实施过程可以看出，法国注重保持重大技术计划的延续性，采取了系列化研制模式，无论计划的组织实施主体如何变化，无论支持政策环境如何演变，都能够保证重大技术计划的逐步实施。

以大型远程客机计划为例，在该计划实施过程中，原型机试制是飞机发展和更新换代的重要手段。在这一过程中，航空企业保持了飞机试制、组装与生产能力，设计人员、技术人员的水平能够不断得到提升，对培养一代又一代航空设计师与工程师非常有益。更重要的是，通过原型机研制，航空新技术有了应用与试验的载体，有助于保持技术上的先进性和探索性。空中客车系列客机取得的成功，最能体现法国“渐改创新”思想。从空中客车各种型号研制历程可以看出，渐改创新的型号研制模式在空中客车计划中得以很好应用。A300 是基础型号，A310 与 A300 的总体布局极为相似，机身、发动机、机载设备与 A300 也有很大的通用性。A330、A340 项目在 1987 年同时启动，一开始就充分考虑了共用技术和部件，大大降低了开发成本。除发动机数量和与发动机相关的系统外，两种机型有很大的通用性，有 85% 的零部件可以互换。两种机型的高度通用性不仅对空客公司有利，也给用户提供了很大便利，可以大大降低维护成本。

系列化研制模式，渐改创新的思想被贯彻到法国各个重大技术计划的具体实施过程中。高速铁路计划从第一代的研制到目前第四代，阿丽亚娜系列火箭计划从第 1 型开发到第 5 型，均遵循了这一思路。重大技术计划的这种延续性，不仅使法国积累了大量科学技术，培养了一批又一批的科学家和工程技术人才，保持了在这些领域持续领先的优势，并最终形成若干了世界级的科技优势。

二、重大技术计划的评估评价

法国政府注重对重大技术计划的实施效果进行跟踪评价。自 1988 年以来，开展评价就成为法国研技部的三大任务之一（另外两个任务为规划前景、支持工业研究）。法国已形成比较完整的科技评估体系，分为四个层次（图 8.5）：国会科技选择评价局、国家研究评价委员会、科研机构及高等教育机构内部评价体系、中介机构，从而对科技政策、科技机构、科技计划、科技项目、科技人员、技术转移开展评价研究。

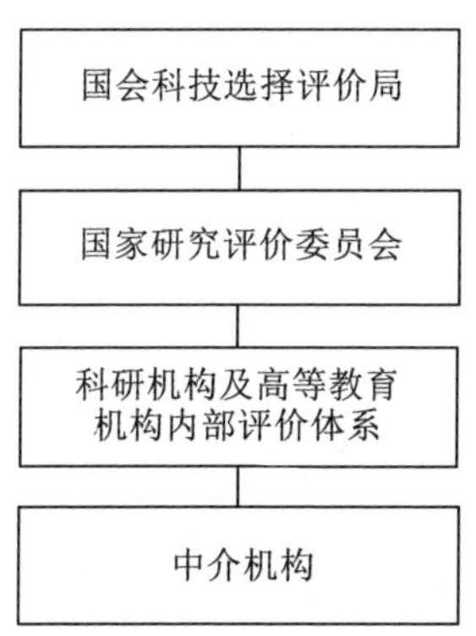

图 8.5　法国科技评估体系

(一)国会科技选择评价局

20 世纪 80 年代,法国国民议会成立国会科技选择评价局,独立评价政府的重大科技政策。1983 年,设立了议会科技选择局,其法定任务为“将科学技术选择的结果报告议会,帮助决策”,职能包括搜集信息、实施研究计划并进行评估。国会科技选择评价局由参议院和众议院中部分议员组成的专门委员会、委员会所属秘书处和办事机构构成,下设科学理事会,由 15 名非国民议会的科学家组成。评估经费完全由政府承担,以保证整个评估过程的独立性。

国会科技选择评价局的评估程序如下:在该局内部指定专门人员担任评估报告的起草负责人;报告起草负责人向议会评价局提交可行性报告,在此基础上做出决策。如果起草可行性报告需要调查,负责人可以组织议会以外的专家组成工作组,也可聘请独立研究机构(国内外均可)参与。报告起草负责人具有很大的法律权限,可以检查全部国家机构的任何层次和部门,可以接触行政部门的任何资料(国防和涉及国家安全的资料除外)。评估报告所得结论可以在立法和预算讨论中直接运用。

(二)国家研究评价委员会

早在 1989 年 5 月,法国政府就成立了国家研究评价委员会,其使命就是分期、分批地对国家研究机构、国家重大研究项目进行评价,主要任务包括:评估政府的科研政策、计划、项目、法规,评估公共研究机构,制定有关科技评估的政策、规定,认定评估事务所和人员的资格,培训评估人员。国家研究评价委员会由 10 名来自不同领域的专家构成,包括 4 名自然科学家、4 名社会科学家(经济、社会、文化、科技领域)、1 名法国审计法院成员、1 名法国行政院成员。这 10 名委员由

内阁会议任命。在项目评审过程中,根据具体情况临时聘请相关领域的专家。国家研究评价委员会的年度经费由政府全部承担。

国家研究评价委员会具有相当重要的权威性,负责确定评估方法,挑选委员会以外的专家,制定详细的招标规则。在评估过程中,成员发表各自观点并进行辩论,得出集体意见作为评估结果。整个评估过程采取异议制方式,允许被评估机构阐述其观点甚至对评估结论提出异议。被评估机构必须根据评估报告的建议采取措施,并向政府主管部门报告。

(三)科研机构及高等教育机构内部评价体系

法国各科研机构内部均设立相应的评估机构,已经形成完善的、制度化的评估体系。采用的主要形式是评价委员会,按学科和学科组分类。委员会中三分之二的成员从研究人员中选举产生,另外三分之一由科研机构负责人任命或聘请国内外专家。评价委员会定期(一般为4年)对本机构的实验室和研究人员进行评价。其主要职能:评价本机构的发展方向,机构内部设置,科研课题和国家投入的合理性,科研人员是否称职等。

以国家科研中心的评估机构为例,全国科学研究委员会被誉为法国的科学议会,共有40个专业委员会,总计1 325名成员。其内部机构主要有科学理事会、跨学科委员会、学部理事会、跨学科计划行政委员会和计划委员会等。全国科学研究委员会每两年对科研中心直属或协作的实验室进行一次评估,内容包括实验室的创建、更新和撤销,科研人员的晋升,以及经费需要和人员聘用等方面的建议。评估工作通常采取同行评议制。例如,对科研人员的招聘和晋升会根据其档案,征求国内外同行专家的意见。

大学等高等教育机构的科技评估由国家评价委员会负责,其评估体系、理论、方法、标准与上类似。

(四)中介机构

法国的科技中介机构在整个科技评估体系中数量不是很多,发挥的作用不是十分显著。中介机构(或个人)只要经国家研究评价委员会认定,符合法定条件,便可取得从业资格,从事评估工作。

我们选取其中很有特色的法国科技创新与转移有限公司进行介绍。法国科技创新与转移有限公司是一个以科研机构为后盾,为科研机构和企业服务的公司。其主要业务是在全国及欧洲范围内从事技术转移和许可证贸易,它的一部分业务是科技评估。该公司由一些公共科研机构以股东的身份参与董事会,由独立的法人牵头注册并实行管理,实行总经理负责制,自负盈亏。

在技术转移的项目选择阶段,法国科技创新与转移有限公司会对这些成果进行分析评价,向用户提供技术分析的可行性报告,以此为结论服务于下一阶段的寻找转移对象过程。由于法国科技创新与转移有限公司转移的科研成果大部分来源于法国的科研机构(截至2000年,该比例约为90%),其工作相当于对国立科研机构的科技评估。

三、重大技术计划取得的成就

多年来,法国通过实施多项重大技术计划项目,在核能、航空、高速列车、通信等领域取得了重大的突破,核能、阿丽亚娜系列火箭、空中客车飞机、高速列车成为世界级科技水平的杰出体现。法国重大技术计划的实施,不仅促进了法国科技进步、经济发展,也为法国国防工业提供了坚实的工业基础。

第六节　经验教训

一、法国实施重大技术计划的经验

在西方发达国家中,法国的科技管理体制显得格外与众不同,这一特殊性尤其体现在法国重大技术计划的组织管理模式上。从法国典型重大技术计划组织实施过程可以总结出以下经验。

(一)科技管理体制总体以集中为主

法国是高度中央集权的国家之一。第二次世界大战以后,法国科技体制是按照科尔伯特主义模式建立起来的,属于集中型科技体制,主张建立以国有企业和国立机构(包括科技机构)为主体的组织体系,利用政策法规等手段干预国家经济发展,统筹科技发展。在冷战结束前,法国国防工业近80%直接或间接为国家所有,它们或是国家所有并由国家经营的军工厂、国有化公司,或是国家拥有较大股份的企业,国家对这些企业实行较强的行政干预,不主张大公司之间开展竞争。

20世纪80年代,法国左派联盟上任后,强调自由发展的适度统筹,除某些特殊领域(核能、火箭、远程通信、空中客车等)继续实行国家主导外,政府对其他科学研究领域开始实施强调自由发展的松散式管理模式。然而,这一管理模式并没有让法国创造出如20世纪60年代以来的新辉煌,反而导致法国在20世纪90年代开始的信息科技为代表的科技创新浪潮中丧失了时机,未能在高科技领域

形成自身的产业优势。科技发展水平与美国、日本相比出现下滑,竞争力持续下降。

2005 年,希拉克总统提出了新工业创新政策,再次实施集中化政策,目标是在未来 10 ~15 年集中在诸如清洁汽车、燃料电池、太阳能利用、无污染工厂等十多个领域取得突破性创新,获得在这些领域的绝对技术优势和市场优势。

与其他西方国家不同,法国在国防工业领域,将国有化作为保证落实国防科研生产政策的重要手段。在国防部总装备部的领导下,政府先后将一些生产重要武器的私营公司收归国有,按专业合并,使国防工业由分散状态转向主要由国家控制,从而有利于把有限的物质资源和技术资源集中起来形成合力。

无论法国科技管理体制经历了怎样的演变,总体上看,自第二次世界大战以来,法国科技管理体制总体呈现集中化特征,在重大技术计划中表现得尤为明显。

(二)重大技术计划使命化导向明显

法国重大技术计划是典型的"使命导向型"科技计划。以"使命导向型"合同为基础的资助占据法国政府资助的绝对主导地位,而以"扩散导向型"合同为基础的资助则处于次要地位。例如,1996 年,法国政府与企业签订的研究合同金额达 230 亿法郎,其中 120 亿法郎用于国防研究,80 亿法郎用于 5 项重大科技专项,30 亿法郎用于产业创新激励计划,"使命导向型"合同(200 亿法郎)占据主导地位。"使命导向型"科技计划对于集中力量攻克重大科技难题和关键技术,快速实现国家科技目标具有重要意义。

(三)重大技术计划注重军民两用

法国一直奉行独立自主的国防政策,建立了完全独立的国防工业体系。进入 20 世纪 90 年代,为了适应新的世界形势,增强自身竞争力,法国于 1994 年发布了国防白皮书,提出一部分国防工业要向军民两用方向发展。在随后的军事计划法中,明确提出了国防高技术的研发要以军民两用技术为重点,在 2003—2008 年军事计划法中提出,要通过优先发展军民两用技术加强研究和技术开发。在 1991 年启动的新一轮重大技术计划中,主要涉及航天、航空、核能、电子信息和通信,其中大量技术都是军民两用技术。例如,于 1991 年启动的重大技术计划中的先进高超声推进技术专项计划,由法国几家航空航天工业大公司和国家航空航天研究院联合执行,法国液化气公司、国家信息与自动化研究所和国家科研中心等参与,周期 5 年,总经费为5.25亿法郎,政府资助 4 亿法郎(国防部承担 60%,其他政府部门承担 40%)。在航天领域,"斯波特 4"卫星、"电信星"(军方

称为"锡拉库斯")、"斯滕托尔"通信技术试验卫星等均为军民两用卫星，阿丽亚娜5火箭技术、核反应堆技术、高性能飞机与航天器技术等均为军民通用技术。

2001年，法国国防部和研究部签署了一项科技合作协议，要求在科技合作中协调制定两个部的科技政策，并进行科技项目合作。合作领域包括：共用基础技术（材料技术、纳米和微米技术、生物技术、光电子技术等）、军用装备中使用的民用技术（信息和通信技术、集成电路等）以及扩散到民用领域的军用技术（航空和航天等）。

由此可见，冷战结束后，法国在重大技术计划的组织实施过程中，特别注重军民两用，对法国高技术产业发展和国防建设产生了重要影响。

（四）重大技术计划重视国际合作

法国在欧洲政治、经济一体化进程中发挥了十分重要的作用，在推动科技领域跨国合作方面同样功不可没。在法国重大技术计划实施过程中，很多计划是跨国合作的，如大型远程客机计划、超音速客机计划、阿丽亚娜火箭计划等。在大型远程科技计划中，法国积极推进英国、德国等多个国家参与。超音速客机计划中，法国联合英国推动协和飞机的研制。在阿丽亚娜火箭计划组织实施中，法国空间研究中心发挥了重要作用，充分利用欧洲航天局协调其他参与国，成功地实施了这项欧洲多国参与的计划。

法国注重重大技术计划的国际合作，获得了多方面的利益：

（1）通过推进国际合作，充分利用了其他国家的优势科技资源。例如，在法国实施超音速飞机计划时，英国在超音速飞机研制领域具有很强的实力，法国正是看中英国在这方面的科技优势，才积极推进二者的合作。

（2）通过推进国际合作，充分利用其他国家的资金。法国推出的一些重大技术计划，均需要庞大的资金支持，一些以财政支持为主的重大技术计划面临资金缺口问题。例如，英法联合研制超音速飞机的另一个重要因素，就是所需资金庞大，单一国家财政难以投入。在阿丽亚娜火箭研制过程中，就充分利用了其他国家的资金。法国在阿丽亚娜1～4火箭中的投资比例均在60%左右，阿丽亚娜5火箭投资比例更是不到50%（仅为46.2%），这为法国节约了大量资金。

（3）通过跨国合作，成功占据了参与国的市场，使得重大技术计划获得可观的商业化前景。阿丽亚娜火箭、空中客车大型飞机在商业化进程上，首先获得了大量计划参与国的订单，不仅为商业化提供了资金支持，也为计划的推进增强了信心。法国自主推进的高速铁路计划，最终也推向了全欧洲，成为欧洲高速铁路的重要组成部分。

二、法国实施重大技术计划的教训

尽管法国重大技术计划使得法国在航空、航天、核能、高速列车等领域取得了举世瞩目的成就，但重大技术计划本身也存一些问题，主要体现在以下几个方面。

（一）管理机构复杂，决策风险较大

为了管理重大技术计划，法国建立了复杂的政府机构，但缺乏透明度，有些机构集委托人和代理人于一身。现代科技发展复杂化、大型化趋势对管理机构的判断决策能力提出了很高的要求，过度集中的技术计划必然蕴藏着巨大的决策风险。

（二）造成工业竞争力的扭曲

法国重大技术计划项目通常规模很大，对项目参与企业的研究方向产生着重大的影响。这些计划诱使企业从事与使命导向型政策有关的领域的研究工作，而对市场需求的技术则视而不见，或变得不敏感，可能会导致它们缺乏市场竞争力。

（三）溢出效应有限，资源配置效率不高

法国重大技术计划在实施过程中形成的是纵向的、相对封闭的系统。这种结构使得公共投资的影响面有限，重大技术计划项目的溢出效应（spillover effect）也很有限。法国大型民用和军用技术研究计划吸引了法国公共研究财政预算的绝大部分。而有限的溢出效应使得这些投入对整个国民经济的回报并没有所期望的那么大。重大技术计划的实施，并没有提高国家资源配置效率。

（四）“使命导向型”科技计划带来一些负面效应

“使命导向型”科技计划的负面效应突出表现在：中央集权程度高，目标由中央制定；高成本导致项目的选择面狭窄；技术的高度复杂性限制了参与项目的机构数量，只有少数机构参与。由此导致两个结果：一是“使命导向型”的计划给行政管理机构增加了巨大的负担。管理机构的负担繁重，科技计划的设计和实施需要组织机构具有高度的判断力，对计划的执行情况的监督主要依赖于管理过程，而不是市场选择机制。二是“使命导向型”的计划风险性很高。政府在少数项目上投下大的赌注，而这些赌注可能出错；另外，大项目挤占资源，一些很有价值的项目可能会被耽误。

参考文献

[1]丁秀棠. 法国近 20 年来科研与创新政策的演变:科尔伯特政府在大型计划中的消失[J]. 中国科技论坛, 2003(11):51-53.

[2]刘立. 法国科技政策利弊分析[N]. 科学时报, 2010-4-8(A3).

[3]阮汝祥. 中国特色军民融合理论与实践[M]. 北京:中国宇航出版社, 2009.

[4]杜尔. 法国核电规划[J]. 核动力工程, 1990(11):79-81.

[5]王岩岩. 法国核电发展模式对我国的启示[J]. 价值工程, 2010(16):133-134.

[6]赵鸣. 法国核电工业成功发展的经验[J]. 全球科技经济瞭望, 1999(7):18-20.

[7]刘军韬. 法国的核电计划[J]. 国外核新闻, 2002(8):7-8.

[8]顾海兵, 姜杨. 法国科技评估体制的研究与借鉴[J]. 上饶师范学院学报, 2004, 24(4):1-5.

[9]马与雄. 法国整合核电产业序幕即将拉开[N]. 中华工商时报, 2010-8-4(004).

[10]李成智, 李小宁. 征服天空之翼:跨世纪的航空技术[M]. 武汉:湖北教育出版社, 1998.

[11]浦一飞. 从空客公司看大飞机研制[J]. 航空工业经济研究, 2009(1):16-22.

[12]李成智, 苏道宁. 战后法国航空工业发展路径初探[J]. 自然辩证法通信, 2011(2):41-46.

[13]李伟红. 法国科技体制改革的研究与借鉴[J]. 产业与科技论坛, 2007(6):67-69.

[14]费雅佳. 阿里安火箭的由来:诞生和发展(二)[J]. 中国航天, 2000(11):23-25.

[15]铁道部经济规划研究院. 世界高速铁路发展趋势[J]. 铁道经济研究, 2006(1):35-41.

[16]示思. 法国新一代高速列车 RD 计划[J]. 全球科技经济瞭望, 1994(5):1-3.

[17]林仲洪. 瑞典和法国高速铁路经营与管理考察报告[J]. 铁道经济研

究，2007(1):38-45.

[18]刘世威. 法国科技宏观调控机制的演变(一)[J]. 中国软科学，1994(6):60-61.

[19]刘世威. 法国科技宏观调控机制的演变(二)[J]. 中国软科学，1994(7):37-38.

[20]刘世威. 法国科技宏观调控机制的演变(三)[J]. 中国软科学，1994(8):50-51.

[21]刘世威. 法国科技宏观调控机制的演变(四)[J]. 中国软科学，1994(9):38-39.

[22]刘世威. 法国科技宏观调控机制的演变(五)[J]. 中国软科学，1994(10):41-42.

[23]刘世威. 法国科技宏观调控机制的演变(六)[J]. 中国软科学，1994(11):39-41.

[24]张雪平. 论英法德三国战后科技政策的特点[J]. 科技进步与对策，2001(8):117-118.

[25]霍立浦，邱举良. 法国科技概览[M]. 北京:科学出版社，2002.

第九章 德国高技术战略计划运行管理研究

为加快科技发展速度，保持全球领先水平，并迅速将其转化为产品或工艺流程，2006 年德国联邦政府首次正式出台了《德国高技术战略》，确定了广泛而又明确的有关加强德国创新力量的政策路线。经过几年的运行，取得了良好效果。2010 年，为保持高技术战略的延续性，提高应对金融危机的能力，德国又提出了《德国高技术战略 2020》，提出依靠研究和开发新技术、扩大创新、目标明确地去激发德国在科学和经济上的巨大潜力。

第一节 提出背景

一、德国一直非常重视创新

在 1965 年，德国政府第一份科学研究报告中就指出，决定德国未来发展以及社会结构平衡的因素主要包括有效的研究及通过这些研究带来科学与技术的进步。支持科学研究和发展，将在国家的支出中占据重要地位，其核心思想是研究与开发（R&D）是国家进步与发展的驱动力。2006 年，德国联邦政府科学研究的报告指出上述思想仍然适用。

二、为应对当前不断变化的国际国内形势

自 1965 年以后，社会发生了很多重大变化，世界变得更加复杂，需要解决工作及生产条件的变化、自然资源短缺以及由于人口及全球变化所带来的问题。2006 年，德国高技术战略中提出德国联邦政府一个重要任务就是实现创新政策的集约化，并希望通过国家高技术发展战略为德国创造 150 万个新的工作岗位，提高人民的生活质量。2007 年以来，鉴于金融危机的重创、国际竞争的加剧和全

球挑战日益严峻,德国面临着几十年来最严峻的经济与金融政策挑战。2010 年,德国政府决议,进一步发展高技术战略(2020 版),使德国成为解决全球挑战的先行者。

三、应对来自全球科研领域的竞争

德国必须在创新、培养高水平的专家和顶尖的科学家、建立一流的公司等方面与其他国家竞争。德国认为需要制定强化创新的新策略以应对日益变化的世界所带来的机会与挑战。通过高效率的工业和商业、训练有素的专家以及丰富的科学资源,德国能够成为世界上研究环境最友好、技术转移最成功的国家之一。因此,2006 年德国高技术战略提出的目标是确保未来德国在世界范围的竞争力和技术领先地位。具体来说就是“打造高端市场”,在气候保护、新兴能源、卫生、食品、交通、安全和通信领域提供“建立在科技基础上的解决方案”,使德国成为这些领域的“佼佼”者。

四、与欧盟的重要战略相衔接

近年来,欧盟提出并制订了一系列的战略计划,如非常有影响力的第七框架计划等。德国制订高技术战略计划的一个重要出发点就是与欧盟的相关战略计划相衔接,体现德国战略规划既是欧盟战略的一部分,同时又能突显德国的实力与特色。

第二节　主 要 内 容

德国高技术战略可以概括为以下七个方面:

(1)将创意转为实践:高技术战略把创新政策作为政府行动的核心。该战略是第一个国家战略,展示德国如何能够成为并维持最重要的尖端技术的全球领导者。

(2)为新创意营造更多自由空间:这是贯穿于整个高技术战略的政策主线。为研究以及工业界提供更多的自由空间,意味着研究成果将会以更快的速度转化为产品。

(3)鼓励和支持好的想法:德国想成为世界上最好的研究型国家。为达到这个目标,将尽可能在早期就培养和支持天才及其能力的成长,并确保他们的能力和造诣能够得到更广泛的认可。

(4)避免意识形态的阻碍:对于新技术,抱以开放和接纳的态度。在绿色生

物和安全技术领域，积极寻找机会和激发市场潜力。

（5）确定未来市场目标：建立主导市场。高技术战略确定了清晰的目标，并制定了包括17个尖端领域的具体行动在内的时间表。通过参与者的密切协作，将建立起新的战略合作关系。

（6）中小企业新创意：支持中小企业以及科学界和工业界的合作是高技术战略的中心环节。所有的投资手段以及行政变革都是为围绕这一点开展的。

（7）推进高技术战略：战略联盟将为高技术战略实施提供侧面的支持。研究联盟中的专家将发布正式报告，记录战略的进程。

一、2006年德国高技术战略创新领域路线图

2006年德国高技术战略的最基本的思想是：激励开展以应用为导向的科学研究，建立研究环境友好型的工业，并促进科学领域与工业领域的战略合作。目前，德国的技术与市场优势主要体现在汽车、设备制造、医药及环保技术等领域。德国提出，在实施高技术战略进程中，除了要继续实施上述领域的产品和服务技术创新外，还要着力开拓新的创新领域。

《德国高技术战略》确立了3类17个高技术创新领域：①必需的创新领域，包括健康与安全，发展新诊断和医疗技术，保障生活安全；国家安全技术，减少犯罪和有效反恐；植物在农业与工业上的新用途；能源技术要安全、高效和可持续发展；环境技术，水、空气、土地和公共资源保护等5个领域。②通信与移动创新领域，包括信息与通信技术，扩大德国核心行业的强势和开辟新应用领域；运输工具与交通技术，使德国成为欧洲的后勤基地和枢纽；航空航天技术，增加运力和减少环境负荷；宇航技术，地球观察与导航卫星；海洋技术，利用与保护海洋资源的系统解决方案；服务行业，推动知识经济的进程等6个领域。③横向创新领域，包括纳米技术、生物技术、微系统技术、光技术和材料技术等5个领域。

其技术路线图如下：

（1）健康与医药技术领域：德国政府提出了改善就医条件、完善就医环境、减轻就医负担以及推进健康和医药技术研发成果运用的目标，以不断提高各类医疗机构的诊断与治疗水准。同时，德国政府呼吁确保德国在可再生医学领域的领先地位，通过不断完善医院临床试验条件，进一步将德国打造成为具有吸引力的重要制药基地，以及全球医药技术的主导市场。此外，德国政府还要求将现代信息与通信技术的发展成果运用到健康技术领域之中。

（2）安全技术领域：通过安全研究领域的政策促进，更好地利用技术手段保障国民与社会的安全；同时，将不断致力于挖掘安全技术的经济潜能，及时抓住全球安全技术领域的发展机遇，进而不断提升德国安全技术市场的水平与能级。

(3)植物技术领域:发展以知识为基础的生物产业目标,到2015年使德国的植物生物技术和植物育种技术达到欧盟领先水平,可再生资源占能源供应的比例有显著的提高。在这一期间,德国化学行业中的可再生能源与资源的利用比例也要在目前10% ~12%比例的基础上进一步扩大。

(4)能源技术领域:2020年与1990年相比德国的能源生产效率力争翻一番。其中,可再生能源占初级能源消耗的比例将从目前的5%提高到至少10%,二氧化碳和甲烷等温室气体排放量将有明显下降。

(5)环境技术领域:在实施国家可持续发展战略的总体框架下,到2010年将空气中的有害物质削减70%,到2020年实现能源和资源生产效率翻一番的目标,土地需求量也将由目前的100公顷/天减少到30公顷/天。德国政府还表示,按照“京都协议”规定,2008—2012年期间德国的温室气体排放量将比1990年减少21%。

(6)信息与通信技术领域:继续巩固与扩大在信息与通信技术领域中领先地位。要运用信息化技术有效提升德国在机械设备制造、汽车、通信等传统领域中的竞争优势。同时,要在医疗保健、国民安全、教育培训、研发与创新等领域中广泛运用信息与通信技术。要继续推进国民经济的信息化进程,加快实施电子信息与电子政务技术的研发,优化改善企业生产信息系统,不断提升信息与通信技术的可靠性和安全性。

(7)汽车与交通技术领域:将传统意义上的运输国转变成为现代化物流枢纽,致力于提高德国交通体系的整体运作效率,提高德国汽车制造业及其交通行业的竞争能力,减少交通运输给生态环境带来的负面影响,以及为国民提供舒适、安全的交通运输方式。德国政府强调,要借助于新技术的研发与推广,到2012年新投放机动车辆的二氧化碳排放量下降到每千米120克。同时,要继续扩大生物燃料油的使用比例,到2010年提高到6%。

(8)航空技术领域:在贯彻欧盟航空工业战略议程“2020愿景”的框架下,着力增强德国航空工业的核心功能,不断降低航空飞行对环境的影响,有效确保航空飞行的安全保障。同时,德国政府还确立了该领域发展的相关重点环节,涉及提高航空运输能力、营造环境友好型航空运输环境、强化航空飞行安全保障、提升人性化航空服务品质等。

(9)航天技术领域:基于航天技术在现代工业与信息化社会中的关键作用,德国政府提出了扩大德国在空间研究与技术领域中的领先优势,确保德国航天企业在欧洲乃至全球航天市场的竞争实力。

(10)海洋技术领域:将德国打造成为海洋高技术研发创新基地,重点巩固德国在世界专业化船舶制造领域中的地位,确保在标准化船舶制造领域中的竞争

优势。德国政府表示,将致力于向世界市场推出德国海洋技术产业创新系统的解决方案,并力争更多获益于全球海洋行业的发展。

(11)服务技术领域:将德国在加工制造行业中行之有效的创新管理方式推广运用到服务行业中,着力推进服务领域中的新技术研发与创新,以更好地实现服务业发展与技术发展的齐头并进。

(12)纳米技术领域:提出扩大纳米技术研究成果在各领域中运用的目标,以及引导更多行业和企业参与纳米技术研发创新的要求,并将致力于通过优化政策体系与加强政策执行力,进一步消除纳米技术领域中的创新障碍。2006 年底,德国政府公布"纳米倡议 2010"报告,提出了将通过公众对话的方式,向社会各界介绍纳米技术领域的重大机遇与发展状况以及相关的风险评估。

(13)生物技术领域:强化德国作为欧洲生物技术研究基地的功能,以及确保在研发企业数量、营业额和就业岗位的领先地位,并将致力于在政策行动领域消除生物技术研发的障碍。德国政府的促进政策将重点突出生物技术创新链的打造以及纳米等核心生物技术的开发。

(14)微观系统工程技术领域:提出了扩大德国企业提供系统解决方案能力的目标,并将继续推动微观系统工程技术领域的研发创新,不断增强德国在上述领域的核心竞争优势,以进一步扩大微观系统工程技术在重点产业及企业的运用。

(15)光学技术领域:提出包括加大光学技术研发投入、重振光学行业传统优势、增加光学工业就业岗位等目标。德国政府表示,将与经济界和科技界联手,共同致力于光学技术研发与生产联合战略的实施。

(16)材料技术领域:提出要借助于材料技术的创新,有效提高材料利用效率以及不断增强德国重要产业或行业的竞争优势。

(17)生产技术领域:提出了扩大德国机器、设备和零配件制造业在全球市场中领先优势的目标,致力于打造未来制造技术的创新基地,进而有效确保德国制造业的高技术品质与外贸出口的竞争实力。德国政府强调,要通过相互渗透、融合以及搭建平台的方式,促成技术研究方、生产制造方和产品使用方共同参与生产技术研发。德国政府认为,着眼未来创新发展,德国科学界和经济界要加大纳米技术、生物技术、信息技术和通信技术,以及气候、健康、安全、能源等新的重点领域技术研发。

二、2006 年德国高技术战略的核心内容、主要目标和重点计划

1. 健康与医疗技术领域

(1)核心内容:在健康研究和医疗技术方面,实现更好的质量和更低的价格。

(2)主要目标:持续加大市场开拓力度,不断提高市场地位。在健康研究特别是已有医学技术方面,德国不仅有悠久的历史传统,也具备广阔的发展前景。德国政府希望借由“高技术战略”保持和持续扩大其医学技术的国际主导市场地位。

(3)行动计划主要包括6个重点计划(表9.1),在具体实施措施方面,重点是强化医疗技术手段、医疗科研设施投入,并积极突破重大疾病。投资方面,主要资金来源是政府。

表9.1 健康与医疗技术领域重点计划及投资情况

重点计划	具体措施	投资情况
“医学技术”行动计划	将全部资助用于成像手段、康复和护理技术以及再生医学技术这三大领域之中,以期进一步强化德国医学技术的地位	政府为6个临床研究中心提供了5 000万欧元资助,其中包括在分子生物学和医学领域建立成像技术青年科学家小组
“临床研究”计划	伴随医疗体制改革形成的“由医疗保险公司承担护理费用”的制度,将有利于临床研究的创新	目前政府为6个临床研究中心提供了5 000万欧元资助
“综合治疗研究中心”计划	为使病人能很快地从相应的科学突破中受益,投资建立相应的治疗研究中心机构。2007年底已启动了第二轮资助计划	今后5年内政府将提供1.2亿欧元资助相应中心的建立
以治疗疾病为目标的功能网络	针对三大疾病——阿尔兹海默症、糖尿病和肥胖症进行积极攻克	计划在今后12年里共投入6亿欧元资助
“电子医疗卡”计划	旨在使用电子医疗卡和医疗卫生业的联网系统,推动医疗卫生机构普遍使用信息和通信技术,以提高工作效率	
“再生医学”计划	目标是支持治疗和重建有病的组织,以及使有病或受损害的器官重获自然再生能力的研究项目	2005年以来,政府每年为以细胞为基础的再生医学研究提供400万欧元资助。在今后4年中,将为勃兰登堡再生治疗中心(BCKT)和莱比锡再生医学移植中心(TKM)各提供1 500万欧元资助

2. 气候与能源领域

（1）核心内容包括3个方面：环境技术、能源技术、植物转化技术。

（2）主要目标：①环保技术领域，大力提升环保技术，不断开拓德国环保技术的国际市场，到2020年使德国环境技术产业上升为德国的主导产业。②能源技术领域，“可持续的能源经济”已被放在德国政府议事日程最重要的位置上，未来的供电、供热必须达到确保供给、经济性和环境可承受性3个标准。③植物转化技术领域，提出把植物提炼或转换为能源的新思路。关键是开发新型和专用的高效植物，并使它们成为诸如汽车工业或造纸业的最初原料，到2015年使德国在植物生物技术和植物育种方面达到欧洲领先地位。

（3）该行动计划涉及16个方面的重点计划和项目，见表9.2。

表9.2　气候与能源领域重点计划及投资情况

重点计划	具体措施	投资情况
环境技术领域（德国政府总投入2.55亿欧元）		
“双重气候”和“气候行动区域竞赛”计划	重点开展气候保护研究和气候影响前的部分防护研究；在“气候行动区域竞赛”中不断提升“未来应对区域内气候变化的能力”	在今后3年内为“双重气候”计划提供3 500万欧元资助；为“未来应对区域内气候变化的能力”项目提供7 500万欧元的资助
参加联合国——提高能力的10年水计划（UWW－DPC）	在此基础上，联邦教研部和环境部协调其他职能部门，在经济界、管理部门和水协会的参与下，努力建立德国“水创新平台”	
“BIONA－为可持续产品和技术的仿生创新”计划		从2007年2月提交的66个项目申请中，联邦政府将为胜出的12个研究项目提供1 050万欧元的资助
能源技术领域		
“电站技术”项目	旨在建成排放量低的电站	已批准项目经费总额为3 330万欧元，其中联邦经济技术部资助1 820万欧元
“燃料电池/氢气”项目	研究、开发和演示燃料电池技术和氢技术	已批准项目经费总额为5 500万欧元，其中联邦经济部资助2 700万欧元

续表 1

重点计划	具体措施	投资情况
“节能建筑”项目	主要是研究、开发和演示“未来建筑物”节能技术	已批准项目经费总额为2 730万欧元,其中联邦经济技术部资助1 620万欧元
“有效利用能源”项目	旨在用新技术降低能源的经济成本和自然资源的消耗,进而减轻相关的环境负担	已批准项目经费总额为3 530万欧元,其中联邦经济技术部资助1 990万欧元
“核能安全和核废料存放研究”项目	一方面解决核废料的存放问题,另一方面保证联邦政府有能力判断本国和邻国的核电站是否安全	已批准项目经费总额为3 460万欧元,几乎全部来源于联邦经济技术部
“聚变研究”项目	为使德国大研究中心和企业参加国际 ITER 项目进行准备工作	联邦政府提供 550 万欧元资助,已按机构式资助拨付
“未来的建筑”项目	不断增强德国建筑业在欧洲市场中的竞争能力,消除在技术、建筑文化和组织创新方面的差距	联邦交通和建设部提供了 410 万欧元
“可再生能源”项目	利用太阳辐射、风和地热降低可再生能源的成本,确保能源转换时环境的承受力	已批准项目经费总额为7 750万欧元,其中联邦环境部资助5 900万欧元,联邦农业部资助1 000万欧元
植物技术领域		
“GABI - FUTURE”项目	在植物基因组研究领域,重点研究植物的遗传物质,并与“GABI 植物基因组研究经济协会”密切合作,共同关注植物育种、加工业、化学工业、营养经济和能源经济未来的研究动向	联邦教研部为该项目提供5 000万欧元资助
国家生物质——行动计划(nBAP)(拟定中)	旨在明显提高能源供给中的生物质能的份额。该行动计划由联邦农业部和联邦环境部主导策划,并将尽早提交内阁通过	
“再生原料”项目	支持加强未来生物领域内的研究与开发工作,从植物育种开始到栽培、运输和工业利用等,重点更多集中于生物能源的解决方案	联邦教研部和联邦农业部将逐步扩大对相关基础性项目的资助

续表 2

重点计划	具体措施	投资情况
国际化行动	推进生物能源领域在欧洲范围内的交流。德国、法国和西班牙已达成共识,在知识生物经济的道路上致力于共同的研究与开发活动	联邦教研部提供1 200万欧元资助
“大麦基因组解码”项目	旨在使人们用现代的或传统的育种方法培育出高产的、抗病能力强的大麦品种	联邦教研部提供600万欧元资助

3. 交通领域

(1)主要内容:机车交通技术、航空技术、海洋技术。

(2)主要目标:①机车交通技术领域,更好地利用和进一步发展现有的基础设施,并强化使用信息和通信技术,使未来的交通更安全、更环保、更有效率。②航空技术领域,实现经济、有效地保护气候。联邦政府既定的资助重点是为未来航空系统的可持续发展开发新技术,并在2020年实现降低专用燃料消耗和起落时的噪声污染,专项 CO_2 排放下降50%,飞行事故率下降80%,加工和维修费下降30%~40%。③海洋技术领域,扩大德国海洋高技术的地位。天然气、近海石油以及深海技术都是联邦政府资助的重点,目标是安全系统地解决海洋技术问题。德国政府将“海洋技术”和“高技术战略”捆绑在一起,加大了对研究、开发和创新的资助力度,进而为确保德国的船舶制造、航运和海洋技术的发展创造条件。

(3)该行动计划涉及17个方面的重点计划和项目,见表9.3。

表9.3　交通领域重点计划及投资情况

重点计划	具体措施	投资情况
汽车与交通技术领域		
交通研究计划(2008年出台)	扩大德国的欧洲物流枢纽地位,继续确保个性化的交通,使用信息与通信技术提升现有基础设施的功效	
货运和物流主体计划(2008年出台)	重点是顺畅地发挥公路、铁路、水路和航空交通的协同作用,发展灵活的、能对各种突发事件自动做出反应的物流系统	

续表 1

重点计划	具体措施	投资情况
“灯塔项目”-“磁悬浮列车”计划	该计划的第一条线路将连通慕尼黑机场和市区,并已经取得了很大的进展	主要经费均来自联邦政府
“用于智能交通有适应性的和相互配合的技术”(AK-TIV)	旨在根据公路系统的能力研发与基础设施的智能系统相连接的机车内智能系统和驾驶员辅助系统	全部经费为5 500万欧元,联邦经济技术部承担2 500万欧元
“混合传动行动”计划	目标是使混合传动车辆的传动和能源储存最佳化	联邦经济技术部将为其提供2 000万欧元资助
“货物运输和经济交通中的智能化后勤”项目	通过营运过程和组织过程的最佳化,克服由货物运输量大幅增加带来的困窘和生态负担	2007年下半年已经启动了23个联合项目,总经费约4 000万欧元,联邦经济技术部为其提供2 300万欧元资助
“海港创新竞赛”计划(ISETECII)	加强新装卸技术的研发,为海港过程的最佳化和更好地连接海港与内地交通提供解决方案	联邦经济技术部提供了3 000万欧元资助
“安全的智能交通-德国试验场(SIM-TD)”项目	将通过大量的户外试验来检测机车通信技术以提高交通安全性。德国现有的汽车制造厂、供货商和通信设备生产企业均参与了该项目的合作	主要资助来源是联邦教研部、经济技术部和交通建设部
电子票据、电子支付及价格的电子显示计划	支持公众在德国境内公共交通中使用电子货币和票据,并实现票据的电子管理	联邦交通建设部将为基础元件研究提供975万欧元资助
航空技术领域		
第四个航空研究计划(LuFoIV)	旨在加强德国航空工业的核心能力	至2012年,资助额为4.51亿欧元
欧洲“干净的天空”共同项目	旨在保证德国和欧洲在航空技术领域内建立可持续发展的、安全的航空系统和核心能力	欧盟提供8亿欧元资助,科研单位和企业提供8亿欧元经费

续表 2

重点计划	具体措施	投资情况
德法研究计划	德国航空航天研究院（DLR）和法国伙伴单位 ONERA 努力合作改善飞机和直升机的整机数字模拟方法，以设计出下一代空气动力更强劲、能耗更低和对环境更友好的飞机	
欧洲 AirTN 合作网络负责协调各国的研究计划	在德国主导下，该网络对欧洲范围内可能的跨国项目进行评估和鉴定	
海洋技术领域		
“21 世纪的航运和海洋技术”和“确保造船业创造有竞争能力的工作岗位”项目		主要依靠联邦经济技术部。仅 2007 年，为相关企业、研究机构和服务型企业提供了3 400万欧元资助
“导航和安全技术”项目	重点是开发船舶运行的检制程序系统，并借由这一系统开发航行安全的船舶，计算港口设施的尺寸和分析船舶的受损情况	
“深水技术系统方案”（ISUP）	旨在研制能在深海或冰层覆盖海域开采石油和天然气且符合高要求的技术、经济与生态指标的水下作业系统，以取代不经济的和有不良生态影响的石油平台	
“节能船舶”重点项目以及高温超导技术（HTSL）	为基础开发同步机械装置并使之成为新型电子行驶装置的基础。特别是 HTSL 传动技术与电子技术相结合的船舶设计方案能明显降低能源消耗	

4. 安全领域

(1)主要目标:提升国家安全技术,竭尽全力保护人民的自由,有效阻止恐怖袭击和意外事故的发生,或减轻突发事件的不良后果。

(2)该行动计划主要包括3个方面,见表9.4。

表9.4 安全领域重点计划及投资情况

重点计划	具体措施	投资情况
安全研究计划	主要资助应急安全措施研究,有4个重点:人的防护与救治、供给基础设施中断、交通基础设施保护和确保食物供给链。该计划的课题既涉及对风险、威胁的评估,也包括文化安全问题、数据保护、人机关系和对技术的认可等	在今后4年里,联邦教研部将为该计划提供1.23亿欧元资助
"不同情况下的安全研究"框架和联合技术项目框架	分4次公布了框架下的"保护交通基础设施"计划、"人的防护与救护"计划、"化学、生物、放射性、核与爆炸性危险材料的侦察"计划及"救护和安全力量综合防护系统"计划	已确定的第一批资助项目是旨在保护汽车、火车、飞机和客运安全的"危险物的早期识别",已于2007年12月正式启动
"安全研究"创新平台	保证研究工作取得的成果在紧急状况下的应用,根据工作的需要进一步改善供求双方的合作	

5. 信息与通信技术领域

(1)主要目标:利用信息与通信技术提高国家的竞争能力,联网知识社会,促进众多经济领域的增长。

(2)该行动计划主要包括8方面内容,见表9.5。

6. 光学技术领域

(1)主要目标:迅速抓住光学技术的发展机遇,进一步提升德国光学技术的地位,以创造就业岗位,带动经济增长。

(2)该行动计划主要包括11个方面,见表9.6。

表 9.5 信息与通信技术重点计划及投资情况

重点计划	具体措施	投资情况
“ITK2020”计划	2007 年 3 月 14 日推出该项计划,强化对 ITK 领域研究资助的力度,推动 ITK 创新的顺利应用。资助重点是能为德国经济带来绝大部分增值的那些行业:汽车技术和自动化、健康与医疗技术、后勤学、基于 ITK 的服务与远程通信,以及能源技术和资源管理技术。德国经济界、科学界和政界已经结成了牢不可破的战略伙伴关系	在未来 5 年内联邦政府将为此提供总额为 15 亿欧元的专项资助金
汽车电子计划	提高汽车的可靠性,确保道路交通的安全性,发展节能汽车以及降低二氧化碳排放量	
“老龄人口的流动与协调”创新联盟	重点是与医疗技术、通信技术和健康范围相关的组织共同研究能使老年人最大可能健康和长时间独立生活的方案。基本思路是试验并发展创新的 ITK 技术和基于其上的个性化服务,以及更贴近实际生活的实用方法	该创新联盟已经提交了总额为 5 000万欧元的研发预算
“特修斯计划”(THESEUS)	是“德国信息社会 2010(ID2010)”计划的子计划,重点是发展新的、基于因特网的知识基础设施	该项计划的投入总额约 2 亿欧元,其中9 000万由联邦政府提供资助
“电子政府 2.0”计划	旨在促进联邦行政管理工作普遍使用因特网工具。相关的重点课题有电子身份证的开发、提供可靠电子发送服务的公民门户网的发展、因特网的界面管理与服务,以及公共领域的高水平 IT 技术等	

续表

重点计划	具体措施	投资情况
“多媒体”计划	旨在完善 ITK 服务行业的建设,重点是继续发展知识管理和智能联网系统	
国家信息基础设施保护计划	该计划的目标是恰当地为信息基础设施提供可靠的保护,以加强德国的 IT 安全能力并有效地处理 IT 安全意外事故	
中小企业创新攻势	2007 年 5 月 15 日德国政府公开发表了“中小企业创新攻势的信息与通信技术”的资助措施准则,以增强中小企业在尖端研究范围的创新潜能,提高“电子商务”对中小企业的吸引力	

表 9.6　光学技术重点计划及投资情况

重点计划	具体措施	投资情况
“OLED”项目	在德国建立长期的 OLED 大规模生产线	联邦教研部将提供 1 亿欧元资助,德国企业也将为开发这种“塑料光”追加投入 5 亿欧元
“塑料电池”计划	研发将光能转换成电能的塑料太阳能电池技术	联邦教研部计划为研发提供6 000万欧元资助,4 家结盟企业也将投入 3 亿欧元研发资金。该计划对所有研究机构和企业开放
“分子成像技术”计划	基因标记物质、成像方法和图像处理等跨学科领域的紧密合作是该项研究取得成功的决定性因素	联邦教研部将为该计划提供 1.5 亿欧元资助,企业方面投入为7.5 亿欧元。该计划对所有研究机构和企业开放
第三代生物光子	利用光学方法进行活性细胞的透视与检验	2007 年春季开始的计划项目投入了2 260万欧元

续表

重点计划	具体措施	投资情况
Volumenoptik	彻底研究应对当前如手机和掌上电脑发光束挑战的一揽子技术方案	计划投入2 600万欧元
兆赫技术	该项目研究并开发了一种电磁波段，并将其用于安全、测量、传感器、医学和通信等技术领域	
光学方法测量和检验	利用光子的特性开辟测量技术的新纪元，并使未来的仪器和装置实现智能化	该项计划已经正式推出，联邦政府将为其提供2 100万欧元资助
用最佳的激光源加工材料	旨在进一步扩大德国的国际领先地位，重点是使新型的、大功率的激光源与效率更高的激光过程技术相组合	该计划于2007年底启动，联邦政府将提供2 000万欧元资助
新光学	该领域要研发新型的、具有超乎寻常机敏特性的光学组合元件，如使负片变成折射率“最佳的透镜”	联邦政府的资助经费大约为1 600万欧元，该计划最迟于2008年启动
“神奇的光学”培训计划	研究机构和经济界的合作伙伴希望唤起青年人关注光学这一机遇，并将其作为自身教育和今后职业生涯的最终选择	
“21世纪的光学”计划	这是联邦教研部发起、建立并为其提供经费支持的一个欧洲技术平台	

7. 生物技术领域

(1) 主要目标：面向广泛应用的生命科学，利用生物技术的机遇，扩建基础设施，发掘多种机构(跨部门)和合成使用的可能性，减轻创办企业的负担。

(2) 该行动计划主要包括5个方面，见表9.7。

表 9.7 生物技术重点计划及投资情况

重点计划	具体措施	投资情况
“生物产业 2021”竞赛	特别强调“白色”生物技术的重大意义,并目标明确地为其相关应用项目提供资助	国际评奖委员会从提交的 19 份创意构思中筛选出 6 份,并要求其完善计划说明。其中的 5 个集群成为这一竞赛的胜出者,并各获得了以奖金形式发放的6 000万欧元资助
“加入生物研究(Go - Bio)”竞赛	借由该计划,联邦教研部将为一批研究团队提供为期 6 年的扶持经费——条件是把科学创意继续发展成为有市场前景的产品并且必须创办一家生产型企业	联邦教研部将为 5 轮招标提供 1.5 亿欧元资助
“微生物基因组研究和(GenoMik - Plus)”资助计划	旨在促进化学工业、制药工业、食品经济和生物技术能力的大联合,并协调参与企业的利益和优化技术转移	联邦教研部将提供 2 100 万欧元资助,此外工业联合会也将为其提供2 100万欧元经费
“生物研究机会+(Biochance - plus)”计划	旨在为年轻生物技术中小企业的联合项目和单个项目提供专项资助的计划	从 2007 年秋季开始借由“KMU 创新”计划统一支付
“高技术创办者基金”计划	为年轻的生物技术企业提供特别资助。2008 年 1 月 1 日生效的新《风险资本参与法》,从税制方面进一步改善德国生命科学基金的框架条件	

8. 纳米技术领域

(1)注重研究成果的应用,主要目标:将纳米技术的创意推广到诸如光学、材料技术、化学、生产技术和微系统技术等关键技术领域,使纳米技术的基础知识加速得到应用并体现在新产品中。

(2)行动计划主要包括 5 方面内容(表 9.8)。在 2006 年 11 月 6 日推出的“2010 年纳米研究行动计划”框架内,集中了所有纳米技术研究机构的工作。

表 9.8　纳米技术重点计划及投资情况

重点计划	具体措施	投资情况
“开拓未来天地——营造领域”	使纳米科学的技巧尽可能广泛地应用于众多经济界,尤其是在汽车制造、机器和设备制造、电子技术/电子学、制药和医疗技术等方面。纺织工业领域已确认了“纳米纺织”和“纳米覆盖物”两个创新“主导项目”;其他如环境领域、建筑和能源领域的创新“主导项目”正在准备中	
“改善框架条件”计划	采取“系列结构措施”来加强纳米技术的研发与推广工作。“纳米未来”资助计划则主要帮助中小企业解决专业人才短缺问题,“纳米机遇”资助计划将为中小企业提供经费支持。已成立的“纳米技术研究中心”已归并为全德范围 AGeNT - D 工作联合会,并将对科研与经济界的联网做出决定性的贡献	
“纳米技术:纳米颗粒对健康和环境的风险”战略课题	旨在尽力减少纳米技术对人与环境可能带来的风险,并加强相关研究	
“通报社会”计划	旨在通过组织公众活动和纳米委员会的工作,推动市民与研究人员开展“纳米技术的机遇和风险”对话	
“认定未来研究的需求”计划	推动经济界、研究机构和政府部门共同交流纳米技术领域内新的研究课题;未来研究需求的重点则由纳米技术“特尔斐预测”专家来确定	

9. 材料技术领域

(1)主要目标:不断推动材料的新设计研究,借助新材料研究进一步提高德

国在最重要工业领域的竞争力。

(2)该行动计划主要包括4个方面,见表9.9。

表9.9　材料技术重点计划及投资情况

重点计划	具体措施	投资情况
集约型材料和工艺	集中于功能集成型轻质建筑材料、有机光伏电和更节能的极限功率材料的研发方面	联邦经费:功能集成型轻质建筑材料2 000万欧元,有机光伏电2 500万欧元,更节能极限功率材料2 500万欧元
可再生原料计划	重点资助新型植物纤维强化的材料。通过研究使从可再生原料中提取的生物聚合物能有更好的产品用途,用于提高可再生植物的使用效果	
“材料模拟”创新平台	资助可能的材料开发,推动改进材料专用模拟工具和模拟方法	联邦政府的资助经费为2 200万欧元
“INUMA”德法合作项目	这是“成像技术创新同盟”项目的一部分,旨在进一步研发超高核磁共振(MRT)层析医学成像技术,使医疗部门更好地诊断疾病	联邦教研部投入2 000万欧元

10.生产技术领域

(1)主要目标:确保“机器制造”世界出口冠军的地位,保持和继续扩大其机器生产、装备和组件方面的尖端地位,使德国成为世界经济的加工厂。

(2)该行动计划主要包括5个方面,见表9.10。

表9.10　生产技术重点计划及投资情况

重点计划	具体措施	投资情况
德国信息与研究联盟	由政府、经济界和科学界组成,旨在借助“反盗版产品创新平台”共同寻找、探究防止偷袭创意的技术保护可能性,以及执行现有保护法的有效途径。第一批项目已于2008年初启动	

续表

重点计划	具体措施	投资情况
“明天的生产研究”计划	重点实施“纳米技术投产”项目，旨在把工科院校实验室的标准和小规模试验性设备的研发成果迅速转换为工业应用并给予有效保障。第一批研究项目已于2007年启动	2007年第一批研究项目中，联邦教研部提供了1 500亿欧元项目经费
“德国制造业”技术平台	根据FP7进行了战略性定位并被成功地向前推进。它使德国生产与工业研究利益得以集约化并获得了资助优先权	
“专科高等院校的研究”计划	重新设立“工程师后备人才”的资助路线。在机器制造和电技术范围已经启动了第一批项目，目的是资助工程科学专科院校“年轻人小组”	
中小企业（KMU）创新资助计划	根据“高技术战略”的要求，从2007年秋季起，联邦教研部借由“KMU－创新”计划开始对中小企业给予专项资助，该计划将使受助者在生产研究中获利	

11. 微观系统工程技术领域

（1）主要目标：使微观系统工程技术领域（微系统技术）成为智能产品的开路先锋。作为系统方案的国际供应商，要借助微系统技术进一步扩大德国工业的世界尖端地位，使微系统技术为更多的“智能产品”做出贡献。

（2）该行动计划主要包括7个方面，见表9.11。

表9.11　微观系统工程技术重点计划及投资情况

重点计划	具体措施	投资情况
微系统技术中心	德国巴登－符腾堡州、巴伐利亚州、柏林和图林根州已相继建立了4个微系统技术中心	联邦教研部为此提供了3 000万欧元资助经费

续表

重点计划	具体措施	投资情况
“磁性微系统”创新平台中心	致力于微系统技术的机遇和可能性研究,目标是探究“磁性微系统”的新用途	官方及工业界为其第一阶段的研究与发展项目投入了6 000万欧元
智能植入物	旨在为治疗重大的常见病(如新陈代谢疾病、心血管与肿瘤疾病)和老龄特种疾病(如肌肉萎缩和神经疾病)找到药物替代品	联邦政府总资助额为1 500万欧元
微系统技术的有机功能系统	目标是探究和开发有机或有机/无机的功能系统,集成复杂微系统以及所需的制造结构化与集成技术	联邦政府的资助总额为1 000万欧元
微系统技术的微纳米集成	旨在了解纳米结构的集成微面与宏面、基于纳米技术效果的应用	联邦教研部把继续发展系统集成技术、纳米材料、结构及其相应的效果都包括在“微系统”框架计划之内,资助总额为1 000万欧元
自动联网的传感器系统	旨在研发全新的小型传感器系统的解决方案、产品和工艺	联邦政府总资助额为1 500万欧元
磁性微纳米技术	德国已经在这方面制定了很好的国际标准。资助重点是继续发展和利用磁性微纳米技术,并促进其在上述行业中的应用	联邦政府资助总额为 1 500 万欧元

12. 宇宙技术领域

(1)主要目标:扩大德国在地球以及宇宙勘探方面的能力和作用。

(2)该行动计划主要包括 4 个方面,见表 9.12。

表 9.12 宇宙技术重点计划及投资情况

重点计划	具体措施	投资情况
TerraSAR - X 雷达成像卫星	该卫星 2007 年 6 月发射成功,是当时世界上最现代化的民用观察站,能从 514 千米的高空向地球传送行星表面的图像数据	该项目由国家和私营企业合作完成

续表

重点计划	具体措施	投资情况
商用 RapidEye 小卫星	2007 年底发射,其最大优势是数据取回率很高	该项目由国家和私营企业合作完成
国家宇航计划 - TanDEM - X/EnMAP	TanDEM - X 是具有三维观察能力的干涉仪雷达卫星系统,于 2009 年发射;EnMAP 是大功率的超光谱地球观测卫星,于 2011 年发射	
欧洲航天局的全球环境与安全监测(GMES)宇航组件研制	德国在欧洲 GMES 中参与了宇航组件第一阶段 31% 的任务,发挥了欧洲主导作用。GMES 不仅有助于提高内、外部的安全,并阐释了宇航技术是如何为解决国家和社会问题做出贡献的	

三、德国高技术战略 2020 支持的创新领域和行动计划

德国联邦政府提出了高技术战略,第一次提出全面的国家创新战略。这一创新性的途径得到了科学界和工业界的支持,同时也引起了国际的广泛关注。因此,德国政府决定将高技术战略更进一步推进。

高技术战略的目标是建立德国主导市场,并加强科学界与工业界之间的协作。因此,进一步改进创新的框架条件(framework conditions)非常重要。各学科的核心任务、创新资金投入、中小企业政策、标准化、知识产权保护的法律框架、培养年轻人才等需要得到进一步推动。关键技术提升的目标是为相关领域的进步做贡献。

同时,联邦政府制定了新的措施,动员科学界和工业界的力量,并履行其对于研究和创新的承诺。

高技术战略 2020 主要内容包括:

(1)聚集全球挑战。高技术战略主要针对五大领域——气候/能源、健康/营养、交通、安全和通信,致力于解决当前全球性的紧迫问题。同时,高技术战略专注于 21 世纪的巨大市场。

(2)任务导向的方法。高技术战略将把研究与创新政策聚焦在明确的目标上。这些未来的计划详细说明了未来 10 ~ 15 年的科学、技术以及社会的发展目标。这些构成了达到必要的阶段性目标的指导方针以及创新战略,就是

通过制定详细的计划，明确任务和阶段性的目标导向与相关指导方针、创新策略。

(3)从知识到产品。研究成果应该迅速转化为市场和社会的创新。德国联邦政府正在促进大学、非大学研究机构以及企业之间的对话，以加强知识和技术的转移。研究成果因此能够更加快速地向市场和社会领域的创新转化，并最终被用户利用。

联邦教育与科研部将推出一套新的评估投资有效性的方法。这种评估方法意在更好地挖掘学术研究成果的潜在商业价值。

此外，还计划针对新的“校园模式”推出一项补助金措施。目标是促进在一定区域内的大学和非大学研究机构与工业界中长期的合作(以公私合营的方式)。联邦政府将延续其跨学科的成功措施，如前沿领域竞争、特殊企业，中小企业中心创新计划，高技术启动资金和创新联盟。

(4)关键技术。如生物技术和纳米技术、光学技术、微系统、材料技术、航空技术，以及信息与通信技术是创新的驱动力，构成了新产品、新工艺和新服务的基础。这些技术对于应对相关领域全球挑战非常重要。获益取决于这些技术怎样被成功地转化为工业应用。对关键技术的投资也主要集中在技术应用上。

(5)跨学科的议题和框架条件。只有当创新的气氛以及创新友好型的框架条件形成以后，政府对于研究的投资才会发挥作用。法律体制环境将持续地被评估以确保对于创新的促进作用，必要时还要进行调整。新的措施将被推出，以为发明和创新提供空间。

特别地，激发德国创新型企业的条件必须进一步改进，对于创新的投资要相对稳定。这主要涉及加强风险投资市场和股票市场稳定性，以及改善德国创业的氛围。

根据联合协议(coalition agreement)，为研究与发展活动削减税收政策的引入，特别是对于中小企业而言，被视为激励研究的另外一项措施，目的是加强研究与开发，并因此触发德国长期的发展。然而这一措施需要足够的资金。

指导方针和标准是产品和服务高质量、安全性和持续性的保证。有利于开放市场并为企业特别是中小企业，提供平等的进入条件。因此，联邦政府将标准化引入研究投资，目的是引导这些潜在的力量进入市场。

在签订公共合同(public contracts)时，联邦政府将更多地考虑创新的因素。不仅仅考虑创新解决方案带来行政上的利益，还考虑为企业提供有效的支持。

德国统一后的近20年时间里，东德的创新系统结构，在某些方面与西德仍存在很大的差异。在这种情况下，东德一直需要一个目标性的创新政策和投资

计划，以便执行能够在全国范围内适用的成功措施。

为确保德国未来的能力，联邦政府通过高度关注教育和培训来巩固能力基础。

(6)创新对话。研究与创新需要与社会，特别是工业领域进行对话。对于未来技术的争论和全民对话是非常必要的。科学、人文、法律以及社会科学等各学科间的协作将发挥重要作用。

(7)未来的主题。未来的发展需要方向性的知识(orientational knowledge)。2007年9月，德国教育与研究部启动了远景展望，考查未来十年甚至更长时期新的主题以及研究和创新的新趋势。德国经济与技术部开始了针对未来技术发展的新的讨论，以引入能够给德国经济带来新的高附加值的潜在技术。此外，各政府部门都根据其职责范围制定相应的研究、开发和创新战略。

(8)欧洲创新战略。高技术战略的成功方法应该被欧洲研究与创新政策所重视。这涉及创新政策设计的一致性问题。欧洲的创新战略应该基于满足社会需要以及应对全球挑战。基于这个考虑，德国也正积极参与FP8以及未来增强竞争力相关计划的制定。

德国高技术战略聚焦的五大领域如图9.1所示。新战略希望通过这五大领域开辟未来的新市场，提高关键技术并改善创新相关条件，最终促进进步。

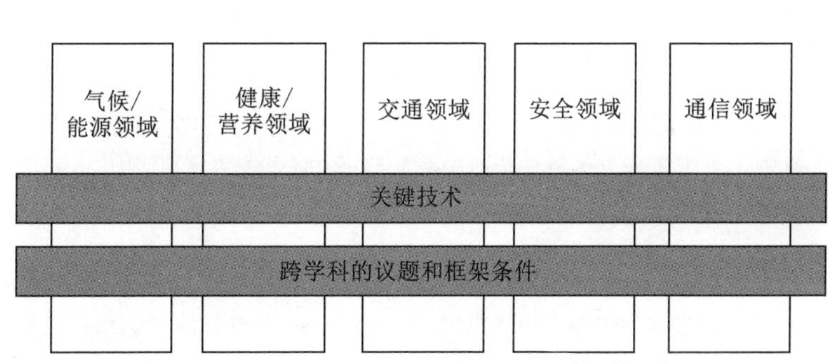

图9.1　德国高技术战略2020

1. 气候/能源领域

高技术战略2020提出应当扩大知识基础，有针对性地运用气候保护技术和调整措施，来改进政治、科技、经济和社会行动方案。联邦政府将深化政府同工业和金融之间的合作，依靠创新，倡导使用可再生能源和提高能效，有针对性地运用气候保护技术和调整措施，同时扩大国际合作(表9.13)。

表 9.13　气候/能源领域的行动计划与措施

重点计划	具体措施
联邦政府第6套能源研究计划	确定能源研究政策的目标、重点及筹资机制。计划于2011年初通过
可持续发展研究的框架计划	计划重点包括具有极大增长潜力的领域,如可持续的水资源管理、资源和能源效益,以及更高的原料生产率和国际研究合作,特别是同新兴国家和发展中国家进行研究合作。要注意将基础研究和应用研究相结合
生物经济框架计划	一份具有国际竞争力的以知识为基础的生物经济战略。主要包括开发新型节省能源和资源的工业流程,开发新的可再生工业原料与药品,为不断增长的世界人口提供食品,开发可再生能源物质作为有限资源的替代物。重要前提是显著提高农业生产力和在各种气候、土壤条件下的农作物创收潜力,发展创新型农业技术。深入关注技术、生态学和经济三个方面
获得核技术领域的能力	为了能将核能作为一种过渡技术来使用,必须具备核技术安全性上的科研能力。唯此,才能实现国家预防措施的保护职能,保障核设备的安全性以及采用国际现有科技来清理核废料
煤化工技术作为过渡技术	推动当地煤矿作为化工原料进行环保化利用的创新进程,直到使用可再生原料取代石油
非洲气候变化研究和服务中心以及合理的土地管理	在非洲建立区域性科研中心和服务中心,联结成网,强化应对气候变化及调节土地利用
气候系统研究	通过模型模拟和场景模拟,为气候保护、调整和能源供给提供重要的知识与决策依据
全方位地球观测	以航空航天观测为基础,为全球地理信息长期提供远地观测数据

2. 健康/营养领域

人口结构的转变和常见病的扩散将成为未来社会的一大特点,医疗体系面临巨大考验。德国进行了预防研究、营养研究以及常见病的跨学科研究,重点以需求为导向,开发一套个性化医疗战略,增加对医疗研究的支持,将企业尤其是

中小企业，纳入疾病预防战略，并推广医疗相关知识，在偏远地区建立远程医疗模式等（表9.14）。

表9.14　营养/健康领域的行动计划与措施

重点计划	具体措施
新的医疗研究计划（2010年公布）	
个性化医疗	制定全方位的个性化医疗研究战略，关注病人利益，制订医疗和保健系统研究的新方案
常见病	建立并扩大德国医疗跨领域研究中心，来研究常见病
加强预防研究	
营养研究	掌握营养研究的基础知识，更好地理解食物与人体组织之间的相互影响，研制有效的新品种食物；提高德国食品经济的国际竞争力
基因研究/系统生物学	扩大医疗基因研究和系统生物学以及战略性新课题领域，以此为基础开发常见病预防、诊断和治疗的新方案
保健产业	加强保健产业，增加其增长潜力，支持维护并扩大德国医疗技术及配套服务的领先市场地位；制订为医疗技术获取系统性支持的行动计划
老年病学	研究衰老过程、衰老与疾病产生之间的关系

3. 交通领域

新型运输方式快速、安全、舒适、高效、低噪声且节约资源。研究和创新重点在于开发新型驱动系统、燃料和存储技术，以及广泛使用欧洲卫星导航系统“伽利略”。信息、通信和导航系统的发展推进交通基础设施的进一步智能化。智能化物流方案的研究和使用移动电子服务有助于实现运输节能。具体行动详见表9.15。

表9.15　交通领域的行动计划与措施

重点计划	具体措施
第3套交通与交通工程研究计划	使德国成为最强的交通研究基地。专注研发新型驱动方案和汽车方案、向电动车辆过渡的所有要素、机电数据通信和交通导航系统、可代替的及更安全的物流系统。创新型交通工具的技术和研究领域将在战略合作伙伴关系和创新联盟中紧密结合

续表

重点计划	具体措施
电动车辆	德国应成为电动车辆和机电数据通信的领先市场。德国拥有为新技术注入最大动力、加快创新型机动车辆市场化、建立国际标准的机遇。除国家氢能和燃料电池技术创新计划(NIP)外,还以国家电动车辆发展计划来促进电池技术和电力驱动技术的发展。引入使用智能化基础设施,如智能电网,开发通信、付费、导航和电池与充电的新型服务
未来交通总规划	在货运物流的总体规划、国家电动车辆发展计划、城市交通规划及相关的战略伙伴关系和创新联盟的基础上设计可持续且可靠的总交通系统
国家航空研究计划	为减少航空对气候的影响,将产业与科技研究网络纳入可持续航空系统。主要涉及新的轻型结构、驱动技术中的可替代燃料和空气动力学。航空研究中产生的新技术将被运用到其他的领域,推动它们的技术发展
国家海运技术总体规划	为造船、航运和海洋技术的技术创新提供框架。通过优化航海导航技术和海洋监测技术以及海洋环保技术,充分挖掘在海洋研究技术、离岸技术、极地冰技术、水下技术以及如天然气水合物等新能源物质的未来市场潜力
显著降低噪声的道路货物运输的研究和开发项目	找到有效且低成本的解决方案,显著降低道路货物运输的噪声

4. 安全领域

为保护基础设施与供应链安全,德国需要抵御恐怖主义、破坏活动、有组织犯罪行为及自然灾害和事故侵害的方案(表9.16)。

表9.16 安全领域的计划与措施

重点计划	具体措施
联邦政府2011民用安全研究计划	①制订保护现代化民主社会的解决方案:民用安全研究与高技术战略的其他需求领域(健康/营养、通信、气候/能源)紧密相关。探究安全文化和安全体系结构上的新举措,加强科技和社会对话。

重点计划	具体措施
联邦政府 2011 民用安全研究计划	②发展明晰的能力范围:重点在于在终端用户参与下在德国创立新研究领域,建立起相应的研究基础设施和研究长项。加强欧盟框架内的合作,加快扩大国际研究联盟。 ③开发抵御危害、保护重要基础设施的民用安全解决方案:采取行动(如预警系统、级联效应的预防、模拟装置)来避免和分析所处的风险及威胁,建立危害预防系统和应急系统。 ④使德国成为民用安全解决方案的领导市场:开发符合民主安全理念、维持安全与自由的平衡解决方案,制定标准,并普及到世界范围

5. 通信领域

通信领域的重点是未来网络的技术发展和合法化发展,在标准化问题上达成全球统一意见,以及建成嵌入式系统国家路线图。具体行动详见表 9.17。

表 9.17　通信领域的计划与措施

重点计划	具体措施
联邦政府 2010 信息通信技术战略	2010 年将拟定新的德国数字化未来信息通信战略。目标在于集中信息通信技术的投入和使用力量,加快落实灯塔项目和若干行动项目,如超快速网络、数字化数据保护以及教育、能源、交通智能网络等
IT 峰会	探讨不断更新的重点课题(当下的课题有智能电网、云计算、新的可视技术以及数字化社会中的安全和保护)
IT 安全研究计划	推出新版 IT 安全研究计划,增加 IT 安全领域的资金支持
信息通信技术活动方案"云计算"	应在与科学的共同协作中推进云计算信任模型、保护机制及标准的研究、开发和认证
智能电网	尤其要建立和扩大能源与信息通信技术经济之间的跨领域合作新形式。其中一项重点便是将智能电网与电动车辆和智能家居相联结
智能化事物	继续深化对自动化研发的支持。智能化事物包括用于工业(生产、物流)、卫生事业(为人们的生活提供支持)乃至消费品行业的服务机器人
电子身份	为电子媒体中的认证和身份管理建立安全化流程以助于机械化处理商业和行政事务。灵活可靠的基础设施可供使用,并且互相之间要形成协同效应

续表

重点计划	具体措施
嵌入式系统国家路线图	德国作为高技术基地的经济产能主要取决于德国在嵌入系统领域的实力及其物联网发展程度。嵌入式系统的不断复杂化并互联成网要求提供跨领域且标准化的解决方案。为此,需要建立嵌入式系统国家路线图
通信基础设施	由联邦政府负责的通信基础设施必须采用最先进的技术,并且是高效、安全的。在现代化基础设施的基础上,设计并落实电子政务领域的指导性方案和现代化网络政策
卫星通信	为实现摆脱陆地基础设施限制的全球联络提供可能,如宽带数据联结。该类型的联络首先在少数发达地区实现。德国将加强在光学卫星通信方面的研究,使部分技术成为国际标准
信息通信技术的专业人员	为了满足信息和通信技术对新生力量和专业人员的需求,联邦政府将为中小型企业制定具有针对性的信息通信技术专业人员政策,延长德国信息通信技术新生科学家的海外居留时间,按照需要更新职业进修项目,增加在高等专业学院获取职业资格的研修机会
因特网的文化内容	在因特网的社会、文化和法律问题上,引入社会对话;树立知识产权的公众意识;在创作者和使用者之间建立一个公平的调解,以解决版权问题;在书面文化遗产数字化方面,尤其是在欧洲框架下,考验更高的国家责任感

第三节 投资构成

“德国参与欧盟研究第六框架计划”中指出,德国在欧盟中属于大的成员国,与其他小成员国相比,德国在研究与开发方面的国家投入远远超过从欧盟第六框架计划中获得的资助。小国可以直接把欧盟的资助作为本国的全部研究与开发,而德国不行。

按照德国高技术战略的设想,2006—2009 年,德国投入近 150 亿欧元用于投资尖端技术,将带动德国联邦政府、各州政府以及贸易和工业部门实现共同的目标:2010 年前,增加研究费支出,使其占国内生产总值的比例达到 3%。

2006—2009 年,德国政府的高技术投资约为 146 亿欧元,其中约 12 亿欧元主要用于科研和 17 项高技术创新领域的重点技术的发展;约 2.7 亿欧元用于一些重要的技术规划建设;约 14 亿欧元用于科研和技术创新方面的基础设施建设(表 9.18、表 9.19)。

表 9.18　2006—2009 年期间高技术战略 17 个领域的投资构成

(单位:万欧元)

高技术战略领域	资金
纳米技术	640
生物技术	430
微系统技术	220
光技术	310
材料技术	420
宇航技术	3 650
信息与通信技术	1 180
生产技术	250
能源技术	2 000
环境技术	420
运输工具与交通技术	770
航空航天技术	270
海洋技术	150
健康与安全技术	800
植物	300
国家安全技术	80
服务行业	50

表 9.19　高技术战略重点跨领域运行措施投资构成

(单位:万欧元)

高技术战略跨领域运行	资金
加强科技与工业间的联系	600
改善创新基地条件	1 840

高技术战略跨领域运行	资金
支持高技术的推广	220
科研机构与创新技术的投入	14 000

第四节　管理及运行机制

德国的高技术战略将贯彻一种全新的企业式管理模式，即首次跨越部门界限、系统地制定了一项旨在使德国在未来市场上达到全欧洲乃至全世界尖端地位的、统一的国家战略。德国高技术战略已被提至政府的政治议程，在德国教育与科研部的统一指导下运行。战略的改进与实施将把所有重要的方面都纳入其中，包括行政部门、工业界、研究界以及德国的各州。

一、德国教育与科研部的组织构成

德国教育与科研部的组织构成如图 9.2 所示。

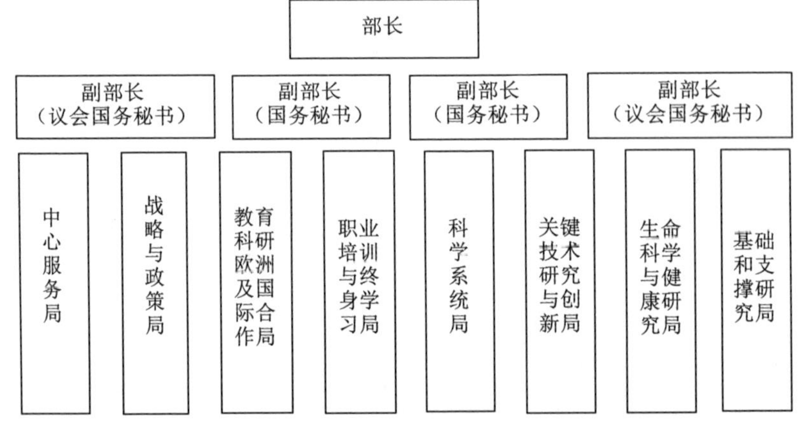

图 9.2　德国教育与科研部的组织构成

二、德国高技术战略依托德国研究与创新系统运行

为了保持德国竞争力，需要有一个由很多核心人才支持的不同寻常的研究与创新系统。因此，基础研究、应用研究以及工业开发的紧密集成是实现研究成果向创新转化的重要前提。

(一)研究与创新系统结构

图 9.3 阐明了系统内执行主体以及投资主体之间的关系。

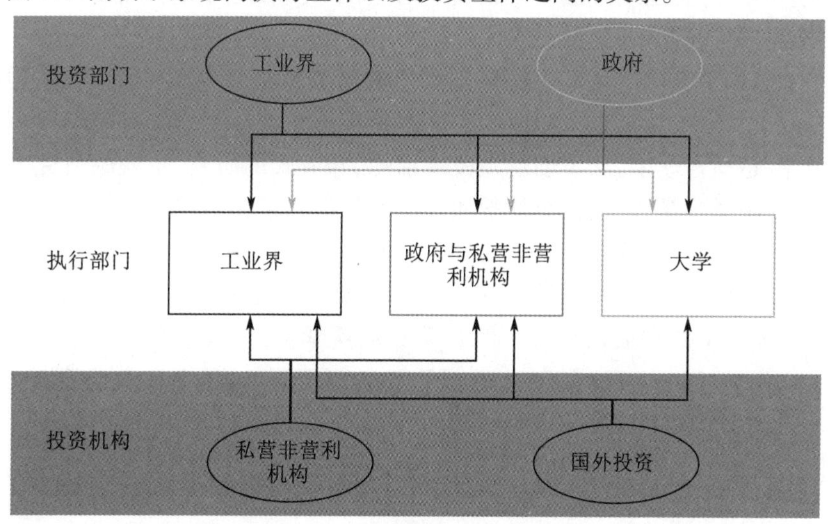

图 9.3　德国研究与创新系统执行主体与投资主体关系

注:私营非营利机构(private non－profit institutions)泛指由国家(如马普学会等)和私人资助的非营利组织,以及既非国家也非私人企业投资的,并非只为工业企业提供服务的非营利组织。

德国的研究与创新系统具有开放而又层次分明的结构。研究活动由各种公共的和私营的机构开展,如图 9.4 所示。

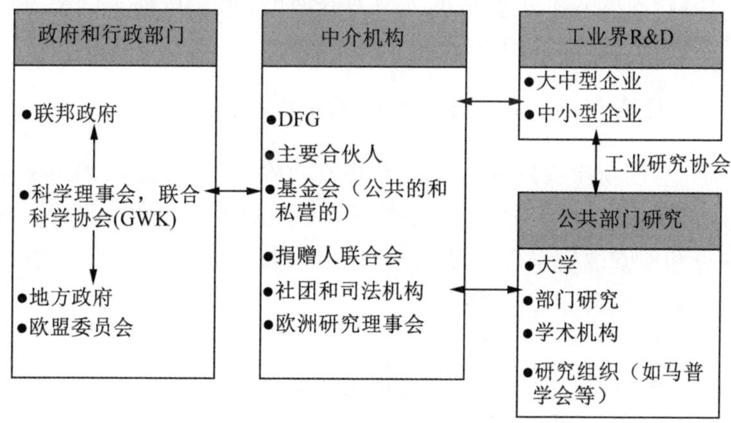

图 9.4　德国的研究与创新系统结构

1. 公共机构和私营非营利机构

首先在公共机构方面，有综合性大学、应用科学相关的学院或大学，综合性大学通过不同的主题或方法开展研究，而应用科学相关的大学重点是进行应用研究；此外，大学的另一个重要的任务就是培养年轻的科学家。

在学术研究以外，很大一部分非大学的研究重点在私营非营利组织开展。除了各种学术组织和基金会以外，四个从事不同方向研究的研究组织发挥了重要作用：一是马普学院，从事创新领域基础的、开放式的研究，主要的研究方向是生物医学、医学化学，以及社会科学和人文科学。二是弗劳恩霍夫应用研究促进协会，注重应用研究，主要针对工业、服务业以及公共部门需要开展研究。三是亥姆霍兹联合会，由16个科学、技术以及生物研究中心组成，为国家和国际研究团队提供大型工具和通信设施。四是莱布尼茨学会，与大学和非大学机构开展广泛的合作，主要开展战略导向的和计划性的顶层研究，集中在六个领域：能源、地球与环境、健康、关键技术、物质结构、航空与交通。其86个机构重点开展需求导向的研究以及跨学科研究，与公司、政府机构以及大学之间签署大量的合作协议。

此外，中央政府和地方政府的研究与开发活动主要为政策准备和政府决策服务，主要与履行公务有关。这种部门的研究集中在当前社会、技术、经济、人口健康问题，以及开发政府评价的方法上。

2. 工业界

工业界在德国的研究体系中扮演重要角色。德国每年超过三分之二的研究投资来自于私营部门。这些投资既投向公司独立开展的研究，也投向与科学界合作的项目。该领域的研究主要是应用为导向的，主要目标是产生可以直接应用的成果。其中基础性的研究仅占很小一部分。

（二）政府投资在科研和创新系统中的运作机制

政府研究与创新投资机制主要基于几方面内容：首先是以德国基本法律为基础的法律机制；其次是在适当的法律框架下，由中央和地方政府共同进行投资；最后中央和地方政府采取一系列的可控措施，达成对目标研究的投资，包括项目投资、规划性投资和部门研究资金。

1. 法律基础

政府和社会对研究的投资都应当承担相应的责任。参与研究的国际竞争，确保科学家自由权利，要求构建相应的金融框架。中央和地方政府负责投资的领域，依据《德意志联邦共和国基本法》执行。

《德意志联邦共和国基本法》第九章中对中央和地方政府联合开展投资进行

了相应的规定，根据这一要求，中央和地方政府应该基于跨区域的重点领域，在以下几个方面进行投资协作：

(1)机构(如马普学会、德国研究协会等)和大学之外开展的科研项目；

(2)大学开展的科研项目；

(3)大学的研究机构建设，包括大型设备。

此外，中央政府还有责任对大型的科学项目(如航空、空间、海洋和核研究等)以及国际研究机构进行投资。中央和地方政府应在履行行政职责、政策咨询和制定决策方面承担相应责任。

2. 中央和地方政府的合作

按照德国联邦政府的宪法规定，中央和地方政府应对公共机构相关的国家研究项目进行联合投资。因此，中央和地方参与投资的部门除了研究与科学部门外，还应当包括经济、农业、消费者保护、环境和健康等部门。促进中央和地方政府合作的主要平台包括：

(1)联合科学协会，提供了思想交流和调整科研政策的平台。同时，在跨地区的重点项目投资上增强中央和地方政府的合作。

(2)科学理事会，主要由科学家、公众人物、中央和地方政府代表组成。该机构主要对中央和地方政府的科研政策提供相关建议，承担作为科学界与政府的协调者和作为中央和地方政府协调者的双重角色。

3. 政府投资手段

中央政府对研究进行投资，主要集中在两个方面，一是目标导向的、短期研究投资(即项目投资)，二是中长期的机构相关投资。

项目投资方面，投资来源主要有：联邦教育部、联邦经济技术部、联邦食品部、农业消费者保护协会、联邦环境部、自然保护和核安全协会以及联邦卫生部等。这些项目投资一般包括在大的投资项目或是专家项目中，作为一个临时性的短期项目实施。包括直接项目投资和间接项目投资。直接项目投资指针对具体的某一领域的项目进行投资，目标是达到或维持在该领域研究与开发在全球范围高水平。间接项目投资是指支持研究机构和公司，特别是中小企业的研究与开发活动。这种投资不直接针对一个特定的领域，但要保证对任何技术项目都能发挥作用，与特定技术领域无关，其目的是能够促进和增强研究组织机构、研究合作、创新网络以及研究机构与工业界的人员交流等。除了为独立的项目提供投资以外，还要对联合项目提供资金。部门研究项目投资主要是以应用为导向的，并解决当前该部门的重要科学问题。中央政府的项目投资在欧洲或国家层面的法律和政策框架下执行。欧洲层面，欧盟委员会的共同框架，在政府给予研究、开发以及创新补贴方面起到至关重要的作用。在国家层面，主要依据联邦德国《预算法典》和联邦德国《预算法》。获得投资的项目，由具体承担项目建议、投资预算、项目实施和成果应用的主要合伙人，按照科学的方式实行技术和行政方面的管理。

机构相关的投资方面，与独立项目的投资不同，而是中央政府联合地方政府对研究机构的投入以及整体运行进行长期的投资，以确保德国研究体系的能力及战略方向的安全。受中央和地方政府联合投资的机构对研究范围和专家方向进行适应性调整，不允许受到公共投资者的阻碍。机构相关投资与相应的需求和责任结合起来，总体要求是被资助的机构要完成过去预算年或财年的行为报告，并接受对成果应用情况的监督。

4. 部门研究(包括合同研究)

作为联邦行政管理的组成部分，部门研究由特定的联邦政府部门分配给具有相关职责的机构开展，并给予相应的投资，这些机构自行开展研究，或执行研究合同。

三、德国高技术战略的运行环节

德国高技术战略的运行主要由以下几方面活动构成。

1. 为研究与创新提供咨询

由独立的研究与创新专家委员会，就研究、创新和技术政策等有关问题，向联邦政府提供科学政策建议。针对经济学、社会科学、教育经济学、工程学、自然科学以及创新研究相关的前沿技术，组织各学科间的讨论。

2. 通过制订各领域具体行动计划来推动整个战略实施

德国政府就高技术战略计划，提出了一个整体运行计划。这个计划包括长期计划以及具体的措施。在高技术战略计划实施的第一年，推出了一系列新的研究与创新政策及计划。

3. 建立工业界 - 科学界研究联盟

联邦教育与研究部组织成立工业界 - 科学界研究联盟(Forschungsunion Wirtschaft - Wissenschaft)。作为先行者，来自科学界和工业界的专家作为研究联盟中单个尖端领域的代表，与相关的政府部门一起指导和监督高技术战略的执行；对战略的执行提供建议，并强化执行的优先权；持续地关注相关领域的发展，识别创新的障碍和驱动力，以及各学科的重难点问题。研究联盟基于相关领域的发展情况，明确提出未来研究任务以及相关领域应采取的行动，取得的进展将会体现在年报中。

4. 评估

德国政府对高技术战略计划的监督管理建立在长期有序的基础上。德国政

府在出台《德国高技术战略》初期，制定了监督审查机制，并在2007年9月提交了一份关于所取得成效的总结报告。从2008年开始，德国联邦政府在高技术领域的科研和创新工作报告都将以公文的形式出现，并对每阶段所取得的工作成效进行总结。通过发布简明的优先权决议以及明确的研究重点方向和财政相关文件，研究与创新投资的透明度不断增加。这里包括了对高技术战略未来发展的系统评估。

第五节　支持措施

德国针对高技术战略计划提出一个非常重要的政策，即“更加自由”政策。德国政府致力于去除研究与开发的各种障碍，尽可能为自由的、以竞争为导向的知识社会的建设敞开大门。采取的路径是从区域向国际化水平扩展，从大学向小企业扩展。为新的思想提供更多的自主权，并为研究领域与工业界的协作提供更广阔的空间。德国政府还致力于建立一个可接受的、客观的视角来对待新技术：摒弃意识形态的“有色眼镜”，为利用最重要的研究领域的力量以及由这些研究领域所提供的机会扫清障碍。同时为“天才”提供更广阔的发展空间——从儿童时期至成年时期，尽可能早地开始提供支持，唤起他们对于研究与科学的兴趣。

采取的主要策略是“激发创意，释放能量”。为实现“更加自由”政策目标，德国高技术战略主要制定了三个方面的优先权：

（1）倾其所能，确保未来德国尖端领域的市场主导地位。市场包括吸引投资者和研究者的市场，刺激新的产品、工艺以及服务销售的德国国内市场及国际市场。

（2）消除工业界与研究领域之间的界限，合作与合资将会得到较之以往更多的国家补助或投资。

（3）推进新创意的应用。德国高技术战略将为加速推动研究成果向产品转移提供新的推动力。

德国高技术战略计划的总体推进特点是，在确定的17项技术领域下，依据每项领域下的具体计划，采取逐步推进，并且在每一年中选取重点。同时，为保证德国高技术战略的有效和快速实施，德国政府制订了相应的辅助计划，并确定每个辅助计划的具体实施措施。

1. 理论与技术由研究向市场的转移，实现力量捆绑

为实现在未来领域的主导，并促进由研究到市场的理论与技术的快速转移，德国政府重点加强东部新联邦州的创新能力。

2007年8月，德国政府以“德国尖端集群——更多创新、更多增长和更多就

业”为目标启动了“尖端集群竞赛”活动，旨在为科学界和经济界组成的最有能力的研发集群提供更为有效的经费资助。计划进行3轮竞赛活动，每轮间隔一年至一年半时间，在每一轮竞赛活动结束后，为获胜的（最多为5个）集群各提供为期5年、总额度为2亿欧元的特别资助。具体措施是：

（1）“高等院校和企业之间的交流过程”竞赛活动：5个获胜者和1个特别获奖者将在“改善与经济界的交换关系”战略性项目上获得为期2年的政府资助。

（2）“团队市场研究”计划：在德国东部，“创新区域”计划把大有希望的“研发联盟”推上了极有市场前景的特殊地位。到2012年，联邦教研部提供了4 500万欧元的资助。

（3）“德国能力网”计划：是对联邦政府“集群战略”的补充，旨在使最大效率的“网络”在国内和国际上有更高的显示度。

（4）工业联合研究：德国政府借由“跨技术合作资助”加大对跨行业项目的资助，在未来技术方面，联邦经济技术部更有针对性地加强了对“网络”和“集群”的资助。

（5）增长核心计划：旨在迅速地把研究成果转入企业并促进区域技术平台的建设。借由2007年6月出台的“创新区域增长核心”计划，联邦政府推出了继续发掘其潜力的资助措施。

（6）“未来建设”计划：旨在促使企业迅速得到最新的建筑研究知识。2007年底将推出第一批成果，并于“德国建筑2008”埃森展览会之际公开展示。

2. 加强人才培养，不断提升创新能力

为支持德国教育体系的持续发展，德国政府提出要特别重视培养有天赋的专业力量和加强“妇女培养”。具体措施是：

（1）德国政府希望借由“高校公约2020”确保德国大学生人数的增长，并塑造更有吸引力的学习与研究的框架条件。联邦政府计划投入7亿欧元以保证德国高等院校的国际竞争力。

（2）借由“职业教育创新范围”（ILBB）为受托的教育部门提出了10条指导方针，其核心目标是改善德国教育体系的渗透性，确保年轻人重获整体培训可能性，并加强德国职业教育的国际竞争力。

（3）在提高既有继续教育模式吸引力的基础上探索新的继续教育模式。自2008年起，联邦政府围绕以下措施开展为期3年的继续教育模式探索性试验：①将继续教育奖学金额度提高到每人每月154欧元；②在《财产形成法》许可范围内自由支取教育资金的可能性；③无收入者的继续教育贷款。

（4）联邦政府借由“50+计划”捆绑措施鼓励有经验的、50岁以上的科学技术人员重新发挥其潜能。

(5)联邦教研部继续推进“继续教育质量”攻势，为了提高政府教育资助的透明度和进一步优化继续教育内容，还坚持对继续教育和“Warentest 基金”市场进行检验与评估。

(6)联邦政府借助“杰出计划”促进大学的尖端研究，目标是造就有高度国际显示度的德国“科学灯塔”。联邦政府对其提供了 14 亿欧元专项资助。

(7)通过新《移民法》简化自费大学生和研究人员申请移民或停留的法定程序，允许研究人员与大学生在申请移民或停留时援用基于欧盟方针的新规定。

(8)“研究和创新协议”规定，至 2010 年联邦和州将把对马克斯·普朗克研究所和弗劳恩霍夫研究所等研究机构的资助每年至少提高 3%，其目的是促进其开拓新的研究领域，并加强高校、校外研究机构和经济界三方的合作。

3. 支持中小企业的有市场前景的创新创意产品的发展

中小企业是德国创新体系的重要支柱之一，德国有十多万家创新性企业，其中约 95% 的企业是员工数少于 500 人的中小企业。中小企业在德国工业产值创造中发挥着不可忽视的作用，不仅向市场提供创新产品，还提供面向未来的服务并研发新的工艺，他们是创造新的就业的重要动力。

然而，在过去，中小企业的创新努力和热情出现了明显下滑，德国政府希望通过“高科技战略”中的相关资金支持来制止这一势头。确定的 700 个创新项目中包括了各行业、各地区的中小企业，德国政府希望能够进一步提高中小企业对创新的参与、改善创新融资并进一步深化对研究成果的使用，其中很重要的一点就是促进以技术和科学为基础的新企业的成立。

具体计划是：①PRO INNO Ⅱ计划。该计划以促进中小企业的互相联合以及中小企业和研究机构的联合为目的。②创新性增长支柱的促进计划。该计划主要是扶持新联邦州中小企业和企业外的工业研究机构的研发项目。联邦政府将进一步扩大该项目，加强对快速发展企业的促进，并扶持年轻的技术型企业的研发项目。③EPR 创新项目。该项目的截止时间是 2010 年，主要是通过提供比市场利率更优惠的贷款促进中小企业的创新项目。联邦政府在该项目框架内提高用于降低贷款利息的相关资金，以提高整个贷款数额。④专利和使用机构。为进一步深化高校的技术转让，德国政府将为专利和使用机构提供额外资金。为加强新联邦州科技界和经济界的联合，德国政府还将启动“经济与科技对接”项目，目的是发展稳定的合作结构，简化科技界和经济界互动中的相关程序。⑤“生物基础的成立攻势”项目。联邦政府在 2006—2010 年间利用该项目促进了以科技为基础、以商业化为目的的创新项目，该项目主要针对生命科学领域。

具体措施是：①高技术创办者基金。旨在为企业创办者和年轻技术型企业的技术含金量要求高的计划筹措经费，为他们找到有实力的技术伙伴。自 2005

年8月启动以来，至2007年9月，已有109个高要求技术计划获得了资助。②EXIST创办者基金。自2007年5月起，该基金开始在“科学界创办企业的生存”创办者竞赛活动和“高等院校创办企业的生存”计划中为高等院校和大学外研究机构的单个创新企业创办者提供资助经费。③鼓励妇女创办企业的措施。2006年开始启动了旨在鼓励妇女创办技术型企业的“女创办者动力”行动计划。④风险资本的框架条件。政府决定通过《风险资本参与法》为向年轻的技术型企业投资的私营控股公司减轻赋税。⑤新联邦州的中小企业创新力量。要把新联邦州个营企业的技术计划纳入“特别计划”，继续为其提供资助。⑥银行筹措创新经费。新的欧盟框架计划已发展成为支撑创新资助的支柱，仅2006年其贷款总额便达到16亿欧元。该项计划的一个显著特点是减轻了商业银行的一部分风险责任。⑦基金。进一步完善《基金法》，在改革中尽量减轻此类有限责任公司的风险责任和信息义务，减少或拆除官方干预的制约，最终为企业构建得以释放其创造性力量的框架条件。⑧解除官僚干预。通过两部中小企业“解除法”为企业减负，并继续拆除不必要的官僚干预。

4. 迅速扩散知识和能力，加速研究领域的进展

实施高技术战略，就必须加速实施使能力迅速转化为经济收益和就业岗位。德国政府还提出要努力跨越各个研究领域的界限，实现知识和能力在广泛领域中的扩散。

具体措施是：①联邦政府借由一系列计划开拓了迅速扩散创新的道路。重点是保护和利用以信息技术支撑的管理现代化以及知识产权。②“规范与标准创新”特别项目。把“研究与发展”与未来的标准化更好地结合在一起，为“释放创新潜力”提供重要的规范化和标准化支持，并为未来的创新活动创造优化的框架条件。③12个德国公民友好计划。德国政府推出了关于“电子政府”的12个关键项目，以使未来的“电子政府”保持良好的竞技状态，并对公民更加友好。

5. 加强德国的国际地位，促进全球化发展

德国政府在实施高技术战略中的关键之一就是不断提高德国的国际化程度，加强研究机构的国际整合以提高其执行跨国研究任务的效率。

具体措施是：①欧洲技术平台。捆绑了燃料电池与氢技术、环境友好的航空交通、嵌入系统和纳米电子软件等领域的技能。德国“有实力”地参与了该项计划。②监视与报告系统。该报告系统的建设可以及早地报道重要的国际趋势并为制定国家战略所用。③实力及其国际显示度。借助于“德国制造”的国际口碑和品牌效应，联邦政府通过目标明确的营销研究有效地彰显了德国的技术实力，使更多高水平研究人员对德国感兴趣。④国家综合计划。相关加强性措施的目的是使德国高等院校国际研究人员的数量翻番。

6. 增加服务产业

德国政府在推动高技术战略计划的另一个关键就是不断促进高增长的服务产业发展，以期提供更多的就业岗位。

具体措施是：①“服务创新”计划。到2009年，德国政府为实施该项计划提供总额为7 000万欧元的资助经费。②“生产与服务一体化”项目。资助重点是为服务型企业和生产型企业提供能够快捷且成功地完成“工业产品与服务相结合”的一揽子解决方案。③“服务国际化与出口”计划。以支持服务企业的国际化和出口为目标，鉴别对“服务出口”有影响的促进因素与障碍。与该计划紧密相关的是联邦经济部支持的服务型技术机构和创新企业进入新市场的计划。④“人口增长之技术与服务”计划。目的是针对人口变化趋势把握诸如健康及与之相关的优先经济领域的增长机遇或发掘其经济潜力。⑤个性化服务工作的质量。该研究与发展领域的重点是对中等专业技能层面上个性化服务工作的障碍进行鉴别，以帮助企业更好地制订稳步发展“专业服务性工作”的方案。

7. 以“公私合营模式”成立高科技创业基金，为科技企业提供创业融资，支持新企业技术创新和产研结合

德国政府认为，应该给新成立的技术创新公司提供良好的至少和英美等国同等的融资机会，以推动产研的紧密结合，将科研成果更快地转化为经济效益，从而在主要的高新技术领域占据并保持国际领先地位，提高德国企业的国际竞争力。

在此背景下，德国政府启动了高科技创业基金，以弥补德国市场上在企业创建初期的融资不足。该基金主要通过参股方式扶持新成立的以研发为基础的企业，单项最高参股金额可达100万欧元。该基金还可为企业提供商业和管理方面的技术支持。高科技创业基金是以“公私合营模式”运作的，除经济部和具有国家背景的政策性银行——复兴信贷银行外，一些大型企业如巴斯夫集团、德国电信和西门子公司也提供资金。德国经济部前部长格罗斯曾经表示，欢迎其他工业投资者提供资金和技术。

此外，为了改善创新的融资环境，德国政府决定对《企业参股公司法》进行全面更新，并设立针对国际风险基金的税收环境。

第六节 实施效果

一、德国工业高技术科研投资得到了大幅提升

2007年，德国研究与开发总支出高于欧洲其他国家。从国际上来比较，只有

美国、日本和中国比德国的高。根据联邦教育与研究部的初步统计,2005—2007年,研究与开发的总支出(包括政府、工业界及其他领域)从557亿欧元增长到615亿欧元,增长幅度近10%。2008年,研究与开发总支出占国内生产总值的比例,增长至2.64%,创下了德国统一以来的新高,向里斯本战略3%的目标更近一步。2008年,德国企业研究与开发投资增长近740万欧元,2005—2008年,中央政府在研究上的支出增长了21%,私人研究与开发投资增长了近19%。

二、创造了更多的就业岗位

2008年,工业企业研究人员、技术人员以及其他人员数量增至33.3万人,这就意味着,2004—2008年期间德国仅工业企业科研人员比例就上升了12%。

三、有效推动了企业技术创新

截止到2008年,德国在技术创新领域的发展取得了积极的进步,德国约30%的企业将其技术创新归功于国家在高技术科研创新政策方面的不断完善和改进。

德国高技术战略计划涉及德国创新政策的多个领域,而资金方面则与改进基本设施条件所需要的程度有关系。每一项高技术战略计划都有助于推动重要社会政策目标的实现和为其他的重要技术领域提供创新驱动力,然而对于技术能力和水平的传承,社会变革也是至关重要的先决条件之一。德国在高技术战略计划方面的综合一体化推进模式已经获得了国际认可,并在科研领域和私营企业方面获得了极大的支持。

目前,德国政府十分重视高技术战略计划的开展,目标是保证高技术战略计划的顺利实施,并通过关注重点领域和加强在社会中的应用,以此使高技术战略计划不断推进和完善。

第七节　经 验 教 训

从德国政府确定的重点科研领域和重点科研项目中不难发现,这些项目主要集中在信息技术、生物技术、纳米技术和航天技术及与此相关的医疗卫生、能源、安全、环境和交通等行业。这些技术和行业的特点是:或是德国的优势产业,或是具有广泛应用前景的尖端技术,或是关系国计民生的战略行业。尽管德国许多行业在欧洲甚至全球范围内居领先地位,但德政府清醒地认识到,德经济面临许多挑战,其技术领先地位正在缩小,只有保持并扩大技术优势,才能在国际

竞争中获胜。德国“高科技战略”着眼于未来，是德国经济、社会可持续发展战略的重要组成部分。

将科研向未来市场引导，向生产实践引导。科技发展的最终目的是应用到生产实践中，通过转化为相应的产品和服务来提高大众的生活水平。完全脱离生产的科研很难获得经济支持和保障。我国应当形成多样的稳定机制，减少产研结合的中间环节，使生产真正成为科技向生产力转化的孵化器。

德国以“公私合营模式”成立高科技创业基金，为科技企业提供创业融资的做法值得我们学习和借鉴。该模式以政企结合，政府和大企业提供资金支持，扶持中小企业科技创新，具体由符合条件的中介机构按公司模式负责执行，政府在实施过程中对项目的审批和干预很少。

调动社会各方面的力量。这么大的投入额是德国政府无力承担的，从德国政府的计划来看，三分之一的金额来自联邦和州，另外的三分之二来自经济界。此外，政府的适当投入也可以引导经济界的科技投入，刺激企业投入科研经费进行研发。

另外，高校和校外研究机构在创新中有着无法替代的重要意义，加强高校、校外研究机构和经济界的联系与合作，将会打通产研通道，在科研和生产实践中形成良性循环。